KB116905

성서를 이끈 아름다운 여인들

성서를 이끈 *After the Apple*
아름다운 여인들

나오미 해리스 로젠블라트 지음 | 최진성 옮김

눈과마음

CONTENTS

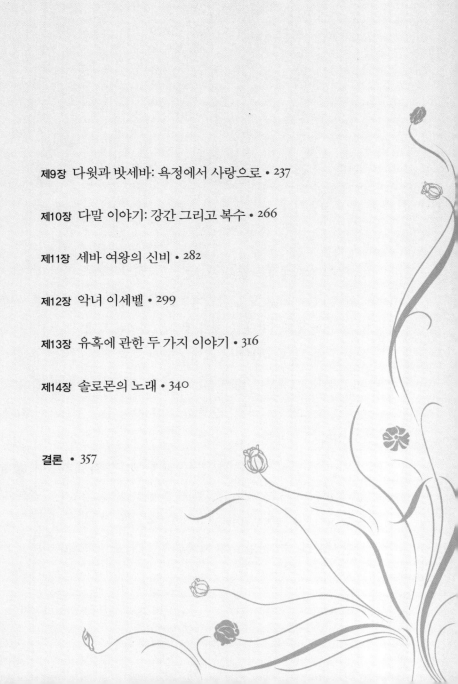

서 론

내가 성경에 애착을 갖기 시작한 것은 여섯 살 때 이스라엘 하이파Haifa에 있는 레알리Reali 학교를 다니던 시절부터였다. 그땐 아주 어린 소녀에 불과했지만, 언젠가 성경을 완전히 독파하고 나면 직접 부딪치지 않더라도 어른들의 세상에 관한 모든 것을 이해할 수 있으리라 믿었다. 그때부터 내 일상은 성경 속에 나오는 이야기를 통해 사람들을 관찰하고, 그들의 인생을 들여다보는 일로 점철되어 갔다. 좀 더 자라서 성경을 읽었을 때도 책 속에 나오는 친숙하고도 인간적인 이 이야기들은 단 한 번도 지루하게 느껴진 적이 없었다. 성경을 읽을 때마다 나는 매번 신선한 통찰력을 얻었고, 여기서 얻은 지식은 정신적·종교적으로 귀중한 자양분이 되었다.

성경 연구를 시작하고 나서 얼마쯤 뒤 나는 아버지에게 이런 질문을 했다.

"아빠, 정말로 신을 믿으세요?"

그때 나는 아버지가 명쾌한 답을 내려주길 기대했다. 스코틀랜드에서 태어난 유태인인 아버지는 이스라엘 율법을 철저히 지키는 사람은 아니었지만, 성경을 완전히 통독한 분이었기 때문이다. 하지만 평소 말수가 적은 아버지는 "글쎄, 잘 모르겠구나."라고 대답할 뿐이었다. 그 당시는 제2차 세계대전이 한창이던 때라 아버지의 믿음이 흔들리고 있었던 것 같다.

예술 평론가였던 아버지와 한번은 전시회에 함께 간 적이 있는데, 내가 "아빠는 어떤 그림이 제일 좋으세요?"라고 물었을 때도 여느 때와 다름없는 반응을 보였다. 나 스스로 답을 찾길 바랐다는 사실을 깨달은 것은 한참의 시간이 흐른 후였다. 지금은 그런 아버지에게 감사하는 마음이다.

어머니는 캐나다 출생의 유태인이었는데, 변호사 일을 하다가 나중에는 일을 접고 집에서 살림을 하였다. 어머니는 복잡한 인간 본성에 대해 관심이 많았다. 그래서 어머니와 함께 이웃, 가족, 친구들의 연애, 결혼 생활에 대해 몇 시간이고 계속해서 이야기를 나눈 적도 많았다. 방과 후 집에 돌아오면 성경에서 읽은 재미있는 이야기를 어머니께 들려주곤 했는데, 그러면 어머니는 내 이야기에 열심히 귀를 기울였다. 가끔은 이야기를 듣다가 고개를 끄덕이며, "참 지혜롭구나, 지혜로워."라고 나지막한 목소리로 감탄사를 내뱉곤 했다. 나는 어머니의 말을 들으면서 성경 속에 담긴 이야기가 삶을 이해하는 데 중요한 단서를 제공한다는 사실을 새삼 확신했다.

　어느 날 어머니와 산책을 하던 중, 길에서 소아마비로 다리를 저는 한 아이를 만났다. 어머니는 그 아이를 보시고는 "하나님의 뜻을 도대체 이해할 수가 없구나."라며 안타까워했다. 가슴 아파하는 어머니의 모습을 바라보는 내 마음 역시 괴로웠다. 사실 그런 어머니의 생각은 모두 깊은 신앙에서 비롯되었다. 어머니가 괴로워한 것도, 신의 뜻을 이해하지 못하겠다고 말한 것도, 결국은 신에 대한 믿음의 증거였다. 신은 맹목적인 신앙에는 관심이 없다. 묵상적인 어머니의 말은 상대에 대한 애정에서 우러나온 동정심의 표현이었고, 이것이야말로 신의 뜻에, 신의 목적에 부합하는 행동이다.

　나는 열여덟 살이 될 때까지 학교에서 성경 공부를 계속 했다. 해를 거듭할수록 성경을 더 깊이 이해하고 싶다는 의욕이 샘솟았다. 유명한 성경학자이자 스승인 조세프 셰크터Josef Schechter 박사는 교실을 두루 둘러보고 작은 성경책을 흔들어 가며 성경에 대한 수준 높은 토론을 이끌어 냈다. 성경 연구에 대한 선생님의 열정은 모든 학생들에게 전염되었고, 나는 수업이 끝난 후에 성경을 더욱 깊이 이해할 수 있었다. 그는 모든 학생들의 마음에 유태인 학자들이 남긴 지혜를 깊이 새긴 분이다. 그리고 성경의 한 문장, 한 문장이 70여 가지 이상으로 다양한 해석이 가능하다는 놀라운 사실도 깨우쳐 주었다. 아버지가 그러했듯, 셰크터 선생님 역시 성경에 대한 명확한 정의와 해답을 제시해 주진 않았다. 대신 각자의 사고와 통찰력으로 자신만의 해석을 내릴 수 있도록 용기를 북돋울 뿐이었다.

우리 학교는 이스라엘의 여러 지역으로 수학여행을 많이 다녔고, 하이킹도 했다. 학생들은 4천 년 전 유대 신앙의 선조인 사라와 아브라함이 신이 약속하신 아이의 탄생을 기다리던 브엘세바Beersheba를 방문했다. 그리고 야곱의 사랑하는 아내 라헬이 베냐민을 낳고 죽음을 맞았던 그 길도 걸어보았다. 다윗이 사울 왕을 피해 숨어 지냈던 사해 근처의 아인 게디Ein Gedi도 방문했고, 지붕 위에서 목욕 중인 아름다운 여인 밧세바의 모습을 훔쳐봤던 예루살렘의 한 언덕에도 올랐다. 우리들은 트럭을 타고 지중해를 따라 달렸고, 삼손이 아름다운 밤의 여신 들릴라의 사랑을 찾아 헤매던 지역도 찾아보았다.

학교에서는 성경을 번갈아 가며 크게 소리 내어 읽는 것으로 그날의 성경 공부를 시작했다. 또한 이사야Isaiah, 예레미야Jeremiah, 아모스Amos를 비롯한 예언자들에 대해서도 공부했다. 이스라엘 사람들이 저지르는 죄악, 그리고 그 죄에 대한 구원과 회개를 비는 이들의 메시지, 사회적 정의와 애정을 갈구하는 예언자들의 기도 등을 공부했는데, 이런 주제들은 결코 쉽지만은 않았다. 선생님들이 성경을 외우라고 굳이 강요하지는 않았지만, 그 책에 나왔던 몇몇 아름다운 구절은 아직까지도 내 마음속에 깊이 남아 있다.

모국어인 구약어로 씌어 있는 성경을 공부했기 때문에 우리는 따로 해석을 할 필요가 없었다. 히브리어는 이스라엘의 과거와 현재의 우리를 연결해 주는 매개체였다. 성경을 읽을 때면 현대 유럽에 살았던 이스라엘 선조들의 삶보다도 고대 이스라엘 선조들의 삶이 더 생생하게 다가왔다. 스페인에서 황금기를 맞았던 유태인들의 삶, 제

1 · 2차 세계대전이 발발한 중세 유럽에서 억압받던 유태인들의 삶보다는, 이 고대 문서에 기록된 이스라엘 선조들의 모습이 머릿속에 더 선명하게 그려졌다.

제2차 세계대전 당시에도 나는 성경을 공부하고 있었다. 대부분의 이웃들은 유태인 강제 캠프를 피해 도망쳐 온 사람들이었고, 팔에는 번호가 적힌 문신이 있었다. 가끔 그들과 함께 발코니에서 초콜릿이 듬뿍 들어간 토르테torte(케이크의 종류 - 역주)를 먹기도 했다. 토르테를 먹으면서 그들이 어떻게 도망쳐 왔는지, 그리고 얼마나 가슴 아픈 생이별과 사별을 겪었는지, 또 어떻게 살아남았는지에 대한 애절한 사연들을 들었다. 그런 이야기를 들은 날이면 나는 밤마다 혼자 침대에 누워 '나치를 피해 국경을 넘다가 부모님을 잃는다면 어떨까?'라는 상상을 하며 슬피 울다 잠들곤 했다. 그러나 천오백 년 전에 기록된 성경은 나에게 과거를 보기보다는 미래를 향해 나아가라고 말하고 있었다.

성경에 기록된 역사는 이스라엘 민족의 역사이다. 그리고 그 역사는 바로 우리 자신을 형성하고 있는 중요한 부분이다. 감정을 억제하고 써 내려간 구약의 사실주의는 우리 자신의 개인적인 문제뿐만 아니라 이스라엘이 처한 상황을 헤쳐 나가는 데 도움을 주었다. 우리가 통제할 수 없는 영역인 정치적인 문제가 있었지만, 이러한 난제에도 불구하고 성경 메시지는 용기와 희망을 북돋워 준다.

그 당시 이스라엘은 작은 신생국에 불과했다. 따라서 이스라엘 민족의 생존 여부는 오롯이 우리에게 달려 있었다. 10대 아이들도 여름 캠프에 참가해 새로 이민 온 사람들을 돕기 위해 일했고, 농촌에 가서 일손을 돕기도 했다. 어렸던 우리도 새로운 국가를 건설하는 데 많은 도움이 되었고, 어른들은 이런 우리를 존중해 주었다. 우리는 이러한 과정에서 자신감과 책임감 그리고 독립심을 키워갈 수 있었다.

성경을 읽으며 이를 재해석했던 어린 시절의 습관은 내가 어른이 되어 심리치료사로 자리 잡는 데 큰 발판이 되었다. 이제 성숙한 여성으로서 한 남자의 아내, 아이들의 부모, 교사, 그리고 심리치료사가 된 나는 성경 속에 등장하는 여성들의 이야기가 심오한 교훈을 담고 있으며, 세상을 보는 나의 관점에 얼마나 깊은 영향을 주었는지를 깨닫고 있다. 성경에는 여인들의 성, 아이를 잃은 어머니의 슬픔, 남편에게 사랑받고자 하는 아내의 소망, 열정적인 사랑 안에서 무한한 기쁨을 느끼는 연인들 등 여러 가지 이야기가 담겨 있다. 이 책에서 만난 여성들의 다양한 이야기들은 내가 치료한 환자들의 경우를 바탕으로 해석하였다.

이 책을 쓰는 데 무엇보다 가장 큰 바탕이 된, 자유롭고 융통성 있는 사고방식을 갖게 해주신 부모님께 감사드린다. 내가 존경하는 고대 이스라엘 여성들의 이야기를 다루면서 인간에 대한 깊이 있고 포괄적인 이해가 얼마나 중요한지를 알게 되었기 때문이다. 고대 이스라엘 여성들의 이야기를 통해 한 개인의 '정체성'과 신앙에 대한 굳건한 '믿음', 그리고 종교적 '가치관'이 인생에 있어 얼마나 중요한 부분인지를 배웠다. 『창세기』에 나오는 선조 어머니들처럼 나는 나의 자녀들에게 확고한 가치관과 민족적 유산을 물려주기 위해 노력한다. 이러한 가치관은 미래를 살아갈 우리의 아이들에게 중요한 도구가 될 것이다.

성경은 인간의 삶을 묘사하면서 솔직하고 담백하고 공정한 태도로 일관한다. 인간과 영웅들의 불완전하고도 허약한 면을 다루며 그들의 삶을 있는 그대로 담백하게 그려내고 있다. 따라서 성경에 기록된 이들의 이야기를 계속 읽다 보면 이들에 대한, 그리고 타인에 대한 이해심과 동정심이 우러나오고, 애정까지 솟아오른다.

나는 성경을 통해 다윗과 밧세바의 위험한 사랑, 질투심에 불타는 사라의 고통, 룻과 나오미의 사랑과 성실성, 에스더의 용기, 그리고 레아의 인내심과 고집을 읽을 수 있었다. 이들의 이야기는 모두 신앙으로 가득 차 있다. 영웅적인 여성들은 위기의 순간이 닥쳐올 때마다 항상 신의 존재를 느끼고 있었으며, 어떤 선택을 하든 신이 자신의 운명을 보호해 줄 것이라고 믿었다. 그리고 이들은 자신의 운명을 구속하는 단단한 족쇄로부터 벗어날 길은 스스로의 선택뿐임을 알았으며, 그 선택의 결과가 어떻든 책임은 스스로에게 있음 또한 분명히 인지하고 있었다. 그들은 가족, 민족, 신앙적 정체성, 그리고 자신의 생존에 대한 책임과 의무를 항상 인식하고 있었던 것이다.

어릴 때부터 나는 리브가를 선망했다. 한쪽 어깨에 물동이를 메고는 머리를 곧게 추켜세우고 걷는 리브가를 상상하며 그녀의 모습을 흉내 내기도 했다. 나는 리브가처럼 친절하고 자비로운 사람이 되고 싶었다. 약 20년 동안 워싱턴에서 열 명 내지 열다섯 명의 여성들에게 성경을 가르치면서 리브가에 대해 깊이 생각해 보았고, 매주 금요일 아침이면 그녀들과 우리 집 거실에 앉아 뜨거운 찻잔을 앞에 두고 성경에 대한 폭넓은 토론을 벌이기도 했다.

어느 금요일 성경 토론 도중, 불현듯 나는 리브가와 나 자신을 동일시하고 있음을 깨달았다. 어린 리브가가 낯선 남자와 결혼하기 위해 어머니, 아버지를 떠날 때의 감정이 바로 나의 일인 듯 느껴졌던 것이다. 부모와 고향을 떠날 때 리브가가 느꼈던 막연한 동경, 희망, 흥분, 죄책감, 그리고 결혼 후 자신이 잉태한 사랑하는 아들 야곱을 먼 곳으로 떠나보내야 했던 그녀의 찢어지는 모정까지도 말이다.

사랑하는 이와의 삶을 선택하면서 고국을 떠나온 나는 '자기 연민'에 빠져 있을 여유라곤 없이 결혼 생활을 꾸려 나가느라 정신이 없었다. 그 와중에 돌연히 '외로운 타국 생활을 했던 리브가는 과연 누구에게 마음을 쏟았을까?' 하는 의문이 들었다. 성실하고 따뜻한 사랑을 베푸는 남편을 두었다 해도, 때때로 찾아오는 외로움과 향수로부터 완전히 벗어나지는 못했을 것이다. 나 또한 미국으로 건너온 후 문화적 거부감과 이질감에 잔뜩 주눅 들어 있었다. 때문에 리브가의 이야기를 읽으면 읽을수록 나의 삶과 리브가의 삶이 무척 닮아 있다고 느꼈다. 그리고 이렇게 어려운 상황에 빠져 있는 사람이 나뿐만이 아니라는 사실에 적잖은 위안도 받았다.

국회에서 국회의원들, 다양한 종교를 갖고 있는 의원들의 배우자, 그리고 여러 정당의 사람들과 함께 성경 수업을 진행한 적이 있다. 그들이 성경을 읽고 난 후 한 시간씩 성찰의 시간을 갖는 모습을 보며 나는 무척이나 흐뭇했다. 우리야Uriah의 아내인 밧세바Bathsheba와 다윗의 불륜 관계에 대한 열띤 토론을 펼쳤던 무렵은 공교롭게도 모니카 르윈스키와 빌 클린턴 대통령의 관계가 폭로된 시점이었다. 우리는 '한 지도자의 개인적인 삶이 그의 정치적인 생명과 능력에 어느 정도의 영향을 미치는가'를 주제로 놓고 허심탄회하게 토론했다. 밧세바와 다윗 왕의 이야기는 자유로운 토론의 물꼬를 터주었고, 우리는 성적 사생활과 가족의 가치, 권력과 성의 공생 관계에 대한 서로의 솔직담백한 의견을 나눌 수 있었다.

금요일 아침에 성경 공부를 하는 여성들은 밧세바의 외로움을 동정했다. 그 그룹에 있던 모든 여성들은 밧세바의 남편이 장군이었기 때문에 오랫동안 군대 내에 혹은 전쟁터에 나가 있느라 밧세바에게 무심했을 거라고 말했다. 따라서 밧세바가 다른 남자와 사랑에 빠질 수 있었던 상황에 대해 그녀들은 공감을 표했다. 이런 대화는 부부나 연인 사이에 서로에 대한 '관심'과 '배려'가 얼마나 중요한지, 그리고 육체적·정신적 유대감이 얼마나 중요한지에 대한 주제로 자연스럽게 이어졌다. 특히 요즘과 같이 여행과 출장이 일상화되어 있는 사회에서는 더욱 그렇다. 금요 성경 공부 그룹의 여성 멤버들은 부부 관계나 남녀 관계가 인생에서 그 어떤 것보다 중요하다는 것으로 결론을 맺었다.

다양한 사람들과 성경을 함께 읽는 일은 즐겁고 유익한 경험이었다. 모두들 각자의 개인적인 경험을 바탕으로 성경을 해석했고, 자신의 욕구와 필요에 따라 내용을 받아들였다. 성경은 항상 모든 이들을 만족시켰고, 그들에게 용기를 주었다. 성경을 읽으면서 사람들이 용기를 얻게 되는 이유는 이 고대의 책이 삶의 모순과 현실을 있는 그대로 반영하기 때문이라고 나는 믿는다. 동시에 성경은 우리 모두를 종교적·도덕적으로 성숙하게 만든다. 인간이 나약하고 불완전한 존재라는 인식은 우리 마음속에 더 나은 삶을 살고자 하는 욕구를 불러일으킨다. 그것이 바로 성경이 우리에게 일깨우고자 하는 것이다. 성경에 담겨진 메시지는 불굴의 사랑이며, 그 힘은 가히 초인적이다.

어린 시절부터 성인이 된 지금까지, 나에게 있어 성경은 단순히 종교나 역사의 기록이 아니다. 그것은 선조들이 만들어 낸 한 편의 생생한 드라마이다. 성경에 등장하는 여성들이 처했던 고통스런 상황이나 문제들은 현대의 여성들도 일상적으로 겪고 있다. 양육, 불임, 임신, 배우자, 남성권위주의 등에 관한 문제는 고대 여성들뿐만 아니라 현대의 여성들에게도 심각한 고민거리들이다.

고대 이스라엘의 여성들은 남성들의 가부장적 권위에 절대적으로 복종해야 했다. 처음에는 딸로서 아버지에게, 그 다음에는 아내로서 남편에게 예속되었다. 아들은 아버지의 재산과 권위를 상속받았고, 결혼을 한 후에는 가장이 되어 집안을 다스렸다. 그러나 여성은 결혼과 함께 남편 가족의 한 구성원으로 속할 뿐, 권리나 자율권은 얻지 못했다.

성경이 여성을 어떻게 묘사하고 있는가를 연구하고 곱씹으면서 나는 내가 발견한 사실에 깜짝 놀랐다. 성경에 등장하는 그들은 비천한 여종도, 맹목적으로 남편에게 복종하는 수동적인 여인들도 아니었다. 이들은 여성으로서 발휘할 수 있는 모든 힘을 이용해 남성들을 유혹하고, 속이고, 결국엔 무너뜨리기까지 했다. 가부장적 권위가 이 여성들의 삶을 가로막았을 때, 그리고 그들의 가족과 민족의 생존에 위협을 가했을 때, 이들은 여성 특유의 지혜와 총명함으로 남성들에게 도전했다. 더욱 놀라운 것은 이토록 용기 있고 적극적인 여성들의 과감한 행동이 단 한 번도 처벌을 받지 않았다는 사실이다.

이스라엘 민족과 신과의 계약을 이행하고 다음 세대로 전하는 성스러운 임무를 수행하는 데 여성들의 역할은 절대적이었다. 성경을 기록한 사람들은 – 대부분이 남성들이었겠지만 – 여성들이 처한 어려움에 동정을 나타냈고, 여성들이 기여하는 역할의 중요성을 깊이 이해하고 있었다. 그래서 이 여성들이 처한 위험, 이들의 영웅적인 행동과 지혜가 성경에 자세히 기록되어 있다.

구약에 기록된 여성들의 이야기를 읽을 때면 나는 그들에게 동지애를 느낀다. 그들의 시련과 노력, 승리, 저력, 신앙심에 감동받지 않을 수 없다. 성경을 읽을 때마다 나에게는 더욱 따뜻한 마음과 폭넓은 이해심이 생겼고, 다른 사람들에 대한 비판적인 시각 또한 줄일 수 있었다. 그리고 성서 속 여인들의 용기 있는 행동에 대해 경이로움과 더불어 짜릿한 기쁨도 느꼈다. 한마디로 성경은 나에게 있어 후원자인 동시에 구원자인 셈이다.

이 책은 유태인들의 전통인 미드라시midrash에 바탕을 두고 있다. 이것은 성경에 나오는 이야기들을 현 세대의 관심 주제와 문제 요소들에 맞추어 새로운 윤리적·종교적 해석을 곁들여 재해석하는 방법이다. 성경은 소설과 달리 인간의 감정, 생각, 동기를 파헤치지 않는다. 서술자의 비평이나 의견을 드러내지 않고, 단지 인간의 행동을 나열하는 데 그친다. 가끔은 어떤 특정 사건에 대해 반복적으로 기술하기도 하고, 어떤 사건은 너무나 간단하게 다루기도 한다. 또는 오랜 시간을 훌쩍 뛰어넘기도 한다. 성경이 이렇게 어떤 사건을 반복적으로 기록하고, 시간을 뛰어넘고, 간결하거나 상징적으로 기술하는 이유는 독자들이 각자의 해석과 의견을 도출하도록 유도하는 데 있다.

성경에 나오는 이야기들을 통해 독자들은 자신의 삶과 상황을 바탕으로 그 사건의 동기를 생각해 내고 교훈을 얻기도 한다. 나는 수년 동안의 연구, 가르침, 저작 활동, 심리치료사로서의 개인적인 경험을 통해 성서 속 여인들의 삶을 해석했다. 그러나 무엇보다도 내 개인적인 생활을 통해 축적된 경험들이 그 바탕에 깔려 있음은 자명하다.

나는 이 책을 쓰면서 성경의 남성 중심 화법에서 여성의 목소리를 끄집어내고자 했다. 이를 위해서는 토마스 바빙톤 매콜리Thomas Babington Macaulay의 말을 이해할 필요가 있다.

"어떤 시대의 한 인간을 다른 시대의 기준으로 평가하지 말라."

나는 성경에 등장하는 여인들을 현대의 시각으로 재조명하기에 앞서 그들이 살았던 시대의 문화, 사고방식, 풍습도 함께 고려하는 것을 잊지 않았다. 이 책을 읽는 독자 또한 가부장제와 일부다처제 문화, 짧은 수명, 피임 기구의 부재, 그리고 최소 50퍼센트 이상에 달하는 유아 사망률 등과 같은 상황이 그 당시에는 일반적인 현상이었다는 점에 주목해야 한다. 비록 그들의 삶은 이토록 제한적이었지만, 성서 속의 여인들은 그들의 행동이 자신뿐만 아니라 앞으로 태어날 세대에도 중요한 의미를 지니고 있음을 확실히 인식하고 있었다.

마지막으로 내가 독자에게 권하고 싶은 것을 위대한 철학자이자 신학자였던 마틴 부버Martin Buber의 말로 대신한다.

"성경이 당신에게 완전히 생소한 책이라 하더라도 그것을 읽어라. 당신과 직접적인 관련이 없더라도 성경을 읽어라. 성경을 읽다가 당신 안에 어떤 감정이 일어난다면 그것을 있는 그대로 받아들여라. 성경에 적힌 어떤 문구가, 어떤 이미지가 당신을 압도적으로 감동시킬지 모른다. 항상 마음을 열어두어라."

제1장

최초의 반항자, 이브

　인류의 기원은 최초의 어머니인 이브의 이야기로부터 시작된다. 성경에는 인류 최초의 부부였던 아담과 이브의 이야기가 가장 먼저 등장한다. 이 이야기 속에는 인간의 외로움과 욕망, 사랑에 관한 일들이 서로 뒤엉키며 혼란을 거듭한다. 하나님의 모습으로 창조된 이브가 영원한 생명이 보장된 평화로운 곳에서의 삶을 포기하고, 왜 아담과 함께 다른 삶을 택했는지 성경은 말해 주고 있다. 이 최초의 부부 이야기는 앞으로 소개될 모든 남녀 관계의 밑바탕이 된다. 이브는 이 책에 등장하는 다른 여성들의 원형이며, 그녀는 모든 위험을 감수하고 생명을 창조하는 쪽을 택한 최초의 여성이었다. 그리고 이브의 이러한 과감한 결단으로부터 태동하는 것이 바로 우리의 미래이다.

성경에 나오는 모든 장면의 이면에는 확연하게 보이지는 않으나 인간들의 행동을 하나하나 주시하고 통제하는 존재가 있다. 바로 전지전능하고 사랑이 가득한 신이다. 신은 남자, 여자, 푸르른 동산, 말하는 뱀, 열매가 무성하게 열리는 나무 등, 각 상황마다 필요한 모든 요소들을 에덴동산 곳곳에 배치해 두었다. 우리의 창조주는 아담과 이브의 이야기를 통해 인간에게 중요한 메시지를 던진다. 자유의지, 책임감, 성숙하기 위해 거쳐야 할 험난한 여정, 그리고 에덴동산에서의 추방이 무엇을 의미하는지를.

"하나님은 자신의 형상, 즉 하나님의 형상대로 사람을 창조하시되 남자와 여자를 창조하셨다."

히브리 사람들이 읽는 성경은 신과 아담을 '남성'으로 묘사하고 있다. 그러나 신이 실제로 어떤 모습이었는지는 알 길이 없다. 남성일 수도, 여성일 수도, 혹은 양성일 수도 있다. 어쩌면 '성' 자체가 전혀 없는 존재일지도 모른다.

성경의 『창세기』에 나오는 신은 인간의 어떠한 능력도 초월하는 존재이다. 이는 우상을 숭배하던 당시로서는 혁명적인 발상이었다. 히브리어로 '최초의 남자'라는 뜻인 '아담'은 일반적으로 '인간'이란 의미로 쓰인다. 따라서 '아담'이란 단어에는 남성 혹은 여성이라는 성 개념이 없다. 영어의 'Man'도 전통적으로는 남성과 여성을 포함한 모든 '인류'를 뜻한다.

에덴동산은 숲과 동물들이 사는 평화롭고 아름다운 곳이었다. 아담은 그곳에서 동물들과 즐겁게 뛰어놀았다. 하늘을 가로질러 날아

오르는 새를 보는 아담의 눈은 늘 호기심으로 가득 차 있었으며, 그는 큰 나무를 오르기도 했고, 얕은 강에 놓인 징검다리를 건너기도 했다. 이처럼 에덴동산은 인간에게 더할 나위 없는 즐거운 놀이터였다. 고난이란 게 무엇인지 전혀 알 필요도 없는 곳, 편안하고 아름다운 삶을 누릴 수 있는 순수의 세계였다.

세계 여러 나라의 많은 신화들이 묘사하는 태초의 세상은 이런 에덴동산과 흡사한 모습을 하고 있다. 그 수많은 지역의 문화가 태초의 세상을 왜 공통적인 모습으로 그렸겠는가. 이는 전 인류가 순수한 이상향의 세계인 어린 시절을 동경한다는 걸 뜻한다.

이렇듯 아름답고 풍요로운 에덴동산이었음에도 불구하고 아담은 자신에게 어울리는 동지를 찾지 못했다. 인간은 당시 에덴동산에 존재하던 모든 피조물 중에서 신의 형상대로 탄생한 유일한 존재였기 때문이다. 아담은 자신과 같이 두 발로 서서 하늘을 바라보고 땅을 내려다볼 수 있는 피조물을 만날 수 없었다. 그 동산에는 아담과 같이 울고 웃으며, 생각과 감정을 표정만으로 교감할 수 있는 생명체가 없었다. 더욱이 말을 할 수 있는 생명체도 아담 말고는 없었다. 신은 아담에게만 '언어'라는 선물을 주었기에, 인간인 아담은 신이 만든 피조물 가운데 언어와 얼굴 표정으로 감정과 생각을 표현할 수 있는 유일한 존재였다.

아담은 에덴동산에 있는 모든 동물들에게 이름을 하나씩 지어주었다. 그리고 '말'로써 고마운 마음과 놀라운 감정을 표현했다. 그러나 도대체 누구와 '말'로 감정을 나누고 생각을 교류할 수 있단 말인가. 이쯤에서 짐작할 수 있듯, 성경에서 처음으로 묘사된 인간의 감정은 다름 아닌 '외로움'이었다.

신은 자신이 창조한 모든 피조물을 둘러보았다. 그리고 외로움을 느끼는 아담을 보면서 측은한 생각이 들어 이렇게 말했다.

"사람이란 혼자 있음으로써 외로움을 느끼는 존재이니, 그에게 알맞은 동지를 만들어 주겠다."

신은 서둘러 이 문제를 해결하기로 하고, 아담을 깊은 잠에 빠지게 한다. 성경에는 '그래서 주 하나님께서는 사람 위로 깊은 잠이 쏟아지게 하시어 그를 잠들게 하신 다음, 그의 갈빗대 하나를 빼내고 그 자리를 살로 메우셨다. 그리고는 그 사람에게서 빼낸 갈빗대로 여자를 만드시고.'라고 나와 있다. 아담은 분명 남자였고, 이브는 여자였다. 신은 과연 어떠한 의도 하에서 최초의 인간을 남자와 여자로 분리했을까? 여자는 신이 의도했던 모든 계획에 속한 한 부분이었던 걸까?

히브리어로 갈비뼈는 '첼라tzela'이다. 이 단어는 '부분'으로도 해석된다. 배의 한 '부분' 혹은 집의 한 '부분', 또는 어떤 전체에서 구조상 아주 '중요한 일부'라고도 할 수 있다. 어떤 구조물에서 한 '부분'을 떼어내면 그것은 무너져 버린다. 이처럼 어느 한 '부분'이란 전체 구조에서 없어서는 안 될 중요한 요소이다.

'최초의 여성은 최초의 남성 심장에서 가장 가까운 일부분으로 만들어졌다.'라는 이야기는 남자와 여자가 원래 완전체의 양쪽을 각각 차지하고 있었음을 의미한다. 남자는 인생을 함께 나눌 수 있는 분리

된 반쪽을 찾게 되며, 반쪽인 여성의 눈을 통해 세상을 다른 관점으로 바라볼 수 있었다. 한편 그 완전체가 분리된 이후, 둘로 나뉜 각각은 다시 완전함을 이루기 위해 헤어진 반쪽을 그리워하게 된다. 성경은 이 그리움을 시간과 공간을 뛰어넘는 언어로 이렇게 적고 있다.

「이러므로 남자가 부모를 떠나 그의 아내와 합하여 둘이 한 몸을 이룰지로다」

이는 남자와 여자의 몸과 마음이 결합해 하나의 목표를 추구할 것이며, 가족과 자녀를 갖고자 하는 욕망을 일으키리란 가능성을 가장 농후하게 표현하고 있다.

신은 여자를 창조할 때 아담의 의견을 묻지 않았다. 아담은 동반자를 만들어 달라고 부탁하지도 않았고, 자신의 삶에 부족한 어떤 면이 있다는 사실조차 깨닫지 못했다. 물론 자신과 비슷하면서도 전혀 다른 동반자를 만나게 되리라고는 상상조차 할 수 없었다. 신의 의지로 남자가 창조되었듯, 여자도 온전히 신의 의도대로 창조되었다. 따라서 존재론적으로 여성은 남성에게 빚진 것이 전혀 없다. 남자와 여자는 모두 신의 형상대로 만들어진 평등한 피조물이기 때문이다. 그리고 둘 모두에게는 선택의 자유가 있다. 신의 눈으로 보는 남자와 여자는 도덕적으로 그리고 영적으로 동등한 존재이다. 하지만 대부분의 남자들은 이러한 사실을 미처 이해하지 못하고 있다.

신이 아담에게 이브를 데려다 주자 아담은 감동에 젖어 시를 읊는다.

"이것이야말로 내 뼈에서 나온 뼈요, 내 살에서 나온 살이로구나!"

이는 이브를 만난 아담이 그동안 자신에게 무엇이 부족했는지를 비로소 깨닫게 된 순간이었다. 이렇게 해서 남성은 자신에게 꼭 맞는 동반자를 맞이하였다. 여성은 남성과 동등하였지만, 그러면서도 분명히 다른 피조물이었다. 하지만 남성과 똑같이 두 발로 서고, 웃고, 울고, 이야기를 나눌 수 있었다. 최초의 남자와 여자는 모두 알몸이었지만 부끄러움을 느끼지 못했고, 해변에서 마냥 즐겁게 뛰어노는 아이들처럼 순수한 존재들이었다.

지금까지 언어와 인간관계를 연결시켜 이야기했다. 아담은 동물들에게 이름을 지어주며 말을 걸 순 있었지만 함께 대화를 나눌 수는 없었다. 언어란 것은 그것을 똑같이 사용할 수 있는 '상대'가 있을 때에만 의미가 있다. 『창세기』에 쓰여 있는 이 이야기는 신이 모든 피조물 가운데 오직 아담(인간)에게만 '언어'라는 선물을 했음을 알려준다. 그리고 신은 외로움을 느끼는 인간을 불쌍히 여겨 아담과 똑같이 생긴 짝이 필요하다고 분명히 말했다. 요컨대 언어란, 자신과 같은 짝이 없을 때 인간이 외로움을 느끼도록 한 신의 선물이었던 것이다.

성경은 성과 출산의 문제를 논의하기에 앞서 '배우자가 필요하다'고 이야기한다. 남자와 여자는 먼저 자신을 개별적이고 특별한 존재로 인식한 후에 서로를 원하고 존경할 수 있다. 이것은 내가 지금까지 쌓아온 전문적인 경험과 지식을 토대로 내린 결론이다. 우선 자신이 이 세상에서 단 하나뿐인 존재라는 사실을 깨달아야 한다.

그 다음에야 자신이 독립적이고 자유로운 인간이라는 점을 확신할 수 있다. 이런 사람들이 만나면 건전하고 상호 보완적인 부부가 될 수 있다. 이들은 상대방의 가치와 능력을 이해하고 존중한다. 또한 자신이 받아들일 수 없거나 이해할 수 없는 결정이나 행동을 배우자가 했을 때 이에 대한 속 깊은 이야기를 나누며 해결해 나간다.

성경은 인간에게 배우자(동반자)가 필요하다고 이야기하며 부부는 서로 고귀한 선물을 주고받는다고 강조한다. 이는 남편과 아내가 오랜 시간 동안 함께하며 쌓아 올린 친밀함과 동료 의식을 말한다. 부부는 슬픔과 기쁨을 함께 나누고, 좋은 책이나 영화에 관한 의견을 교환하며, 함께 기도하면서 서로 신뢰와 친밀함을 쌓아 나간다. 이 모든 행위는 '언어'를 통해 이루어진다.

성욕은 인간에게 꼭 필요한 욕구이지만 불같이 치솟아 오르다가도 어느 한순간 썰물같이 사라져 버리고 마는 성질의 것이다. 그러나 동료 의식 혹은 친밀함을 갈구하는 인간의 욕구는 한결같다. 끈끈하고 지속적인 인간관계에서 우러나오는 동료 의식은 서로에게 관심을 쏟고 상대방을 배려할 때 생긴다. 당신은 누군가와 오랫동안 관계를 지속해 본 적이 있는가? 그렇다면 오랜 시간에 걸쳐 쌓아 올린 신뢰와 애정이란 그리 쉽게 형성되는 것이 아니라는 사실을 잘 알 것이다.

유태인 율법학자들은 이렇게 말한다.

"여자가 창조되기 전, 남자는 혼자였다. 따라서 남자는 앞서 깨달은 외로움 때문에 배우자가 존재한다는 사실을 더욱 소중히 여긴다."

아담은 자신의 곁을 지나가는 동물들마다 이름을 하나씩 지어주었다. 그는 암수 짝을 지어 다니는 동물들을 보며 이렇게 말했다.

"모든 것이 다 짝이 있는데, 나만 혼자이구나."

성경은 인간관계에서 일부다처제보다는 일부일처제를 선호한다. 신은 아담을 위해 단 한 명의 배우자를 창조했다. 그런데 인류학자들은 생물 · 유전학적으로 남자에게는 일부다처제가 더 알맞다고 말한다. 남자에게는 기회가 있을 때마다 자손을 번식하려는 본능이 있기 때문이다. 그러나 '한 남자를 위해 단 하나의 여자를 창조했다'는 성경 구절은 신이 일부일처제를 선호한다는 뜻이 아니고 무엇이겠는가. 또한 성경은 남자가 성욕을 스스로 다스려야 한다는 교훈도 담겨 있다. 심리학자인 네드 게이린Ned Gayline은 일부일처제를 '인간의 성욕을 교화하는 제도'라고 정의한 바 있다.

더불어 성경은 '인간은 감정적으로 깊이 있고 지속적인 관계를 맺을 때 성숙한다'는 진리를 담고 있다. 우리가 관계를 지속하기 위해 노력을 기울이면, 그만큼 얻는 것도 많아진다. 이성을 동시다발적으로 혹은 고구마 줄기 엮듯 여기저기 가지를 치며 만나는 사람은 깊은 인간관계를 맺을 가능성이 희박하며, 친밀함을 형성하기란 더욱더 불가능하다. 왜냐하면 인간은 관계를 맺을 때 자신의 감정적, 성적, 지적인 능력을 그 안에 온전히 쏟아 넣기 때문이다. 따라서 문어발식의 복잡한 이성 관계는 그것을 유지하는 데 필요한 능력과 집중력을 떨어뜨릴 수밖에 없다. 성경만 보아도 일부다처제의 가족 관계 안에서 인간들이 얼마나 많은 고통과 시련을 겪었는지 잘 묘사하고 있지 않은가.

신은 인간에게 단호히 명령했다.

"에덴동산에 있는 나무 가운데 한 그루에만은 얼씬도 하지 마라. 특히 그 나무의 열매는 절대로 손대면 안 될 것이니라."

그것은 인간에게 죽음의 고통을 가져다주는 열매였다. 이 금지된 열매를 먹으면 선과 악을 구별하게 되었다. 이 나무의 이름은 '선악을 알려주는 지식의 나무The tree of knowledge of good and evil'이다. 히브리어로 지식이란 의미의 da'at는 '성적인 지식'을 뜻한다. 그러나 성경에 적혀 있는 '안다know'라는 단어는 단지 성적 행위에 관한 지식만을 의미하지 않는다. 이는 성에 대한 지식 이상의 것을 뜻한다. 즉, 성적인 관계를 통해 지속적으로 쌓이는 친밀하고 섬세한 감정을 돌려서 말한 것이다.

접근이 금지된 지식의 나무 근처에는 뱀이 숨어 있었다. 신이 창조한 들짐승 중 가장 간교한 뱀은 여자에게 슬며시 다가왔다. 그리고는 "하나님께서 너희에게 동산의 어떤 나무에서든지 열매를 따 먹어서는 안 된다고 말씀하셨다는데, 정말이냐?"라고 물었다. 그러자 이브는 이렇게 고쳐 말했다.

"우리는 동산에 있는 나무 열매를 먹어도 된다. 그러나 동산 한가운데에 있는 나무 열매만은 죽지 않으려거든 먹지도, 만지지도 말라고 하나님께서 말씀하셨다."

그러자 그 뱀은 여자에게 말했다.

"너희는 결코 죽지 않는다. 너희가 그것을 먹는 날, 하나님처럼 눈이 열려 선과 악을 알게 될 줄을 아시고 그렇게 말씀하신 것이다."

세계의 여러 문화는 공통적으로 뱀을 남성의 성기와 동일시하거나 번식의 신상으로 삼고 있다. 따라서 뱀은 젊은 여성의 몸과 마음 안에서 끓어오르는 '성욕'을 뜻한다고 할 수 있다. 성경에 기록되어 있는 뱀과 여자의 대화를 보면 뱀은 교활하게도 여성의 무의식을 자극하며 여자가 의심하도록 유도한다.

그러나 여자는 뱀에게 쉽게 현혹되지 않았다. 이브는 서두르지 않고 뱀의 말을 골똘히 생각해 보았다. 신의 명령에 반항하면 혹독한 처벌을 받으리란 사실을 알고 있었기 때문이다. 성경을 보면, 이브는 뱀의 유혹을 받은 후 결정을 내리기까지 상당히 오랜 시간 동안 고민했음을 알 수 있다. 뱀이 이브를 유혹했을 때 그녀는 혼자였다. 그러나 그 금단의 열매를 따 먹을 때 이브는 아담과 함께 있었다.

「여자가 고개를 들어 바라보니 그 나무의 열매는 꽤 먹음직하고 소담스러워 보였다. 뿐만 아니라 그것은 정말 자신을 슬기롭게 만들어 주기라도 할 것처럼 탐스러웠다」

이브는 금단의 열매를 먹겠다는 결심을 굳히기 전까지 충분히 생각을 거듭했다. 그러나 아담은 이브가 열매를 건넸을 때 아무런 주저 없이, 그 열매를 먹고 난 후 어떤 결과를 맞이할지는 안중에 두지 않은 채 무턱대고 받아먹었다. 아담은 그 열매를 먹으며 그저 행복하고 고마운 마음뿐이었으리라.

열매를 먹고 나니 그 효과는 즉각적으로 나타났다. 눈이 열린 두

사람은 자신들이 알몸인 것을 인식하게 됐고, 얼른 무화과나무 잎을 엮어 두렁을 만들어서는 몸의 가장 은밀한 부위를 가렸다. 금단의 열매를 먹기 전까지만 해도 두 사람은 서로가 알몸인 것을 의식한 적이 없었다. 그들은 하나님에게도, 서로에게도 숨길 것이 없었다. 그러나 그 열매를 먹고 난 후 처음으로 다른 사람의 시선이 신경 쓰였고, 부끄러움을 느끼게 되었다. 그것은 바로 자의식으로, 프라이버시가 인간 의식의 한 부분이 되었음을 상징한다.

에덴동산에서 열매를 따 먹은 일은 인간의 지식과 지혜의 역사에 결정적인 사건이었다. 인류 최초 커플의 의식 안에 수치, 죄책감 그리고 욕망이 더해진 것이다. 순수한 어린아이와 같았던 남자와 여자는 이제 성적인 깨달음, 성욕 그리고 책임감을 느끼는 변화의 시기를 경험하게 된다. 이렇게 어색하고 고통스러운 방법으로 그들은 순수한 어린이에서 어른으로 거듭났다. 이것이 바로 사춘기의 시작, 즉 성숙의 첫 단계에 해당한다. 여성이 성적으로 깨어나는 것은 생명력으로 이어지며, 이는 다시 출산(생산)의 욕망과 맞닿아 있다. 여성은 남성을 유혹해야 한다. 혼자서는 아이를 가질 수 없기 때문이다. 성경에서도 지적하고 있듯, 남성과 여성은 서로 합심하여 새로 태어날 아기에게 사랑, 영양, 안정을 주어야 한다. 이것은 어린아이의 성장과 발육을 위해 꼭 필요한 요소들이다. 지구상에 있는 그 어떠한 생명체도 인간의 아기처럼 무기력한 존재는 없기 때문이다.

신은 인간을 창조할 때 그 안에 자유의지를 불어넣었다. 그래서 인간은 본능에 따라 움직이는 동물들과 달랐다. 신은 자신이 선물한 '자유의지'를 여자가 가장 처음 사용하리란 사실을 알고 있었다. 그리고 그것이 금단의 열매를 먹는 일에서부터 시작되리란 점도 분명히 예지했다. 즉, 이브는 신이 의도한 원대한 계획에 따라 생물학적, 유전학적, 정신적으로 인류를 이어가게끔 창조되었던 것이다. 그녀는 이후에 태어난 모든 여성들과 마찬가지로 난자로부터 자식을 탄생시킬 수 있도록 만들어졌다.

남성과 여성은 성욕을 각각 다른 방식으로 느낀다. 성경에는 남성과 여성이 성욕을 어떻게 자각하는지, 그에 관한 상징적인 우화가 실려 있다. 여성의 성욕은 내적으로, 즉 감각, 감정, 상상 속에서 서서히 일어난다. 이브가 금단의 열매를 따기 전에 시간을 두고 충분히 생각해 보았다는 것이 여성의 성적 반응을 상징적으로 나타낸다. 이브는 그 열매에 손을 대기 전에 충분히 관찰하고, 익숙해질 때까지 기다렸다. 그리고 한 단계, 한 단계를 거치며 천천히 결과에 이르렀다. '이브는 그 나무 열매가 먹을 수 있는 것인지, 보기에 좋은 것인지, 그리고 탐낼 만한 것인지를 충분히 확신한 후에 따 먹었다'고 성경에 나와 있다.

이브의 내부에서는 아이를 갖고 싶다는 욕망이 깨어나 다른 것은 생각할 수조차 없었다. 성관계를 맺고 난 후의 결과는 남성보다는 여성에게 더 심각하게 나타난다. 아홉 달 동안 임신을 하게 되는 것은 여성이기 때문이다. 따라서 이브는 선악과를 먹겠다는 결정을 내리기까지 아담보다 훨씬 오랜 시간 동안 심사숙고했다.

이브는 결국 그 열매를 들고 아담에게 다가갔다. – 열매의 모양은 생산, 즉 여성의 가슴 모양을 상징한다 – 여성과는 대조적으로 남자는 여성의 성적 초대에 즉각적이고 민감하게 반응했다. 자신의 손에 들린 금단의 열매를 아무 생각 없이 받아먹는 것을 보고, 여자는 남자가 성적 유혹에 쉽게 넘어간다는 사실을 알았다. 남자는 여자가 그 자리에 있다는 사실만으로도 성적으로 흥분한다. 여성의 체취, 웃음, 칭찬 그리고 사과를 주는 행위만으로도 유혹에 쉽게 넘어간다.

여성의 유혹에 즉각적으로 반응하는 남성의 모습은 성경 곳곳에서 발견된다. 동시에, 남성을 유혹하는 여성은 대부분 절망적인 상황에 처해 있다. 그런 여성들은 성적 유혹에 약한 남성을 이용해 그에게 의지한다. 유다의 며느리인 다말Tamar과 룻Ruth의 이야기가 그 사실을 증명해 준다. 반면 남성이 지식의 나무 열매에 대해 고민했다는 구절은 성경 어디에서도 찾아볼 수 없다. 아담은 단지 선악과를 제외한 다른 나무들의 열매를 먹는 것에 만족했고, 신이 금지한 그 나무는 멀리했다. 남성은 복종적이며, 여성에 비해 그다지 호기심이 없다.

신이 에덴동산에 내려오자 이를 알게 된 아담과 이브는 깜짝 놀라 몸을 숨긴다. 신의 뜻을 어긴 결과가 어떠하리란 사실을 알고 있었기 때문이다. 신이 "어디 있느냐?"며 그들을 불렀다. 신의 부름에 아담은 "동산에서 당신의 소리를 듣고 제가 알몸이기 때문에 두려워 숨었습니다."라고 대답했다. 신은 "네가 알몸이라고 누가 일러주더냐? 내가 너에게 따 먹지 말라고 명령한 그 나무 열매를 네가 따 먹었느냐?"라고 물었다. 이때 아담은 이브와 신을 탓하며 자신을 변명하기에 급급한 모습을 보인다.

"당신께서 함께 지내라고 보내주신 여자가 그 나무 열매를 주기에 제가 먹었습니다."

이어서 신이 여자에게도 "너는 어쩌자고 이런 일을 저질렀느냐?"고 호통을 치자, 여자 역시 "뱀이 저를 꾀어서 제가 따 먹었습니다."라고 대답하였다.

이렇듯 남자와 여자는 서로 다른 이를 탓하며 책임을 회피했다. 남자는 자신에게 먹을 것을 주고 기쁨을 선사한 여성을 보호할 수 있었다. 또한 여자가 자신에게 그 열매를 강요하지 않았다고도 사실대로 말할 수 있었다. 반면, 여자는 에덴동산에서의 영원불멸의 삶을 포기하고 대신 지식과 지혜를 선택했다고 설명할 수 있었다. 그러나 남자와 마찬가지로 여자 역시 두려웠다. 그래서 뱀을 비난하며 자신의 행동에 대한 책임을 지려 하지 않았다.

자신의 잘못을 타인에게 뒤집어씌우는 문제는 우리네 인간 사회에서 끊임없이 발생한다. 사회나 개인이나 너 나 할 것 없이 모두 상대에게 책임을 전가하고, 자신의 결정과 선택을 없던 일로 만들려 한다. 때로는 이런 일이 끔찍한 사고와 살인을 부르는 원인으로 작용하기도 한다. 결국 본질적인 문제를 해결하지 못하여 더욱 심각한 문제를 낳는 것이다. 책임 전가는 일시적인 평화를 가져올지 모르지만, 결국에는 더 큰 문제로 불거져 혼란을 일으키게 마련이다.

남성과 여성은 두려움과 죄책감을 느낀다. 신이 창조한 모든 피조물 가운데 인간만이 유일하게 갖고 있는 감정인 '죄책감'은 양심과 자아 발전을 위해 빼놓을 수 없는 요소이다. 죄책감은 인간을 올바르게 살아가도록 유도한다. 즉, 인간은 죄책감을 느낌으로써 정신적으로 발전하는 것이다. 책임을 인정하는 것은 성숙한 행동이며, 감정을 성장시키는 계기가 된다. 따라서 우리는 겸손한 마음과 용기로 자신의 행동에 책임을 지고, 다른 사람의 비난을 겸허히 수용해야 한다. 그럴 때 자신의 결정에 대한 결과로 인해 다른 사람을 책망하는 일이 없어지며, 자신의 행동이 타인에게 어떤 영향을 미치는지도 깨닫는다. 그리고 그에 따른 결과도 인정할 수 있다. 이는 그 결과에 대한 대가가 외출 금지이든, 운전면허 박탈이든, 구속이든 간에 묵묵히 받아들여야 한다는 뜻이다.

우리는 자신의 불완전함을 스스로 책임지면서 내적인 힘을 얻는다. 자신이 져야 할 책임을 다른 사람에게 전가한다면, 이런 행동이 부메랑이 되어 결과적으로는 자신에게 더 큰 화를 불러올 수 있다. '어린아이'가 아닌 '어른'으로서 행동해야 하는 것이다. 이 점을 깨닫는다면 행동을 변화시킬 수 있다. 아니, 적어도 행동을 변화시키기 위해 노력할 수는 있다. 말로만 떠들어 대는 변화는 공허할 뿐이다.

어린이는 자신의 행동에 책임을 지지 않는다. 왜냐하면 자신의 행동에 대한 결과가 어떠할지에 대한 예측 능력이 없기 때문이다. 올바른 판단을 할 수 있을 정도로 성숙하고, 누군가가 억지로 강요하지 않아도 독립적인 행동을 할 수 있는 사람만이 자신이 한 일에 대한 책임을 진다.

인간은 선과 악을 구별할 수 있는 지혜를 주는 나무에서 금단의 열매를 따 먹었다. 이것은 그들이 에덴동산에서 처음으로 한 독립적인 행동이었다. 그러나 아담과 이브는 그들이 어떠한 죄를 저질렀는지 미처 알지 못했다. 금단의 열매를 먹기 전까지는 선과 악을 구별할 수 있는 지식이 전혀 없었기 때문이다. 그러나 그들은 신이 그 열매를 절대로 먹지 말라고 당부했던 것만은 분명히 알고 있었다. 이런 점에서 아담과 이브는 어린아이와 같다. 어린아이들은 어떤 행동을 하지 말아야 한다는 사실은 알지만, 왜 그래야 하는지는 모르기 때문이다.

모든 부모들이 그렇듯, 신 또한 자신의 자녀들이 스스로의 행동에 책임질 수 있기를 바랐다. 그러나 아담과 이브의 행동은 그들 자신에게도, 그리고 신에게도 고통스러운 결과를 가져왔다. 신은 인간의 편안한 생활을 위해 필요한 모든 요소를 에덴동산에 갖추어 놓았다. 나무 한 그루만을 제외하고 말이다. 아담과 이브는 자유의지로 선택을 할 수 있었고, 이 능력이 결국 그들을 성숙하게 만들었다.

전지전능한 창조주인 신은 죄를 지은 인간이 에덴동산 어디에 숨어 있는지를 알고 있었다. 그럼에도 불구하고 신은 이런 질문을 던졌다.

"너희는 어디에 있느냐?"

이 질문을 시작으로 인간의 도덕적 성숙과 깨달음을 일깨우는 대화를 시작한 것이다.

신은 자신의 명령을 지키지 않은 인간에게 화를 내지 않았다. 다만 아담과 이브가 서로 책임을 떠넘기고 비난하는 모습에 분노했다. 사실 '죄악sin'이란 단어는 아담과 이브의 이야기에서는 언급되지 않는다. 그것은 카인이 그의 동생인 아벨을 살해할 때 비로소 등장한다. 이런 사실로 미루어 보아 아담과 이브가 저지른 최악의 죄는 '불복종'이 아니라 다른 사람에게 책임을 전가한 것이라 할 수 있다. 여하튼 인류 최초의 커플인 아담과 이브는 자신들의 잘못이 무엇이었는지를 깨달으면서 도덕적으로 살게 된다.

저돌적인 뱀은 인간을 유혹했다. 뱀은 '악당(원흉, 악인)'의 원조라 볼 수 있다. 그것은 남자보다 더 적극적으로 그리고 교활한 방법으로 여자를 유혹했다. 또한 자신의 쾌락과 만족을 위해 여자를 계략에 끌어들였다. 뱀은 이브를 유혹함으로써 사악한 쾌감을 즐겼지만, 뱀이 악당이라고 불리는 이유는 그 행동이 대담해서가 아니라 인간을 유혹했던 의도 자체가 나빴기 때문이다. 뱀은 본래 땅을 기어 다니는 동물이 아니었다. 태초에는 꼿꼿이 서서 움직였다. 이는 남성이 성적으로 흥분했을 때의 모습을 연상시킨다. 이러한 상태로 뱀은 여성을 유혹했고, 신은 자아도취에 빠진 뱀에게 처벌을 내렸다. 교활하고 이기적인 사람을 뱀에 비유하는 것도 바로 성경에 나오는 이러한 모습 때문이다.

「네가 이렇게 하였으니 네가 모든 가축과 들의 모든 짐승보다 더욱 저주를 받아 배로 다니고, 살아 있는 동안 흙을 먹을지니라. 내가 너로 여자와 원수가 되게 하고 네 후손도 여자의 후손과 원수가 되게 하리니, 여자의 후손은 네 머리를 상하게 할 것이요, 너는 그의 발꿈치를 상하게 할 것이니라」

신이 뱀에게 내린 처벌은 모든 뱀의 종種들이 땅을 기어 다니고 더러운 흙에 얼굴을 대야 하는 '굴욕'이었다. 이때부터 뱀은 숲 속 나무 아래에서 배를 땅에 대고 기어 다니며 '쉬, 쉬' 하는 소리를 내는 비천한 삶을 살게 된다. 그리고 인간은 이러한 뱀을 막대기로 쫓는다.

「내가 네게 임신하는 고통을 크게 더하리니, 네가 수고하고 자식을 낳을 것이며 너는 남편을 원하고 남편은 너를 다스릴 것이니라」

의학이 상당히 발달한 현대에도 여성은 분만 시 여전히 큰 고통을 겪는다. 그러나 극심한 아픔 속에서 아이를 낳고 난 후에 여성은 곧 그 일을 잊어버리고 다시 생명을 잉태하려는 모성을 회복한다. 그러면서 남성과의 성적 결합도 갈망하는데, 이 또한 신의 계획의 일부이다. 신과 인간은 모두 자식을 낳고 세대를 이어가며 삶이 지속되길 바란다. 여자가 분만 당시의 고통을 잊어버리는 것은 인류의 미래이자 꿈이며, 새로운 시작을 위한 '희망의 망각'이다. 이는 또한 죽음과 상실의 두려움을 넘어선 인류의 승리를 의미한다.

'남편은 너를 다스릴 것이다.'라는 구절은 고대의 남녀 관계를 설명한다. 물론 이 개념은 오늘날에도 통한다. 현대 사회에도 산아 제한을 하지 않는 나라가 많다. 그곳에서는 만삭의 여자가 한 아이는 가슴에 안고, 또 다른 아이의 손을 잡고 걷는 모습을 어렵지 않게 볼 수 있다. 이 엄마와 아이는 남편의 보호 아래 있다. 고대 농경사회의 고된 생활환경에서 살아남기 위해서는 강인한 체력이 절대적인 조건이었다. 남자들은 종종 압도적으로 강한 육체의 힘을 써서 여자를 복종시키고 학대하기도 했다. 그러나 성경은 '다스린다'는 말의 또 다른 의미를 알려준다. 히브리어로 '다스린다'는 의미의 'limshol'은 'moshel'이란 단어와 그 어원이 같다. 'moshel'은 '책임감 있는 통치자' 혹은 '그의 가족을 돌보는 지도자'라는 뜻이다. '폭군'이란 뜻은 이 단어 안에 포함되지 않는다.

신은 남자에게 이렇게 말했다.

「네가 네 아내의 말을 듣고 내가 네게 먹지 말라 한 나무의 열매를 먹었은즉 땅은 너로 말미암아 저주를 받고, 너는 네 평생에 수고하여야 그 소산을 먹으리라. 땅이 네게 가시덤불과 엉겅퀴를 낼 것이라 네가 먹을 것은 밭의 채소인즉 네가 흙으로 돌아갈 때까지 얼굴의 땀을 흘려야 먹을 것을 먹으리니, 네가 그것을 취함을 입었음이라. 너는 흙이니 흙으로 돌아갈 것이니라」

신은 여성의 역할을 말한 다음, 남자는 식량을 얻기 위해 땅을 일궈야 한다고 말했다. 즉, 신은 남자와 여자가 서로 상호 보완적인 역할을 해야 한다는 의미를 내포했던 것이다. 이는 아담과 이브의 관계가 지배와 복종이 아닌 보완적으로 맺어져야 함을 분명히 밝히는 대목이다.

여자는 고통 속에서 아이를 낳지만 자식들이 자라가는 모습을 보며 만족한다. 또한 남자는 식량을 구하기 위해 구슬땀을 흘리며 힘들게 일해야 하지만, 그렇게 가족을 부양하는 과정에서 보람을 느낀다. 가족들이 평안하게 생활하는 모습을 보면서 남자는 자신감과 자부심, 성취감을 맛본다. 요컨대, 남자와 여자는 어른으로서 짊어져야 할 의무를 똑같이 짊어진 동시에 살아가면서 함께 즐길 수 있는 기쁨도 부여받았던 것이다. 이는 선악의 지식을 주는 나무 열매를 먹은 결과이다. 좀 더 넓게 보자면, 성을 알게 되는 것은 고통을 동반할 수도 있지만, 결국 그만큼의 기쁨도 얻게 된다는 말이다. 결론적으로, 『창세기』에 기록되어 있는 남자와 여자의 관계는 '복종과 지배'보다는 '상호의존적이며 협조적'이라고 할 수 있다.

성경은 '에덴동산을 떠나라'는 신의 명령에 아담과 이브가 어떻게 반응했는지를 기록해 놓지 않았다. 어쨌든 신은 인간에게 "너는 먼지이니, 먼지로 돌아가리라."라는 무서운 형벌을 내린다. 그렇게 신이 인간에게 처벌을 내리는 장면이 지나간 후에 성경은 완전히 다른 주제로 이어진다.

"사람(아담)은 자기 아내의 이름을 이브(히브리어로 '하와Hava')라 하였다. 그가 살아 있는 모든 것의 어머니가 되었기 때문이다."

이것은 바로 '여자'의 가치에 대한 주제이다. 생명을 잉태하는 독특한 역할을 부여받은 이브는 모든 여성의 모체이다. 남자가 여자에게 이름을 지어주는 행위는 성경에서 좀처럼 찾아보기 힘든, '남성이 여성에게 주는 찬사'이다. 그런데 이들은 왜 신의 엄한 형벌을 받은 후에 이런 의식을 거행했던 걸까? 자신의 죄를 참회하는 인간의 모습을 생각했던 독자에겐 의외의 처사가 아닐 수 없다. 그들은 서로를 바라보며 이름을 지어주었던 것이다. 아담이 '여자'에게 지어 준 이름은 그가 얼마나 아내의 행동에 고마워하고 있는지를 말해 준다. 남자는 더 이상 여자를 책망하지 않았다.

아담이 이브에게 이름을 지어주는 장면 다음에는 신이 인간에게 한없는 동정심과 은혜를 베푸는 모습이 나온다. 무화과 나뭇잎으로 몸을 가린 인간에게 신은 가죽옷을 만들어 입히셨다. 신은 옷을 선물해 에덴동산 밖에서 마주칠 위험으로부터 그들을 보호하고자 했던 것이다. 여기서 '의복'은 인류에게서 미적 감각이 시작될 것을 예고한다. 즉, 문명이 시작되는 것이다.

한편, 아담과 이브가 에덴동산에서 추방을 당한 결정적인 이유는 이 동산에 있는 두 번째 나무 때문이다. 선악의 지혜를 주는 나무는 성경에서 처음부터 언급되었지만, 이 두 번째 나무는 아담과 이브의 이야기에 등장하지 않았다. 그런데 불가사의하게도 신은 '우리'란 단어를 사용한다.

"사람이 선과 악을 알아 우리 가운데 하나처럼 되었으니, 이제 그가 손을 내밀어 생명나무 열매까지 따 먹고 영원히 살게 되어서는 안 되지."

인간이 선악과를 따먹음으로써 자신이 명령한 경계를 침범한 것을 본 창조주는 인간과 신성과의 구별을 확실히 하고자 결심했다. 그래서 인간은 죽음을 맞게 될 유한한 존재로 살게 되었던 것이다. 이렇게 인간은 언젠간 다시 '흙으로 돌아갈' 유한한 존재로 전락했을 뿐만 아니라 에덴동산에서도 추방당했다. 하나님은 그를 에덴동산에서 내치시어 인간의 몸이 탄생한 근원인 흙을 일구며 살아가도록 하셨다.

모든 자식들이 언젠가는 부모의 품을 떠나듯, 아담과 이브 역시 아버지의 보호를 받던 고향을 떠났다. 신은 그들이 이제 불완전한 세상에서 어른으로서 살아가야 할 때가 되었음을 알고 있었다. 모든 인간의 부모인 신은 아담과 이브가 에덴동산을 떠나는 뒷모습을 보며 마음이 찢어질 듯 아팠지만, 천사들에게 에덴동산의 문을 지키도록 했다. 성인인 그들이 책임을 회피하고 다시 에덴동산으로 돌아와 나약한 모습으로 살아갈 수 없도록 했던 것이다. 신은 아담과 이브가 돌아와 에덴동산에서 다시 살게 해달라고 부탁한다면 마음이 약해져 그 청을 들어주고 싶어질지도 몰랐다. 그래서 그들이 아예 에덴동산에 들어오지 못하도록 한 것이었다.

인간이라면 누구나 언젠가는 집을 떠난다. 이는 태어나면서부터 이미 정해진 일이다. 모든 인간은 무조건적인 사랑, 안정, 신뢰 속에서 자라던 어린 시절을 버려야 한다. 그리고 집을 떠나 더 넓은 세상으로 나아간다. 어린아이의 단계를 넘어서는 첫 번째 단계가 바로 성적 깨달음이다. 어린이들이 성에 대한 지식이 생기면 그 전에 가졌던 순수함은 영원히 사라진다.

에덴동산은 위험이 전혀 없는, 편안한 삶이 보장되는 장소였다. 먹을 것이 풍부하니 음식을 얻기 위해 힘든 일을 할 필요도 없었고, 인간의 생명을 위협하는 무서운 동물도 없었다. 게다가 영원불멸의 삶까지 약속하는 에덴동산은 완벽한 천국이었다. 그러나 이브는 그 무미건조하고 단조로운 삶을 거부했다. 그녀는 금단의 나무를 바라보며 자기 자신에게 이런 질문을 던졌을 것이다.

'경험에서 나오는 지혜도 없는 삶이 어떻게 좋을 수 있단 말인가?'

또한 그 나무를 지날 때마다 이렇게 자문했을 것이다.

'지혜와 성숙이 없다면 영원불멸이 대체 무슨 소용이란 말인가?'

이브는 인류 최초로 도덕적 딜레마에 빠졌다. 그리고 사상 처음으로 도덕적 결단을 내렸다. 그렇게 이브는 전지전능한 신이 정해 놓은 경계를 침범했다.

아담과 이브는 많은 희망을 안고 에덴동산을 떠났다. 서로 손을 잡고 걸어가는 순진한 젊은 부부에게는 미지의 어려움을 극복할 수 있다는 자신감이 가득했다. 르네상스 시대에 그려진 아담과 이브의 모습을 보면, 격노한 하나님 아버지에 의해 에덴동산에서 쫓겨나는 이들은 눈물을 흘리지도, 낙담하지도 않는다. 오히려 이들이 에덴동산에서 추방당한 후 가장 처음 한 일은 사랑을 나누어 새로운 삶을 잉태한 것이었다. 성경에 쓰인 말을 그대로 인용하면, 아담은 '이브를 알게 되었고', 이브는 임신하여 카인Cain을 낳는다. 이브는 신의 도움으로 남자아이를 얻었다고 말한다. 서로 만족스런 사랑을 나누고, 그 결과로 아이를 낳고, 부부는 평생 동안 유대감을 형성한다. 기쁨과 책임감 그리고 그에 대한 결과를 확실하게 가르쳐 줄 수 있는 일이 아이를 낳아 기르는 것 외에 또 있을까?

아담과 이브의 이야기는 남자와 여자가 같이 살면서 서로 도와가며 자신에게 주어진 역할을 성실히 수행해 나가는 과정을 그리고 있다. 에덴동산 밖의 농경사회에서 남자와 여자의 역할은 분명히 구별

되었다. 여자는 아이를 낳고 양육하며, 남자는 새벽부터 밤까지 땅을 일구어 가족들에게 음식을 제공하고 그들을 보호했다. 그러나 남자와 여자의 역할은 상호 보완적이었다.

미국 출신의 인류학자, 마가렛 미드Margaret Mead는 '남자와 여자는 서로를 필요로 한다'고 정의 내렸다. 여자는 혼자서는 아이를 낳을 수 없다. 옆에서 탯줄을 끊어줄 남자가 필요하다. 그러나 피임법이 등장하고, 여자들도 가계 경제를 위해 일을 해야 하는 현대 사회에서의 삶은 예전보다 훨씬 복잡하다. 특히 일과 양육을 동시에 해낸다는 건 여성들에게 참으로 버겁다는 사실은 부인할 수 없다. 현대 여성이 처한 문제는 간단히 해결할 수 있는 문제가 아니다. 이러한 문제는 부부들이 자체적으로 해결하기 어렵기 때문에 제도적·사회적으로 이를 지원하는 정책이 마련되어야 한다.

모든 세대의 남성들은 이브를 비난해 왔다. 이브가 신의 명령을 어기고 아담을 유혹해 결과적으로 전 인류에게 고통과 번뇌, 죽음을 가져왔다는 것이 그 이유이다. 그러나 성경을 자세히 읽어보면 남성들이 지금까지 주장하던 내용과는 조금 다른 해석을 볼 수 있다.

이브가 선악과를 따 먹은 것은 지식과 지혜에 대한 끊임없는 호기심 때문이었다. 이브의 이러한 호기심이 아니었다면 배움이라는 것도, 감정의 발전도, 우주에 대한 탐구와 지구를 구성하는 원소들에 관한 연구도, 인간 환경의 개선, 각 개인의 능력 계발, 그리고 영적 성숙도 이루어지지 않았을 것이다. 에덴동산의 문을 연 사람은 바로 이브였다. '안락한 환경'이라는 제한된 공간으로부터 벗어나 그 너머로 펼쳐질 인간의 무한한 잠재력을 발전시킨 장본인이 바로 최초의 여성, 이브였던 것이다. 또한 새로운 생명을 잉태하는 데 절대적으로 필요한 성적인 지식을 촉발한 것도 이브의 대담한 선택 덕분이었다.

성경에 나오는 '안다know'라는 단어는 '은밀하고 깊이 있는 이해'라는 의미를 담고 있다. 남녀 관계에서 '서로 안다'라는 이해는 성관계를 포함한 지속적인 관계를 오랫동안 맺는 데서 비롯된다. 단지 하룻밤의 성관계로는 이러한 이해를 형성할 수 없다. 성경은 사랑이 없는 남녀 사이의 관계를 '같이 누워 있다' 혹은 '너에게 들어간다'고 표현한다. 오랜 시간을 함께하고, 여러 상황을 경험하면서 남녀가 서로를 알게 될 때 연인, 부부, 동반자들은 은밀한 감정을 조심스레 드러내기 시작한다. 그러면 상대방의 감정에 적절한 반응이 일어나게 된다. 이런 관계가 형성되어야만 부부나 연인은 '성행위sex'가 아닌 '사랑을 한다make love'고 말할 수 있다. 남편은 아내를 알게 될 때가 되어서야 그녀를 위해 자신의 성욕을 억제할 수 있다. 무엇보다도 자신의 성욕을 만족시킬 수단으로서의 '여자'가 아닌, '배우자'의 필요성을 절실히 느끼게 된다.

본능에 따라 행동하는 동물보다 인간이 훨씬 진화되었다고 말할 수 있는 이유도 바로 이 때문이다. 또한 '뇌腦'가 가장 중요한 성적 기관이라는 말도 여기서 생겨났다. 인간은 모든 피조물 가운데 서로의 얼굴을 마주 보며 성관계를 할 수 있는 유일한 존재이다. 이는 상대의 감정과 표현을 보면서 사랑을 나눌 수 있다는 뜻이다. 또한 인간은 특정한 기간에만 성관계를 맺거나 번식 욕구가 생기는 것이 아니라 일 년 내내 상대에게서 성적 매력을 발견하며 서로에 대한 친밀감을 느낀다. 이러한 친밀감과 이해가 쌓이면 노년에까지 서로에 대한 욕망, 익숙함, 기쁨, 책임, 신뢰를 지속할 수 있다. 부부가 서로에게서 일 년 내내 성적 매력과 욕구를 느낌으로써 인간은 일부일처제의 사회를 지속시켜 왔다. 그리고 이 일부일처제는 부부와 자녀 그리고 손자 세대에까지 법적·사회적 안정을 유지해 왔다.

아담과 이브의 죄에 대한 신의 판결 중 가장 가혹한 구절은 '흙에서 나와 흙으로 돌아가리라' 는 문구이다. 이로써 이브와 아담은 자신의 생명이 유한하다는 사실을 깨달았다. 그러나 '흙에서 흙으로' 란 구절은 최초의 커플이 저지른 죄의 결과가 비극적인 결말이나 처벌로 끝나지 않는다는 점을 보여준다. 인간으로서 우리 삶의 목적은 죽음을 회피하는 것이 아니라 '삶' 을 수용하고 그 안에서 마주치는 도전과 신의 선물을 음미하는 것이다. 인간의 능력으로 '영원불멸' 의 존재가 될 수 있는 방법은 자손들을 통해 우리의 행위와 물질적, 지적, 경제적, 정신적 업적이 후세에 계속 이어지도록 하는 것뿐이다. 그래서 프로이드Freud는 사랑과 일이 삶을 통합·완성하는 요소라고 말한 바 있다.

영원불멸의 기회를 포기하고 지식知識을 선택한 것은 바로 이브이다. 신은 인간이 생명나무의 열매를 탐하지 않을까 우려했지만, 이브는 영원불멸의 삶에는 관심이 없었다. 성경에 따르면, 인간은 영원한 삶을 포기하고 지식과 지혜를 얻었다. 그리고 아담과 이브가 유한한 존재가 되었을 때 비로소 완전한 '인간'으로 거듭난 것이다. 죽음은 오히려 삶이 얼마나 시급하고 중요한 문제인가를 일깨운다. '죽는다'는 사실은 우리가 하는 모든 일이 중요하다는 삶의 진지함과 살면서 게으름을 피우거나 꾸물거릴 시간이 없다는 삶의 긴박함을 일깨운다.

우리는 모두 아담과 이브의 후손이다. 성경에는 여러 종種의 동물이 등장하지만, 인간은 오직 한 종種뿐이다. 인류는 신의 권위에 대항하는 아담과 이브의 이야기에 관해 다양한 해석을 내놓았다. 그러나 한 가지 확실한 사실은 인류의 시작은 아담이었지만, 인류를 번성하게 한 인간은 최초의 반항자, 이브라는 것이다. 많은 사람들이 믿고 있는 해석과 달리 이브는 불쌍한 아담을 꾀어낸 요부가 아니다. 그녀는 위험을 감수하고 자신과 아담에게 금지된 한계에 도전한 용감한 여성이다. 이브는 새로운 삶을 탄생시키고자 하는 갈망으로 행동함으로써 인류에게 미래를 제시한 『창세기』의 여주인공이다.

전지전능한 신이 바로 이 모든 것을 계획한 존재임은 두말할 필요가 없다. 그렇다면 신은 왜 이브를 통해 인류를 지속시키고자 했을까? 그 이유는 그녀가 신체적, 감정적, 정신적으로 이미 준비된 인간이었기 때문이다. 신은 성숙한 이브를 통해 그 성스러운 계획을 진행시켰다. 그리고 이브가 자신의 열정을 아담과 함께 나누기로 결정했을 때 아담은 그 요구에 순순히 따랐다. 신은 '지혜'를 원하고 인류의 역사를 진전시킨 이브를 벌하지 않았다. 오히려 이브와 아담을 에덴동산 밖으로 추방함으로써 인간의 성장과 배움에 대한 욕구를 자극했다. 또한 이러한 신의 결정으로 인해 인간은 자신의 의지와 잠재력을 완성시킬 수 있는 기회를 얻게 되었다.

이브는 선구자이다. 성경 속의 여성들은 이브의 자녀답게 그녀의 성격과 활력을 물려받았다. 이브와 마찬가지로 사라, 리브가, 라헬, 레아, 다말, 나오미, 룻, 아비가일, 밧세바, 에스더는 모두 용감하고 영리한 여성들이다. 이들은 남편의 사랑을 지키고, 자식과 가문을 보호하기 위해 그 어떤 고난과 위험도 감수했다. 즉, 성경 속의 여성들은 모두 이브의 여성 후계자인 것이다. 이들은 가부장적 세계에서 여성의 힘을 발휘하여 평범한 일상 속의 기적을 일구어 냈다.

제2장
이스라엘의 어머니, 사라

사라와 아브라함은 힘겨운 삶을 평생 함께 나누며 살아간 부부이다. 이들에게 있어 인생이란 모순, 갈등, 책임감으로 가득 찬 것이었다. 아마도 보통 사람들이라면 이들과 같은 삶을 살며 자신의 신념을 굳건히 지켜 나가지 못했으리라.

신은 노년의 사라와 아브라함에게 새로운 삶을 시작하라고 명했다. 그리고 그들이 위대한 나라의 시조가 될 것이라고 예언했다. 그러나 사라는 아이를 낳을 수 없는 몸이었고, 아브라함은 이미 99세였다. 그때 신은 "나는 너와의 약속을 지킬 것이다. 너를 큰 민족이 되게 하고, 너에게 복을 내리며, 너의 이름을 떨치게 하겠다."라고 말했다. 그 후 신은 그 약속을 지켰고, 아브라함은 결국 이스라엘의 선조가 되었다.

사라와 아브라함이 살던 시대에는 사람들이 수많은 우상을 섬겼다. 이러한 시기에 신은 사라와 아브라함을 선택해 유일신 사상을 전파하라는 임무를 내렸다. '유일신 사상'이란 당시로서는 혁명적인 믿음이었다. 신은 오직 하나라는 주장도 획기적이었지만, 무엇보다 형상도 없고, 형상을 만드는 것조차도 허락되지 않는 신을 어떻게 섬길 수 있단 말인가. 신은 과연 그 신자들에게 무엇을 바라셨던 걸까?

성경학자인 나훔 사르나Nahum Sarna는 이렇게 말했다.

"이스라엘의 유일신 사상은 종교계의 혁명이었으며, 새로운 종교의 시작이었다. 이는 갑작스럽게 일어난 변화였다."

"네 고향과 친족과 아버지의 집을 떠나, 내가 너에게 보여줄 그 땅으로 가거라!"

신이 아브라함에게 말했다. 4천 년 전에 기록된 이 말씀은 그 후 세계 인류에게 끊임없는 영적 탐구를 불러일으켰다. 이 단 한마디로 인해 유대인의 역사가 시작되었을 뿐만 아니라 유대교, 기독교, 이슬람교 또한 탄생했다.

신의 말씀을 따라 아브라함과 사래Sarai(사라의 원래 이름)는 과감하게 고향, 하란Haran을 떠났다. 하란은 가나안과 현재의 이스라엘 중간 정도에 위치한 지역으로, 아브라함의 조상들이 대대로 살던 갈대아 우르Ur of the Chaldees도 그 안에 포함된다. 아브라함과 사래는 신의 약속을 굳게 믿으며 미지의 지역으로의 여정을 시작했다. 이는 말

그대로 험난한 영적 여정이었다. 여정을 떠날 당시 아브라함은 75세였고, 사래는 65세였다. 세계 주요 종교 창시자들 중 아브라함과 사래만큼 나이가 많은 사람은 찾아볼 수 없다. 당시의 평균 수명을 생각한다면 아브라함과 사래는 무언가를 새로 시작하기에 나이가 너무 많았다. 하지만 신은 그들에게 새로운 삶을 약속했고, 이 부부는 신의 약속을 믿고 따랐다.

대부분의 이민자들이 고향을 떠나는 이유는 가난과 박해 때문이었다. 그러나 아브라함과 사래는 물질적으로 부족함이 전혀 없는 부유층이었다. 성경 어느 구절을 봐도 아브라함과 사래가 고향에서 경제적으로 쪼들리거나 궁핍했다는 말은 찾아볼 수 없다.

신의 부름을 직접 받은 사람은 아브라함이었지만, 그는 평생의 반려자인 사래를 잊지 않았다. 사래와 아브라함은 평생 동안 서로를 사랑하며 살았다. 그들은 평생 동안 모든 일을 함께했고, 신이 내리신 사명 또한 함께 이루었다. 성경을 보면 사래는 아브라함의 결정에 아무 이의 없이 따랐다고 기록되어 있다.

그렇다면 사래는 일을 하거나 휴식을 취하거나 틈이 날 때마다 자신의 상황에 대해 깊이 생각해 보았을까? 안락한 천막, 금과 은이 풍족한 삶보다 더 나은 생활이 있을 거라고 믿었던 걸까? 마음속에서 자꾸 의구심이 솟아오른 적은 없었을까? 앞으로 어떤 일이 일어날 것인지도 생각해 보았을까? 왜 고향을 떠나 낯선 땅에서 수십 년을 살아야 하는지, 자신에게 주어진 남은 생의 의미는 무엇인지 고민해 봤을까? 어쨌든 사래가 좀 더 차원 높은 삶의 목적과 의미를 원했음은 분명하다. 이는 그녀가 아브라함의 말을 듣고 고된 여정에 용기 있게 동참한 사실로 미루어 알 수 있다. 그렇지 않고서야 굳이 안락한 생활과 모든 재산을 걸고서 보이지도 않고 형체도 없는 유일신의 존재를 믿으며 이의 없이 명령에 따랐겠는가.

신은 아브라함과 사래가 유일신에 대한 믿음을 증명할 수 있을 거라 여겼다. 그 부부가 오랜 시간 동안 서로를 믿고 의지하며 사는 것을 보았기 때문이다. 성경에는 신이 한 민족의 선조가 될 사람을 어떤 근거로 선택하였는지에 대해서는 기록되어 있지 않다. 그러나 신이 특별한 이유로 아브라함과 사래를 선택하였던 것만은 분명하다. 신은 사래와 아브라함 이외의 다른 부부들도 관찰했을 것이다. 그러나 아브라함과 사래만이 자신이 정한 원칙대로 살아가고 있음을 발견했을 것이다.

알버트 아인슈타인은 신의 선택과 결정을 이렇게 표현했다.

"신은 주사위를 던져 우주를 관장하시지 않는다."

또한 신은 아브라함이 자신의 명령을 어기지 않을 것임을 알고 있었다. 신이 그들에게 명령을 내리셨을 때 아브라함과 사래는 자신의 앞날보다는 후손을 걱정했다. 이미 노년에 접어든 부부는 앞으로 태어날 자손들에게 그들의 결정이 어떤 영향을 미칠 것인가에 대해 신중히 생각했다. 그리고 무엇보다도 앞으로 태어날 후손들에게 전해질 자신들의 믿음과 가치관에 대해 숙고했다.

신은 아브라함에게 이렇게 말했다.

나는 너를 큰 민족이 되게 하고

너에게 복을 내리며

너의 이름을 떨치게 하겠다.

그리하여 너는 복의 근원이 될 것이다.

너희를 축복하는 이들에게는 내가 복을 내리고

너희를 저주하는 자들에게는 내가 저주를 내리겠다.

세상의 모든 종족들이 너를 통하여 복을 받을 것이다.

그러나 그들에게는 자식이 없었고, 사래는 이미 임신을 할 수 있는 나이를 훌쩍 넘긴 뒤였다. 하지만 그 부부는 신의 약속을 믿고 고향을 떠났다.

그들이 가나안에 도착했을 때, 그 지역 사람들은 극심한 굶주림에 허덕이고 있었다. 신이 아브라함과 사래의 자손들을 위해 약속하신 땅이 바로 가나안이었다. 하지만 아브라함과 사래는 살아남기 위해 일가를 이끌고 다시 이집트의 동쪽까지 여행을 계속해야만 했다. 이집트에는 나일강이 있어 땅이 항상 비옥했고, 농사를 지을 물도 풍족했다.

네게브Negev와 시나이를 통과해 남쪽으로 향하는 동안, 사래와 아브라함은 자신과 신앙을 지킬 방법에 대해 의논했다. 그들에게는 이제 막 시작된 유일신 사상을 지켜 나가야 하는 막중한 책임이 있었기 때문이다. 힘겨운 여정 중에 잠시 잠을 청하는 동안에도 그들에게는 선택의 여지가 별로 없음을 깨닫고 있었다.

아브라함은 만약 이집트에 들어가서 자신들이 부부 사이라고 밝힌다면 지역 관리인이나 파라오가 아름다운 사래를 차지하여 하렘에 가두기 위해 자신을 죽일 것임을 알았다. 만약 가장인 아브라함이 죽는다면 나머지 일가, 친척, 노예들은 뿔뿔이 흩어지거나, 이집트인들의 노예가 되거나, 혹은 죽음을 맞게 될 것이었다. 또한 하렘에 들어간 사래가 파라오에게 복종하기를 거부한다면 그녀 역시 처형을 당하게 될 것이었다. 아내를 너무도 사랑한 아브라함은 비록 사래가 노년의 나이이긴 하지만 다른 남자들이 탐낼 만큼 여전히 아름답다는 걸 알고 있었다.

아브라함과 사래가 남편과 아내로서 이집트에 들어간다면 당시 그곳의 법률에 따라 둘 다 죽음을 면치 못할 상황에 처할 것이 뻔했다. 그렇다면 대체 누가 신의 약속과 계획을 이어받는단 말인가. 최악의 경우, 아브라함과 사래 그리고 그들의 일가가 모두 죽고 나면 신이 약속하신 나라와 새로운 신앙은 사라질 것이다. 하지만 아브라함은 신의 부름에 응답하여 새로운 나라를 건설하겠다고 약속했기에 결국 사래에게 그녀의 몸과 명예를 희생해 달라는 부탁을 했다. 그래야만 아브라함과 그들의 일가가 살아남을 수 있었기 때문이다.

사래와 아브라함이 살던 시대 이전부터, 그리고 그 이후로도 이렇듯 힘든 결정을 내려야만 했던 여인들은 숱하게 많았다. 성경에는 아브라함과 사래가 살았던 시대로부터 수 세기 후에 태어난 에스더의 이야기가 적혀 있다. 젊은 유대인 소녀였던 에스더는 민족을 살리기 위해 자신의 삶을 기꺼이 희생했다.

아브라함은 사래에게 부탁하면서 '제발please'이란 단어를 썼다. 성경에 등장하는 남편들이 아내에게 '제발'이란 단어를 쓰는 경우는 거의 없다. 아브라함이 이 단어를 쓴 이유는 그가 사래를 존경하고 있음을 나타낸다. 아브라함이 사래에게 했던 말을 현대의 사람들이 직접 듣는다면 거부감을 느낄 것이다. 아브라함은 자신의 아내가 늙긴 했지만 아직 너무 아름다워 다른 남자들이 탐을 낼 것이라고 말했다. 젊은 사람들에게만 '아름답다'는 말을 쓰는 현대에서는 이해하기 힘든 구절이다. 더욱이 아브라함은 사래에게 자신들이 부부가 아니라 남매인 행세를 하자는 거짓말을 제안했다. 그러나 아브라함이 사래에게 이집트 관리들 앞에서 자신의 '여동생'이라고 말하라 부탁했던 것은 그녀에게 희생물이 되라고 강요하는 것과 다를 바 없었다.

어느덧 새벽이 밝아오고 있었지만 아브라함은 더 나은 방법을 찾을 수 없었다. 그는 무거운 마음으로 사래의 대답을 기다렸다. 사래는 끝없이 고민하고 생각해 보았지만 결론은 하나였다. 결국 그녀는 신과의 신성한 약속을 선택했다. 그리고 다음에 닥칠 일을 의연하게 준비했다.

아브라함과 사래는 성실히, 오랜 세월 동안 부부라는 이름으로 살았다. 함께 이 문제에 대해 의논했지만 결론은 각자의 생각을 존중키로 했고, 결국 사래는 아브라함의 제안에 동의했다. 방향은 정해졌지만 그럼에도 상황은 여전히 위험천만했다.

신은 그들에게 위대한 나라를 만들어 주시리라 약속했다. 그러나

굶주림에 시달리던 그들의 일가는 식량을 구하기 위해 낯선 지역으로 들어가야 하는 상황에 놓였다. 그 지역은 군인들과 왕자들이 지나가는 유목민들의 아내를 마음대로 빼앗을 수 있는 무법 지대였다. 원래 유목민은 아니었으나 유목민의 생활을 하고 있던 사래와 아브라함은 이 지역에서 완전한 이방인이었다. 따라서 이곳에서는 어떠한 권리도, 보호도 기대할 수 없었다. 그들은 권력을 가진 자들의 자비를 얻어야만 간신히 살아남을 수 있는 무기력한 존재였다.

아름다운 사래를 본 이집트 사람들의 반응을 성경은 다음과 같이 기록해 놓고 있다.

「파라오의 고관들도 그를 보고 파라오 앞에서 칭찬함으로 그 여인을 파라오의 궁으로 이끌어들인지라」

이집트인들은 파라오를 살아 있는 신처럼 숭배했고, 그의 모든 소망을 신성한 명령으로 여겼다. 파라오의 여종들과 내관들은 사래를 목욕시키고, 마사지하고, 몸에 향유를 발라주었다. 좋은 향기가 사막에서 배었던 흙냄새를 몰아냈다. 하늘거리는 가운을 입은 사래에게서 그녀 특유의 우아함이 배어 나왔다. '내가 살아남아 아브라함을 다시 볼 수 있을까? 사랑하는 남편은 아직 살아 있을까? 내가 다른 남자와 잠자리를 하고 난 후에도 그는 나를 사랑해 줄까? 파라오의 후궁이 된 후에도 내가 신을 섬길 수 있을까?' 하는 불안함이 사래의 머리를 어지럽혔다.

그래서 결국 사래가 파라오와 정말 동침을 했을까? 성경에는 이 문제에 대해 간접적으로 암시하고 있을 뿐이다.

「이에 파라오가 그로 말미암아 아브라함을 후대하므로 아브라함이 양과 소와 노비와 암수 나귀와 낙타를 얻었더라」

아브라함과 그 시종들은 이집트를 떠나 제일 처음에 천막을 쳤던 장소까지 옮겨갔다. 그리고 그곳에 신을 위한 제단을 만들었다. 신은 가나안에서 아브라함에게 많은 땅과 후손의 번영을 주겠다고 약속했다.

"네가 보는 땅을 모두 너와 네 후손에게 영원히 주겠다. 내가 너의 후손을 땅의 먼지처럼 불어나게 할 것이니, 땅의 먼지를 셀 수 있는 자라야 네 후손도 셀 수 있을 것이다."

그러나 사래는 그때까지도 아이를 갖지 못했기에 아브라함에게는 후손이 없었다. 그 당시의 보통 남자들과 같았더라면 아브라함 역시 임신하지 못하는 아내를 탓했겠지만, 그는 이 점에 대해 사래를 책망한 적이 단 한 번도 없었다. 후손이 없다는 데 불만을 드러내며 그녀에게 무거운 책임감을 느끼게 한 적 또한 없었다. 대신 사래가 없는 곳에서 신에게 이렇게 간청했다.

"하나님, 저에게 무엇을 주시렵니까? 제가 자식을 못 남기고 죽는 것을 보시려 하십니까?"

신은 아브라함의 간절한 외침에 이렇게 답했다.

"하늘을 쳐다보아라. 그리고 네가 셀 수 있거든 저 별들을 세어보아라. 너는 저렇게나 많은 수의 후손들을 갖게 될 것이다."

그러나 그 후 10년이 지나도록 이들에겐 아이가 생기지 않았다.

아브라함이 신에게 직접 자신의 걱정을 토로하는 동안, 사래는 사래대로 아이를 갖지 못한다는 좌절감과 수치심으로 인한 극심한 고통에 시달리고 있었다. 사래는 이 문제를 해결하기 위해 중대한 결단을 내린다.

사실 사래에게는 두 가지 고민거리가 있었는데, 그 중 하나는 사래 개인의 문제로, 아이를 갖지 못하는 것이었다. 당시의 여성들에게 가장 중요한 의무는 바로 아이를 낳는 것이었기 때문이다. 두 번째 고민은 '위대한 나라'를 건설할 수 있도록 해주겠다던 신의 약속이 그녀에게는 현실적으로 불가능해 보인다는 것이었다. 그렇다면 사래의 인내심이 드디어 바닥을 드러낸 것일까? 결국 희망이 사라지는 것일까?

감정적인 고통에 시달리는 사람들 대부분이 그러하듯, 사래도 자신의 결정이 어떤 결과를 불러올지 알지 못했다. 자신에게 어떤 시련이 다가올지도 상상하지 못했다. 늙도록 자식이 없었지만, 아브라함은 다른 아내를 맞아야겠다고 생각한 적이 한 번도 없었다. 더구나 아이를 낳을 수 있는 다른 여인을 통해 후손을 보려는 마음도 전혀 없었다. 사실 그 당시만 해도 아내가 아이를 낳을 수 없을 경우 씨종(대리모)을 구해 자식을 갖는 것은 흔한 일이었다. 그러나 아브라함에게 있어 사래는 유일한 배우자이자 여자였다. 신이 두 사람을 부부로 맺어준 이후, 그들은 줄곧 서로에게만 충실했다.

성경에는 '아브라함의 아내, 사래는 그에게 자식을 낳아주지 못하였다.'라고 기록되어 있다. 사래에게는 이집트인 여종이 하나 있었다. 그 당시의 법에 따르면 사래는 자신의 노예인 하갈Hagar을 대리모로 쓸 수 있었다. 너무나 자식을 갖고 싶었던 사래는 하갈을 아이를 갖기 위한 '매개체', '도구', 혹은 '수단'으로 생각했다. 그런 나머지 노예인 하갈 역시 어머니가 되고 싶은 강한 모성 본능이 있으리라고는 미처 생각지 못했다. 비천한 노예 신분이었던 하갈은 사래의 결정으로 한순간 주인의 성적 관심을 받는 존재가 되었다. 이와 동시에 평화롭던 아브라함의 집안엔 질투와 분노로 인한 불안한 기운이 맴돌았다.

남편에게 다른 여자와 동침을 하라고 부추긴 후, 사래는 힘든 시간을 혼자 견뎌야 했다. 그 고통은 너무나 커서 도저히 말로 표현할 수 없을 정도였다. 천막생활을 하던 사람들에게 사생활이라는 개념은 존재하지 않았다. 두 사람이 사랑을 나누는 동안 흘러나오는 소리는 너무도 선명하게 천막 안을 울렸고, 이 소리를 들은 사래는 절망감과 비참함 때문에 견딜 수 없었을 것이다. 사래는 비록 신분은 천하지만 젊은 하갈이 남편의 사랑을 얻어 자신의 자리를 빼앗지 않을까 불안에 떨었다.

하갈은 자신이 임신한 것을 알고부터는 사래의 불안해 하는 마음은 무시한 채 제 주인을 업신여겼다. 어떤 성경 해설자는 하갈이 사래 앞을 지날 때면 임신한 배를 보란 듯이 내밀고는 자랑스럽게 걸어 다녔고, 자신이 모시는 여주인에 대해 나쁜 소문을 퍼트리고 다녔다고 기록했다. 하갈은 다른 종들에게 사래를 조롱하는 말을 하며 낄낄거렸다. 그런 행동을 보는 사래의 마음속에서는 자신의 어리석은 계획에 대한 후회가 밀려왔을 것이다. 사래의 고통은 그녀의 이성을 서서히 좀먹고 있었다.

그러던 어느 날, 사래는 아브라함에게 분노를 터뜨리고 말았다.

"내가 이렇게 부당한 일을 겪는 건 당신 책임이에요. 자기를 당신 품에 안겨준 사람은 나이거늘, 이 여종은 자신이 임신한 것을 알고 나를 업신여긴다구요!"

하갈을 씨종으로 삼은 것은 순전히 자신의 결정임에도 불구하고, 사래는 자신의 고통스럽고 비참한 심정을 아브라함에게 퍼부었다. 아브라함은 사래의 고통에 대해 동정심을 느끼며 아내를 세심하게 배려했다. 그러나 그녀의 감정적 폭발을 어떻게 잠재울 수 있을지 알 길이 없었다. 고민 끝에 아브라함은 자신이 직접 나서서 이 문제를 해결하지 않는 쪽을 택했다. 대신 아브라함은 "당신의 여종이니 당신 손에 달려 있지 않소. 당신 좋을 대로 하구료."라고 말했다. 여자들끼리 문제를 해결하도록 하고 자신은 그 상황을 회피했던 것이다.

아브라함의 무심한 대답을 들은 사래는 남편의 천막 안에서 함께 지낸 후 그 여자가 이미 남편의 마음까지 차지했다고 믿었다. 그렇게 그녀는 마음의 상처를 입어 남편이 자신의 신뢰를 저버렸다고 생각했다. 사래는 신의 명령에 따라 사막 여정을 감행하고, 남편과 일가를 살리기 위해 파라오의 할렘에 들어가기로 결심할 정도로 강한 여성이었다. 그러나 다른 여성과 남편을 공유하는 일만은 참을 수 없었다. 그래서 사래는 하갈을 '구박했고', 하갈은 결국 사래를 피해 사막으로 달아났다.

하갈은 자신이 있어야 할 자리를 피해 도망쳤다. 하지만 신은 그녀를 저버리지 않았다. 하갈이 비록 가장 천한 신분의 종이었으나 그녀 역시 신의 형상에 따라 만든 인간이었기 때문이다. 따라서 그녀도 신의 보살핌과 관심을 받을 권리가 있었다. 신은 하갈 역시 귀한 창조물로 생각했다. 놀랍게도 성경에 나오는 여인들 가운데 천사를 가장 먼저 만난 사람은 바로 하갈이었다.

주님의 천사가 광야에 있는 샘터에서 하갈을 만났다. 그것은 수르Shur로 가는 길가에 있는 샘이었다. 천사가 물었다.

"사래의 여종 하갈아, 어디에서 와서 어디로 가는 길이냐?"

"저의 주인인 사래를 피하여 도망치는 길입니다."

하갈의 대답을 듣고는 천사가 말했다.

"너의 주인에게 돌아가서 그에게 복종하여라. 내가 너의 후손을 셀 수 없을 만큼 번성하게 해주겠다."

그리고는 덧붙였다.

"보라, 너는 임신한 몸. 이제 아들을 낳으리니, 그 이름을 이스마엘Ishmael이라 하여라. 네가 고통 속에서 부르짖는 소리를 주님께서 들으셨다. 그는 들 나귀 같은 사람이 되리라. 그는 모든 이를 치려고 손을 들고, 모든 이는 그를 치려고 손을 들리라. 그는 자기의 모든 형제들 옆에서 살아가리라."

이스마엘에 대한 이 같은 천사의 예언은 '축복'이 아닌 '걱정'으로 들릴지도 모른다. 그러나 이처럼 강한 표현과 어조는 성경의 『창세기』에서 흔히 볼 수 있다. 『창세기』에 나오는 모든 인간들은 복잡하고 불안정한 존재로 묘사되었다. 따라서 천사가 이스마엘을 이처럼 표현한 것은 그가 공격적인 사냥꾼으로서 다른 이들의 적수가 될 것이지만, 동시에 그의 형제들 옆에서 조화를 이루며 살아갈 것임을 예언한 것이다.

신은 하갈을 사래에게로 돌려보냈다. 이 지역의 고대 부족 규율에 따르면, 아무리 먼 곳으로 도망간다 해도 하갈은 여전히 사래의 종이었다. 하갈이 자신의 신분을 바꿀 수 있는 방법은 전혀 없었다.

사래에게로 돌아간 후 하갈은 아들을 낳았다. 이때 아브라함은 86세였다. 이 사실만을 놓고 보자면 신의 약속은 이루어진 것이다. 비록 아이의 어머니가 아브라함의 아내는 아니었더라도 아브라함은 위대한 민족의 아버지가 될 아들을 얻었다. 신이 하갈에게 말씀하신 대로 아브라함은 아들의 이름을 '이스마엘'이라고 지었다. '이스마엘'은 히브리어로 '신이 들으셨다God heeds'는 뜻이다.

구약 성경에는 임신하지 못하는 여성들의 이야기가 많이 나오는데, 신앙심이 깊은 여인들은 신의 은총을 받아 기적적으로 생명을 잉태한다. 오늘날에도 이처럼 신앙의 힘으로써 자식을 얻은 여성들의 이야기를 접할 수 있다. 한편, 임신과 출산은 유대인에게 아주 중요한 일이었다. 사래와 아브라함이 후손을 간절히 바랐던 그 사건 이후, 유대인에게는 가문을 이어가는 것이 중대한 임무가 되었기 때문이다. 출산과 불임은 유대인들의 생존과 영원한 삶에 있어 결정적인 부분이었기에 유대인들은 모든 탄생을 신의 축복으로 여겼다.

그렇다면 신은 왜 자신의 명령에 헌신적으로 복종했던 사래에게 그런 고통과 모욕을 주셨던 걸까? 그녀를 시험하셨던 걸까, 아니면 사래 자신도 인식하지 못했던 어떤 죄악에 대한 형벌이었을까?

성경에는 사래 외에도 불임으로 고통받는 두 여인이 더 등장한다. 바로 리브가Rebecca와 라헬Rachel이다. 삼손Samson과 사무엘Samuel의 어머니인 이 두 여인도 처음에는 아기를 낳지 못하는 것을 괴로워했으나 이제는 오늘날의 불임 여성들에게 소중한 교훈을 전한다. 정자 수 측정, 난자 기증, 임신촉진제 등의 최첨단 의학 기술이 있음에도 불구하고, 아직도 이 지구상의 수많은 여성들은 불임으로 고통받고 있다. 고대의 불임 여성들과 비교한다면 현대의 여성들은 한 아이의 어머니가 되는 것을 포기하더라도 사회 내에서 다른 역할을 수행할 수 있다. 물론 그들이 겪는 감정적·신체적 고통은 고대나 지금이나 다를 바 없을 터이다.

성경이 불임을 강조하는 이유는 작은 공동체가 지속되기 위해 각 개인이 얼마나 중요한지를 알리기 위해서이다. 성경은 아이를 갖기 위해 노력하는 한 부부를 통해 평범한 일상의 작은 부분일 수 있는 '탄생'을 소중한 사건으로 승화시킨다. 그리고 신의 형상에 따라 창조된 모든 인간은 각각 유일하고 특별한 존재임을 분명히 알리고자 한다. 각 개인의 존엄성은 절대적이며, 반드시 존중받아야 한다.

신은 아브라함과 사래에게 후손, 땅, 번영을 약속했다. 아브라함과 사래는 가나안에서 25년 동안 살았지만 자식을 낳지 못했다. 평범한 사람들이라면 부모가 되는 것이 자신들의 운명이 아니라고 생각하며 포기했을지도 모를 아주 긴 시간이었다. 그러나 이 부부는 부모가 되겠다는 소망과 한 나라를 건설하겠다는 꿈을 한시도 포기한 적이 없었다. 아브라함이 99세가 되었을 때, 신은 그의 앞에 모습을 드러내고 이렇게 말했다.

"너와 맺는 내 계약은 이것이다. 너는 많은 민족들의 아버지가 될 것이다. 나는 네가 매우 많은 자손을 낳아 여러 민족이 되게 하겠다. 너의 후손 중에서는 한 나라의 왕도 나올 것이다. 나는 나와 너 사이의 계약을 대대로 세워, 너와 네 뒤에 오는 후손들에게 하나님이 되어주겠다. 나는 네가 타향살이 하는 이 땅, 가나안 땅 전체를 너와 네 뒤에 태어날 후손들에게 영원히 주겠노라."

여기서 신은 한 가지 새로운 이야기를 언급한다. 바로 자신과 아브라함이 맺은 계약의 증거에 관한 것이다.

"너희가 지켜야 하는 계약, 곧 나와 너희 사이에 그리고 네 뒤에 태어날 후손들 사이에 맺어지는 계약은 이것이다. 너희 가운데 모든 남자가 할례를 받는 것이다. 너희는 포피를 베어 할례를 받아야 한다. 이것이 나와 너희 사이에 세운 계약의 표징이다. 대대로 너희 가운데 모든 남자는 태어난 지 여드레 만에 할례割禮를 받아야 한다."

놀랍게도 유대인들은 히브리어로 '계약'이란 뜻의 '할례brit' 의식을 지금까지도 거행하고 있다. 신과 아브라함이 맺은 계약이 아직까지도 이행되고 있는 것이다. 유대인들은 아기가 태어난 지 8일 후에 할례 의식을 치른다. 그들에게 이 의식은 단순히 아기의 위생과 건강을 위한 수술이 아니라, 아이와 아버지가 신에게 신성한 믿음을 보이는 거룩한 의식이다. 또한 아이의 아버지가 선조들이 지켜온 신앙 안에서 자식을 기를 것임을 서약하는 신성한 자리이기도 하다.

이 지워지지 않는 표시brit milah는 아이의 정체성이 형성되는 데 중요한 역할을 한다. 즉, 아이가 전통적으로 내려온 유대인으로서의 정체성을 확인하여 자신과 자기 민족의 신앙을 연결시킬 수 있도록 하는 것이다. 아울러 지금까지 세상을 살다 간 모든 조상들과 앞으로 올 후손 사이에서 자신의 존재감을 느끼게 하고, 유대 민족과 그 공동체 안에 자신이 포함되어 있음을 깨닫게 만든다.

자신이 선택한 부부와 계약을 맺은 신은 그들에게 새로운 이름을 내린다. 아브라함에게는 '많은 민족의 아버지'란 뜻의 '아브라함'을, 사래에게는 히브리어로 '공주'란 뜻의 '사라'란 이름을 각각 내린 것이다. 여기서 이름이 바뀐다는 것은 영적인 전환을 의미한다. 후에 사라의 손자인 야곱Jacob은 영적으로 변화했다는 의미로서 이름이 '이스라엘'로 바뀐다.

사라는 성경에 나오는 여성들 가운데 신에게서 새로운 이름을 부여받은 유일한 여성이다. 신은 아브라함에게 할례 의식을 명한 직후 사라에게 이 같은 영광을 내려주었다. 신은 아브라함과의 계약에 사라를 포함했던 것이다.

"너의 아내를 더 이상 사래라고 부르지 마라. 이제 그의 이름은 사라다. 나는 그에게 복을 내리겠노라. 그리고 네가 그에게서 아들을 얻게 해주겠다. 나는 복을 내려 사라가 여러 민족이 되게 하겠다. 여러 나라의 왕들도 그에게서 나올 것이니라."

할례는 신과 계약을 맺는 남자들만의 증표이다. 그렇다면 성경은 왜 남자들에게만 초점이 맞춰져 있는 것일까? 성경이 아버지와 아들의 관계를 강조하는 이유는 여성들은 임신을 통해 아기와 깊은 유대를 맺을 수 있지만 남자들은 그렇지 못하기 때문이다. 여성은 아홉 달 동안 아기를 배 속에 품은 후 극심한 고통 속에서 출산을 하고, 그 후에는 수유를 하면서 아이와 끈끈하고도 강력한 감정적 교류를 형성한다. 또한 아기는 태어나 탯줄이 끊어질 때까지 어머니와 신체적으로 연결되어 있으며, 탯줄이 끊기고 난 후에도 어머니는 아이를 자신보다 더 소중하게 보살핀다. 그러나 남자들은 자식이 아주 어릴 때에는 자녀와 감정적 교류를 맺을 기회가 별로 없다.

할례는 유아기 시절, 아버지가 아이에게 해주는 중요한 의식이다. 남성의 성기는 마치 미사일과 같이 뜨거운 열정으로 솟구쳐 올라 생산을 위한 기능을 한다. 그러나 신이 우리에게 이르신 대로 성기는 충분한 '이유'가 있을 때만 그 기능을 발휘해야 한다. 할례가 된 성기는 남성들에게 매일 새로운 생명을 만드는 일이 얼마나 신성한 의무인지를 상기시킨다. 따라서 오직 성적 기쁨을 위해 부주의하게 혹은 우발적으로 성행위를 해서는 안 된다. 아담과 이브가 우리에게 전한 교훈처럼, 아브라함에게 내린 신의 가르침과 계약은 '아버지가 된다는 것은 책임을 수반하는 일'이라는 교훈을 모든 인간에게 전한다.

아브라함이 신과 계약을 맺으며 인생의 새로운 장을 시작할 때 신은 이렇게 말씀하셨다.

"내 계약이 너희 몸에 영원한 계약으로 새겨질 것이다."

아브라함은 이 말을 듣고 즉시 자신의 의무를 다했다. 성경은 99

세가 된 아브라함이 어떻게 할례 의식을 치렀는지 설명하고 있다. 그는 포피를 베어 할례를 받았고, 열세 살이었던 그의 아들 이스마엘도 그와 함께 할례를 받았다. 아브라함은 할례의 고통을 참아내며 날카로운 돌칼로 집안의 모든 남자들과 시종들, 외국인에게서 대가를 지불하고 산 종들에게까지도 할례를 해주었다.

『창세기』에서 볼 수 있는 가장 흥미로운 장면은 아브라함이 신과 대화를 하며 마므레Mamre 참나무 그늘 아래에 쳐놓은 천막 안에 앉아 있을 때이다. 아브라함은 할례를 받은 곳에서 일어나는 둔탁한 통증을 느끼며 신과의 계약과 자신의 새로운 이름을 떠올렸다. 그리고 사막의 뜨거운 오후 안에서 내적인 평온함을 맛보았다.

어느 여름, 햇살이 점점 뜨거워지는 오후 무렵 아브라함은 세 명의 이방인을 발견했다. 그는 천막에서 뛰어나가 그들을 맞이했다. 그리고는 땅에 엎드리며, 그들에게 잠시 쉬다 가라고 정중히 청했다.

"물을 가져오게 할 테니 발을 씻으시고, 이 나무 아래서 쉬십시오. 제가 빵도 조금 가져오겠습니다. 이 종의 곁을 지나게 되셨으니, 원기를 회복하신 다음 길을 떠나십시오."

그 이방인들은 아브라함의 청을 받아들였다. 아브라함은 천막으로 급히 돌아가서 갑작스런 방문객을 맞이할 준비를 시작했다. 사막에서는 손님을 맞을 기회가 거의 없었다. 뜨거운 사막을 여행하는 사람들을 따뜻하게 맞이하고, 쉴 곳과 음식을 제공하여 여행을 계속하도록 도와주는 것은 문화적인 의무라 할 수 있었다.

아브라함은 갑작스런 방문객을 맞이하게 된 반가움과 흥분을 아내 사라와 나누었다. 오랜 시간 같이 살아왔기 때문에 눈빛만으로도 서로의 감정을 읽을 수 있던 이 부부는 함께 손님을 대접할 준비를 했다. 아브라함은 사라에게 고개를 끄떡이며, "어서 고운 밀가루 세 스아를 가져다 반죽해 빵을 구우시오."라고 말했다. 그리고 그는 소 떼가 있는 곳으로 달려가 살이 제일 부드러운 송아지 한 마리를 끌 어다 종에게 주었다. 그 종은 서둘러 송아지를 잡아 음식을 준비했고, 사라는 익숙한 손놀림으로 밀가루 반죽을 만들어 뜨거운 열기 아래서 빵을 구워 냈다.

사라와 종들이 음식을 차리는 사이에 아브라함은 손님들과 대화를 나누었다. 아브라함은 손님들에게 뜨거운 태양을 피해 천막 안으로 들어오기를 청하였고, 음식을 내온 후 손님들에게 커드curd(우유를 응고시켜 만든 음식), 우유, 고기를 권했다. 손님들이 음식을 먹는 동안 아브라함은 옆에서 시중을 들었다.

아브라함과 사라가 손님을 환대하는 장면은 손님을 맞이할 때 어떻게 해야 하는지를 알려준다. 아브라함의 식솔들은 집안의 가장인 아브라함의 명령에 따라 손님을 정중하고 따뜻하게 대접했다. 성경은 사라와 아브라함이 손님들을 편안하게 해주려는 행동을 짧게 묘사하면서, 우리에게 아무리 처음 보는 이방인이라 하더라도 그들 역시 신의 형상에 따라 만들어진 존재이기에 이들에 대한 존중과 배려를 잊지 말아야 한다는 교훈을 전한다.

손님들은 아브라함에게 "댁의 부인 사라는 어디에 있습니까?" 하고 물었다. 신으로부터 새롭게 부여받은 '사라' 라는 이름이 이때 처음으로 불려진 것이다. 하지만 아브라함은 '사라' 라는 이름을 듣고도 놀라지 않은 채 "천막 안에 있습니다."라고 대답했다. 사실, 사라는 이들의 대화를 들을 수 있을 만큼 가까운 곳에 있었다. 사각거리는 사라의 치마가 천막의 열린 틈으로 보였다. 이때 손님 중 한 사람이 말하기를, "내년 이맘때쯤 내가 이곳에 다시 돌아올 터인데, 그때쯤엔 당신에게 아들이 있을 겁니다."라고 했다.

아브라함과 사라는 당시 이미 나이가 많이 든 노인이었다고 성경은 전한다. 90대에 들어선 사라는 여인들에게 일어나는 생리 현상이 멈춘 지 오래였다. 그래서 자신의 임신을 예견하는 이야기를 들었을 때 속으로 웃을 뿐이었다. 그리고 이렇게 생각했다.

'이렇게 늙어버린 나에게 무슨 욕정이 일어나겠는가. 내 남편도 이미 늙은 몸인데.'

사라는 늙은 남편과의 사이에서 과연 새롭게 육욕이 일어날지를 생각하며 웃었다. 결혼 생활을 오래 한 여느 부부와 마찬가지로 사라는 부부 사이에서의 서로에 대한 성욕은 생겼다가도 사라지곤 한다는 사실을 알고 있었다. 사라와 아브라함은 서로에 대해 강한 성적 매력을 느끼고는 가끔 열정적인 사랑을 나누기도 했다. 이러한 이 부부의 정은 힘든 시기를 같이 극복해 가는 연결고리가 되어주었다.

사라가 웃자 신은 사라의 웃음을 오해하고, 혹은 오해한 척하며 이렇게 말했다.

"사라는 왜 웃었느냐? 너는 이미 늙은 몸인지라 네가 정말 아이를 낳을 수 있을까 의심하여 웃었느냐? 너무 어려워 내가 이루지 못할 일이라도 있다는 말이냐? 내가 내년 이맘때에 너에게 다시 돌아올 터인데, 그때에는 너에게 분명 아들이 있을 것이다."

사라는 제단 앞에 깔려 있는 카펫 위로 불려온 겁에 질린 소녀처럼 신의 말씀에 웃지 않았다고 부인했다. 그러자 신은 다시 "너는 웃었다"고 말했다. 신과 사라의 이 대화는 한 민족의 어머니인 사라의 인간적인 모습을 보여준다.

아브라함이 신께 여러 차례 하소연하고, 이에 대해 신의 확답을 여러 번 들은 후에야 사라와 아브라함은 드디어 그토록 기다리던 자식을 갖게 되었다. 사라의 임신은 분명히 아브라함과의 육체적 관계를 통해 이루어진 일이었다. 천사에게 은총을 입어 임신에 성공한 것이 아니라 아브라함과 사라가 성적으로 결합함으로써 생명을 잉태한 것이었다. 물론 여기에는 결정적으로 신의 개입이 있었겠지만, 아브라함과 사라가 그들의 영적 유산을 이어갈 아들의 생물학적인 부모임에는 틀림없다.

신은 약속했던 대로 사라를 돌보셨다. 그 결과 사라가 드디어 임신을 하게 됐고, 하나님께서 아브라함에게 일러주신 바로 그때 늙은 아브라함에게 아들을 낳아주었다. 아브라함은 사라가 낳은 아들의 이름을 이삭Issac으로 정했다. 그리고 그는 하나님께서 명령하신 대로 아들 이삭이 태어난 지 여드레 만에 할례를 베풀었다.

이삭의 탄생으로 인해 사라는 새로운 인생을 살게 되었다. 비록 사라와 아브라함의 몸은 쇠약했지만 그들의 결혼 생활은 다시 활기를 떠었다. 이삭이 태어난 후, 사라는 이 세상의 어머니가 되었다. 그녀 이전의 세상과 그녀가 죽은 뒤의 세상에서도 사라는 세상의 어머니로 자리매김할 터였다. 사라는 새로운 유일신 사상을 후손에게 어떻게 전할지 더 이상 걱정할 필요가 없었다. 유일신 사상은 이삭이 태어남으로써 공상이 아닌 실제적인 신앙이 되었기 때문이다. 더불어 그녀 개인적으로도 유일신 사상은 그녀의 마음속 깊이 탄탄한 믿음으로 자리 잡았다.

사라는 이제 아브라함의 아내 혹은 협력자로만 여겨지지 않는다. 그동안 감춰져 있던 사라의 모성 본능은 그녀의 몸 안에서 다시 꿈틀거리며 새롭게 움직이고 있었다. 이삭을 보호하고자 하는 사라의 모성애는 치열하리만큼 강렬했다. 사라에게 이삭의 미래는 언제나 최우선이었고, 이삭 자체가 그녀의 희망이자 꿈이었다. 어머니인 사라는 아들 이삭과의 유대 관계를 통해 모든 영적인 목적을 달성하고자 했다. 또한 자신이 꿈꾸는 모든 미래가 이삭을 통해 이루어져야 한다고 생각했다.

이로 인해 사라의 마음에는 다시금 '불신不信'의 싹이 트기 시작했고, 그녀와 아브라함의 천막에서는 평화로움이 점점 사라져 갔다. 사라는 하갈이 지나갈 때마다 그녀 때문에 잠 못 이루던 예전의 괴로운 밤들을 떠올렸다. 혼자 천막에 누워 남편 아브라함과 하갈이 뒤엉켜 있는 모습을 떠올리지 않으려고 온갖 애를 썼던 그 외롭고 괴롭던 날들이었다. 그러나 무엇보다도 견디기 힘들었던 것은 바로 자신이 하갈을 남편의 천막으로 보냈다는 사실이었다. 남편과의 관계가 잠시 소원해졌던 것도 생각해 보면 바로 스스로의 결정 탓이었다.

　고대 함무라비 법전에 따르면 하갈의 주인은 아브라함이 아니라 사라였다. 비록 하갈이 아브라함에게 첫 아들을 낳아줌으로써 종족 안에서 어느 정도의 권리를 갖추었다 해도 여전히 사라의 종이라는 사실은 변하지 않았다. 하갈은 항상 자신의 친아들인 이스마엘이 계모인 사라와 감정적으로 친숙해지지 못하도록 감시하고 있었다.

　사라는 자신이 왜 괴로워하는지, 그리고 그 근본적인 원인이 무엇인지 잘 알고 있었다. 또 지금의 상황에서는 누구도 행복할 수 없다는 사실 또한 분명했다. 아브라함은 첫 아들인 이스마엘에게 강한 부성애를 느꼈다. 그의 어머니 하갈이 천한 종의 신분인 것에 대해 애틋한 동정심도 느끼고 있었다. 이 모든 것을 간파했던 사라의 불행은 비록 성경엔 설명되어 있지 않지만 충분히 감지할 수 있을 것이다. 하갈 또한 분노로 가득한 사라의 고통을 충분히 느끼고 있었다.

　후에 이스마엘은 자신을 중심으로 한 사라와 하갈의 삼각관계를 더욱 복잡하게 만드는 장본인이 된다. 사라가 아브라함에게 여종 하갈을 통해 자식을 갖자고 제안했을 때 그녀는 그 아이를 마치 자신의 친자식처럼 사랑할 수 있으리라 생각했었다. 그러나 시간이 갈수록 그녀는 이스마엘의 존재를 참을 수 없었다. 이스마엘을 볼 때마다 남편과 하갈의 성관계를 떠올리지 않을 수 없었기 때문이다. 아니, 성관계보다는 아브라함과 하갈의 감정적 친밀감을 더 견딜 수 없었는지 모른다. 더욱이 자신을 비롯한 집안의 모든 사람들이 이스마엘은 자신의 친아들이 아닌 아브라함만의 아들이란 사실을 알고 있었다.

그러던 중 이삭이 태어났다. 사라는 앞으로 벌어질 일에 대해 걱정하기 시작했다. 자신과 아브라함이 죽고 나면 두 아들은 이 종족의 지도자 자리를 차지하기 위해 서로 싸우게 될 것이 분명했다. 더욱이 신은 이제 10대에 들어선 이스마엘이 훗날 '거친 들나귀 같은 남자'가 될 것이라고 예언했다. 과연 그의 예언대로 이스마엘은 씩씩하고 자신감 넘치는 남성으로 성장했다. 하지만 그 반면, 이삭은 아직 말도 할 줄 모르는 어린아이에 불과했다.

사라는 이 상황을 참을 수 없었다. 그래서 하갈과 이스마엘이 종족을 떠나게 해야 한다고 생각했고, 아브라함에게 말했다.

"저 여종과 그 아들을 내쫓으세요. 저 여종의 아들이 내 아들 이삭과 함께 상속을 받을 수는 없어요."

이 말을 들은 아브라함은 무척 언짢았다. 왜냐하면 아무리 여종에게서 태어난 아이라고 해도 이스마엘은 엄연히 자신의 피가 섞인 아들이었기 때문이다. 그는 자신의 첫 아들인 이스마엘에게 강한 애정을 갖고 있었지만, 만약 자신이 하갈과 이스마엘을 감싸기라도 한다면 사라가 자신과 하갈의 관계를 더욱 의심하리라는 사실 또한 알고 있었다. 그럴 경우 상황은 더욱 악화될 것이 뻔했다.

사라는 하갈과 이스마엘을 심하게 구박했다. 자신이 이들을 잔인하게 대한다는 사실을 알고 있었지만 모든 시기, 걱정, 의심을 털어내고는 다시 탄탄하고 안정된 가정을 꾸리고 싶은 마음이 더욱 앞섰다. 그녀는 자신이 이스마엘의 탄생에 큰 역할을 했음을 잘 알고 있었다. 그리고 이스마엘이 태어나던 순간부터 그가 청년으로 성장할 때까지의 모든 모습을 지켜보았다. 그러나 이스마엘이 집안에 있는 한 그의 어머니 하갈을 내쫓을 구실이 생기지 않을 것이라는 것 또한 아주 잘 알고 있었다. 때문에 그녀 입장에서는 더더욱 이스마엘을 그냥 두고 볼 수 없었다.

바로 이때 신은 아브라함에게 이렇게 타일렀다.

"그 아이와 네 여종 때문에 언짢아하지 마라. 사라가 너에게 말하는 대로 다 들어주어라. 이삭을 통하여 후손들이 너의 이름을 물려받을 것이다."

신은 아브라함에게 사라가 집안의 모든 중요한 일들을 해결할 수 있는 지혜와 통찰력을 갖고 있음을 다시금 일깨워 주었다. 아울러 그녀의 말을 따르고, 그녀의 마음 깊은 곳에 있는 의도와 감정을 느껴보라고 충고했다.

사라와 하갈은 모두 열정과 지혜를 가진 여인들이었다. 그리고 신은 이 두 여인 모두에게 축복을 내렸다. 그러나 신은 첩인 하갈보다는 본처인 사라의 편에 서서 우선권을 주었다. 이는 곧 신이 일부일처제를 옹호한다는 증거이다.

아들을 낳았다는 자만심에 빠져 있던 하갈은 젊음을 과신했다. 또한 아브라함과의 육체적인 관계가 그녀에게 큰 권리와 힘을 보장해줄 거라 믿고 있었다. 하갈과 아브라함이 서로에게 어떤 감정을 느끼고 있었는지는 정확하게 알 수 없지만, 신은 아브라함에게 사라가 원하는 모든 것을 들어주라고 명하셨다. 이것은 사라와 아브라함이 오랫동안 쌓아온 유대감이 그 어떤 관계보다 중요하다는 사실을 일깨워 주는 대목이다.

결국 하갈과 이스마엘은 사막으로 내쫓겼다. 이들을 쫓아내기 전 아브라함은 비상식량으로 빵과 물을 이들 모자에게 주었다. 그 빵과 물을 다 먹어버린 어느 날, 하갈은 아들 이스마엘과 멀리 떨어져 앉아 있었다. 하갈은 멀리 있는 아들을 바라보며 한탄 섞인 목소리로 "저 아이가 죽어가는 꼴을 어찌 보랴."라고 말하며 눈물을 흘렸다. 하갈의 고된 여정은 그녀가 물, 즉 삶의 원천을 찾을 수 없다는 무능력함을 보여준다. 또한 물을 찾아 헤매는, 생명에 대한 열정의 부족을 암시한다.

하갈의 외침을 들은 신은 아들에 대한 그녀의 강한 애정에 감탄하여 천사를 보낸다. 천사는 "일어나 가서 아이를 들어 올려 네 손으로 꼭 붙들어라. 내가 그를 큰 민족으로 만들어 주겠다."라는 신의 말씀을 전한다. 신은 하갈의 눈을 뜨게 하여 우물을 찾을 수 있게 했다. 하갈은 우물로 가서 가죽으로 만든 물통에 물을 채워 아들에게 주었다. 물을 마신 이스마엘은 간신히 기운을 차리고 생명을 유지했으며, 훗날 사냥꾼으로 성장했다. 오랜 시간이 흐른 후, 이들은 아브라함의 장례식에 참석하여 이삭과 재회한 후 화해 분위기를 조성하기에 이른다.

이스마엘이 집에서 쫓겨나자 아브라함은 괴로워했다. 그는 이삭이 태어나기 전 신에게 이스마엘을 보살펴 주고 훗날 자신의 후계자가 될 수 있게 해달라고 부탁하며 다음과 같이 말했었다.

"이스마엘이 당신의 뜻대로 살길 바랍니다."

그러자 신이 대답했다.

"아니다. 너의 아내 사라가 너에게 아들을 낳아줄 것이다. 너는 그 이름을 이삭이라 하여라. 나는 그의 뒤에 오는 후손들을 위하여 그와 나 사이에 영원한 계약을 세우겠다."

'여자는 다른 것으로 바꿔 사용할 수 있는 용기가 아니다.'

이는 당시 아브라함을 비롯하여 후에 태어날 모든 세대의 아버지들에게 전하는 교훈이 담긴 말이다. 신은 이에 덧붙여 아브라함에게, '다른 여자들에게서 얻은 아들이 아닌 사라와의 사이에서 얻은 아들만이 신의 뜻을 전달하는 의미 있는 삶을 이어갈 것'이라고 말한다.

결국 자신의 뜻을 이룬 사라는 스스로가 선택한 생활 방식에 만족했다. 그녀는 남편과의 관계도 안정되자 떠돌이 유목민 생활을 정리하고 한곳에 정착했다. 사라의 유일한 아들인 이삭은 아무런 어려움 없이 어린 시절을 보냈다. 당시엔 유아 사망률이 무척이나 높았지만, 다행히 이삭은 질병과 위험을 피해 소년에서 청년으로 건강하게 성장해 갔다.

한편 하갈을 내쫓은 순간, 사라의 마음에 그동안 가시처럼 박혀 있던 고통도 함께 사라졌다. 하갈과 같이 살던 시절 사라는 그녀를 얼마나 구박했던가. 바로 옆방에서 자신의 남편과 잠자리를 같이한 여자를 보며 평온한 마음을 유지할 수 있는 여자가 어디 있을까? 누구나 사라의 질투와 고통을 충분히 이해할 수 있을 것이다. 반면 자유의 몸이 된 하갈은 아들 이스마엘의 짝을 찾아 이집트로 떠난다. 이렇게 두 여인의 고통스런 삶은 결국 평온한 결말을 맺었다.

　사라와 아브라함은 다시 예전처럼 금실 좋은 부부 관계를 회복했다. 이제 자신의 천막에서 편하게 쉴 수 있게 된 사라는 함께 어울려 뛰어노는 아이들 사이에 있는 이삭에게서 한시도 눈을 떼지 않았다.

　아브라함은 항상 평온함을 지키고 있는 사라가 부러웠다. 어느 날 밤, 잠을 이루지 못하고 누워 있던 아브라함은 이삭의 미래를 걱정했다. 나이가 많은 부모라면 누구나 어린 자식에 대해 걱정을 할 것이다. 아브라함은 과연 이삭이 신에 대한 믿음을 지킬 수 있을 만큼의 강한 성격을 갖고 있는지 의구심이 들었다. 이와 더불어, 신과 자신 사이의 계약이 이루어지는 것을 자신이 살아서는 볼 수 없으리라는 걸 알고 있었다. 그는 자신의 생각과 고민을 아내와 함께 나누고 싶었지만, 그녀 또한 아무런 해결책을 찾을 수 없으리라고 생각했다. 나이가 들어가면서 사라와 아브라함은 서로에 대해 더욱 애틋해졌고, 상대방을 더욱 잘 이해할 수 있었기에 아브라함은 자신의 걱정과 고민을 털어놓아 그녀를 힘들게 하고 싶지 않았다.

　사라와 아브라함에게는 한 가지 공통된 목적이 있었으니, 이는 유일한 신을 섬기고 믿어야 한다는 것이었다. 이삭에게도 선택의 여지가 없었다. 이삭은 부모의 뜻대로 유일신을 섬기고 이를 지켜 나가야 할 의무를 갖고 태어난 아이였다. 그런데 과연 이삭은 주위의 모든 부족들이 많은 우상을 섬기는 상황에서 보이지도, 그 형상을 만들 수도 없는 신을 섬기며 편안한 인생을 살 수 있을까? 아브라함은 자신의 후손에게 '위대한 나라를 만들어 주겠다'고 했던 신의 약속을 믿으며 살아왔다. 그러나 신은 이런 말 또한 남겼다.

"너의 후손은 남의 나라에서 타향살이를 하며 4백 년 동안 그들의 종살이를 하고 학대를 받을 것이다."

이 말은 곧 이삭이 짊어지고 가야 할 무거운 유산이었다. 신은 아브라함과 사라에게 그랬던 것처럼 이삭에게도 직접 말을 전할 것인가? 아브라함이 그랬던 것처럼, 만약 이삭이 의문을 던진다면 신은 그에 대답해 줄까? 만약 신이 이삭과 직접 소통을 하지 않는다면 이삭은 과연 신에 대한 믿음을 후대에 전할 수 있을까? 수백 년 후의 새로운 땅에서도 그들의 신앙이 계속될 수 있을까?

후손이 생기자 아브라함의 걱정은 더욱 커졌다. 아브라함은 태어나서 처음으로 두려움을 느꼈다. 자신을 선택한 신에 대한 믿음이 깊지 않다는 자책감, 그리고 이렇게 약한 믿음으로는 앞으로의 후손들에게 신앙을 전하지 못할 것이라는 염려 때문이었다. 사라와 아브라함은 그 당시 여러 우상을 섬기는 다신교를 거부했지만, 과연 이삭도 그럴 수 있을까? 이 모든 시험을 이겨낼 수 있을까? 그런데 이 모든 것보다 아브라함을 더욱 긴장시키는 것은 '혹시라도 신이 자신의 아들을 산 제물로 바치라고 명하시진 않을까?' 하는 두려움이었다. 당시의 여러 이단 종교 의식에서는 사람을 제물로 바치는 것이 흔했기 때문이었다. 그래서 아브라함은 하나님 또한 다른 이단 종교에서 행하는 일을 요구할 수도 있다는 걱정을 했다. 하나님은 이미 아브라함에게 그의 후손이 4백 년 동안이나 다른 민족에게 핍박당하고 학대받을 것이라고 예언했다. 하나님은 과연 그들과 새로운 민족이 앞으로 얼마나 더 많은 시험에 들게 하실까?

히브리어로 기록되어 있는 성경 원본에는 아브라함이 아들을 제물로 바치기 위해 밧줄로 묶은 행위가 'Akedah'라고 적혀 있다. 아브라함은 이삭을 묶으면서 가슴이 메는 듯한 아픔을 느꼈다. 하나님께서는 아브라함을 시험해 보시려고 그에게 이렇게 명했던 것이다.

"너의 아들, 네가 사랑하는 외아들 이삭을 데리고 모리아 땅으로 가거라. 그곳, 내가 너에게 일러주는 산에서 그를 나에게 번제물로 바쳐라."

아브라함은 아침 일찍 일어나 나귀에 안장을 얹고 두 하인과 아들 이삭을 데리고서는 번제물을 태울 장작을 팬 뒤 하나님께서 말씀하신 곳으로 떠났다. 신이 말한 곳으로 가는 3일 동안 아브라함은 말할 수 없는 고통과 싸워야 했다. 신은 아브라함에게 무척이나 힘겨운 시험을 내렸던 것이다. 많은 사람들이 믿는 신앙 안에서 그 믿음을 다른 사람들과 나누는 것은 수월할지 몰라도 다른 이들이 거의 믿지 않는 신앙을 홀로 지키기란 어려운 법이다. 또한 보이지도, 형상을 만들 수도 없는 신을 믿는 것은 우상을 섬기는 것보다 훨씬 힘들며, 맹목적인 복종을 요구하는 신앙을 지키는 일 또한 고된 일이다. 차라리 도덕적 책임감에 기반을 둔 신앙을 갖고, 이를 따르는 편이 더 쉬울지도 모른다.

이렇듯 어렵게 자신의 신앙을 지켜가고 있던 아브라함에게 신은 이제 자식을 산 제물로 바칠 것을 요구하고 있었다. 현대 사회에서도 이처럼 선택의 여지가 없는 가슴 쓰린 시험의 순간들과 늘 마주친다. 우리는 조국과 이상을 지키기 위해 우리의 아들딸을 전쟁터로 보낸다. 폭탄을 안고 적군으로 뛰어드는 젊은이들도 있고, 아프리카 밀림에서 총을 들고 싸우는 청년들도 있다.

이삭을 묶고 난 후, 아브라함은 자신의 아들을 산 제물로 요구한 신과 대면했다. 아브라함은 어떻게 이렇듯 잔인한 면모를 보인 신에 대한 믿음을 지켜낼 수 있었을까? 그의 복종심을 확인하기 위해 자식을 희생물로 바치라고 요구하는 잔인한 신이 다른 우상들과 다를 바 있을까? 더 숭고한 이상을 실현하기 위한 것이 아닌 단지 복종심을 시험하기 위한 신의 요구에 아브라함은 어떻게 기꺼이 복종할 수 있었을까?

아브라함은 아무 말 없이 생각에 잠겨 무거운 발걸음을 한 발짝, 한 발짝 내딛었다. 아들에 대한 사랑과 신의 요구에 따라야 하는 의무 사이에서 그는 몹시 혼란스러웠다. 자신이 사랑하는 아들을 정말 제단에 바칠 수 있을까? 생각할 수도 없는 일이었다. 아브라함은 너무도 괴로웠다. 지금까지 살아오면서, 그리고 오랜 세월 동안 사막을 떠돌면서 아브라함은 사람을 재물로 바치는, 소름 끼칠 만큼 잔인한 의식을 지켜보았다. 장작불에 타는 사람의 살 냄새에 몸서리치기도 했다. 아마 젊은 이삭도 사람을 제물로 바치는 일에 대해 들어본 적이 있을 것이다. 그 당시 사람들은 종종 산 사람을 제물로 바쳐 신을 기쁘게 함으로써 풍년이 오기를 기원했기 때문이다.

아브라함은 평생 자신이 지켜온 신앙, 결혼, 그의 종족을 위해, 그리고 신과의 계약을 지키기 위해 한 발짝, 한 발짝 앞으로 나아갔다. 마침내 그는 따라오던 시종들을 남겨둔 채 이삭만을 데리고 신이 말한 장소를 향해 천천히 걸어갔다. "불과 장작은 여기 있는데, 번제물로 바칠 양은 어디에 있습니까?"라고 이삭이 물었고, 신에 대한 믿음이 굳건했던 아브라함은 단호히 대답했다.

"얘야, 번제물로 바칠 양은 하나님께서 손수 마련하실 거란다."

아브라함은 그곳에 재단을 쌓고 장작을 얹어놓았다. 그러고 나서 아들 이삭을 묶어 제단 장작 위에 올려놓았다. 마침내 아브라함이 칼을 쥔 팔을 뻗어 자신의 아들을 죽이려 할 때였다. 그 순간, 주님의 천사가 하늘에서 "아브라함아, 아브라함아!" 하고 그를 불렀다. 그가 "예, 여기 있습니다." 하고 대답하자 천사가 말하였다.

"그 아이에게 손대지 마라. 그에게 아무 해도 입히지 마라. 네가 너의 아들, 너의 외아들까지 나를 위하여 아끼지 않았으니, 네가 하나님을 경외하는 것을 이제 내가 알았다."

아브라함은 그 마지막 순간까지 정말 아들을 산 제물로 바쳐야 하는 줄로만 알았다. 그러나 아브라함이 명령에 복종하는 모습을 확인한 신은 이에 만족하고 시험을 중단했다. 무서운 시험에서 풀려난 아브라함은 맥이 풀렸다. 잠시 뒤, 그는 가슴을 쓸어내리며 신의 사랑을 확인할 수 있었고, 유일신에 대한 아브라함의 믿음 또한 이 기회를 통해 명백히 증명할 수 있었다.

신은 자신에 대한 충성의 증거로 인간을 바칠 것을 진정으로 요구하지는 않았다. 신은 인간의 자궁에서 태어난 또 다른 인간을 희생물로 쓰지 않는다. 신은 모든 인간이 존엄한 존재라고 했다. 왜냐하면 모든 인간은 신의 형상대로 창조되었기 때문이다.

이삭을 희생물로 요구한 것을 마지막으로 신은 아브라함에 대한 모든 시험을 마친다. 성경에는 아브라함이 신에게 소돔Sodom과 고모라Gomorrah에 사는 죄 없는 사람들뿐만 아니라 사악한 사람들까지도 구해 달라고 청하는 장면이 나온다. 이런 면에서 아브라함은 인류 최초의 변호사라고 칭할 수 있다. 이삭이 태어나기 전에 아브라함은 앞으로 태어날 자식을 위해 수십 번 기도했었다. 이렇게 모든 사람들을 위해 기도하는 아브라함이 어떻게 자식의 목숨을 구해 달라고 기도하고 싶지 않았겠는가. 그리고 이런 아브라함의 기도를 어떻게 신이 들어주지 않겠는가. 그러나 성경에는 아브라함이 신에게 이삭을 구해 달라고 기도했다는 언급이 없다. 아브라함이 신에게 이삭을 구해 달라고 청하지 않은 까닭은 신과 자신과의 관계를 확인해 보고자 했던 것으로 보인다. 아브라함은 자신이 직접 청하지 않아도 신이 인간 제물을 거부하시리라고 생각했을 것이다. 그리고 결국 신이 인간 제물을 금지함으로써, 그 당시의 사회와 문화는 도덕적으로 한층 더 발전할 수 있었다.

신은 아브라함이 이삭을 제물로 바치기 위해 제단에 묶는 것을 끝으로 그에 대한 모든 시험을 끝냈다. 이는 신이 궁극적으로 인간에게 바랐던 것은 맹목적인 복종을 의미하는 게 아니라 인간 스스로 자신의 존재에 대해 끊임없이 고뇌하는 모습이었음을 나타낸다. 위기의 순간뿐만 아니라 일상적인 생활 속에서 무엇이 옳고 그른 일이며, 어떻게 윤리·도덕적으로 올바른 행동을 할 것인가를 결정하기란 결코 쉬운 일이 아니다. 특히 누군가의 명령에 의해서가 아닌 독립적인 한 인간으로서 어떠한 결정을 내리기란 어려운 법이다. 이스라엘 민족의 조상인 아브라함은 이 사건을 통해 새로운 신앙을 갖고 지켜내는 일이 얼마나 어려운지를 이해하게 되었다. 아브라함이 이렇게 결단을 내리기까지 진지하게 고뇌하는 모습과 마침내 신중하게 결정을 내리는 모습을 보고서야 신은 안도했다. 즉, 신앙인은 항상 자신이 하는 행동의 의미와 그 결과에 대해 신중히 생각해야 하는 것이다.

이삭을 희생물로 바치는 과정을 통해 신과 아브라함은 서로를 더욱 깊이 이해할 수 있었다. 신은 아브라함의 신앙의 깊이를 확인했고, 아브라함은 신의 진정한 의도를 깨달았다. 아브라함은 자신이 섬기는 신이 다른 사람들이 숭상하는 우상들과 완전히 다른 존재임을 확신하게 되었다. 아브라함이 신이 말한 그 고지에 오른 것은 그의 신앙이 한 단계 높은 차원에 올랐음을 의미한다. 그는 자신이 신을 얼마나 신뢰하고 있는가를 자각할 수 있었고, 신과 자신과의 관계가 어떻게 형성되었는지도 이해할 수 있었다.

이삭을 희생물로 바치라는 신의 시험 직후, 사라는 세상을 떠났다. 당시 사라의 나이는 127세였다. 유대인 학자들은 사라가 가슴앓이 때문에 죽었다고 주장한다. 이삭을 희생물로 바치라는 신의 요구를 알게 된 사라는 너무나 고통스러워했고, 노쇠한 신체가 마음의 고통을 견디어 낼 수 없었을 거라는 것이 그들의 추측이다. 그러나 이에 대한 정확한 기록은 없다. 이 시험으로 인해 아브라함은 신과의 신뢰 관계를 다시 한번 확인할 수 있었지만, 이 과정을 겪으며 사라를 잃고 여생을 외롭게 보내야 했다. 한평생 자신의 곁을 묵묵히 지켜주던 소중한 아내를 잃은 후 그가 할 수 있는 일이라고는 사라의 영혼이 평화롭게 쉴 수 있도록 빌어주는 것밖에 없었다.

사라는 예루살렘Jerusalem에서 20마일 떨어져 있는 헤브론Hebron 근처, 키르얏 아르바Kiryat-Arba에서 숨을 거뒀다. 예루살렘은 가나안에 있는 도시였다. 아브라함은 빈소에 들어가 사라의 죽음을 애도하며 슬피 울었다. 그리고 한참 후에야 겨우 아내의 시신에서 떨어져 장례 절차에 대한 지시를 내렸다. 아브라함은 그 지역에 잠시 머물던 이방인이었기 때문에 아내를 묻을 장소를 스스로 구해야 했다.

아브라함이 죽은 아내를 위해 무덤을 만든 장소는 오늘날 성지로 남아 있다. 아브라함과 사라 후에 태어난 수많은 자손들은 오늘날까지도 사라의 무덤을 방문한다. 이스라엘의 어머니인 사라는 막펠라Machpelah 동굴 안에 묻혔다. 아브라함도 이 동굴 안에 묻혀 있으며 이삭, 리브가Rebecca, 야곱Jacob, 레아Leah 또한 이 동굴 안에서 영원한 안식을 취하고 있다.

아브라함은 사라가 세상을 떠난 후 평생 동안 그녀를 추억하며 여생을 보냈고, 사라는 지금까지도 모든 이스라엘인들의 기억 속에 살아 있다. 사라와 아브라함은 미래의 후손들을 위해 평생을 바쳤으며 신의 약속을 굳게 믿었다. 이스라엘 사람들은 아직도 풍요로운 땅과 자손을 내려주겠다는 신의 약속을 믿고 있다. 비록 그들에겐 아직까지도 '우리의 땅'이라고 주장할 만한 영토는 없지만 믿음에는 변함이 없다. 어쨌든 사라의 무덤은 신이 약속한 땅의 중심이며, 이 작은 땅에서 이스라엘 사람들의 꿈이 시작되었다.

예언자 예레미야Jeremiah의 아름다운 노래는 기쁨과 슬픔이 어우러져 있던 사라의 삶을 보여준다.

> 네 젊은 시절의 순정과
> 신부 시절의 사랑을 내가 기억한다.
> 너는 광야에서,
> 씨 뿌리지 못하는 땅에서 나를 따랐다.

아담과 이브가 함께 손을 잡고 에덴동산에서 나와 새로운 세계를 향해 용감하게 떠났던 것처럼 아브라함과 사라는 편안하고 안락한 고향을 떠나 신이 약속하신 땅을 향한 여정을 시작했다. 이브는 지혜를 얻기 위해 많은 위험을 감수했고, 사라는 신과의 계약을 지키기 위해 숱한 고난과 당당히 맞섰다. 사라와 아브라함의 후손들은 약속의 땅에서 그들을 기다리고 있을 자유를 위해 이집트를 탈출하여 수 세기 동안 황야를 헤맸다.

아브라함과 사라는 모든 난관을 이겨내고 책임감을 잊지 않으며 오직 서로만을 사랑했다. 일부다처제의 사회에서도 그들은 일부일처제를 고수했던 것이다. 아브라함은 사라 이외의 동반자란 생각할 수도 없었다. 아브라함과 사라는 성경에 나오는 그 어떤 부부보다 믿음과 사랑으로 굳게 맺어진 부부였다. 이들보다 서로에 대한 신뢰가 더 견고한 부부는 없었으며, 신에 대한 굳건한 믿음을 지킨 부부도 없었다. 그들은 함께 늙어가면서 서로에 대한 믿음과 사랑을 더욱 공고히 다졌다. 신이 정해 준 운명인 아브라함과 사라, 이 두 사람은 결코 떼려야 뗄 수 없는 든든한 동반자였다.

당시의 엄격한 남성 중심 사회에서도 사라는 항상 자신의 의견을 솔직하게 표현하는 강인한 여인이었다. 사라는 새로운 신앙을 형성하는 과정에서 일어난 모든 어려움에 당당히 맞섰다. 또한 신과 직접 대화했고, 대리모를 사용하는 새로운 시도도 무릅썼다. 그리고 그로 인한 마음의 불행과도 격렬하게 싸웠다. 사라는 21세기를 사는 모든 여성들의 모범이 되고 있다. 그 누구도 사라가 그렇게 늦은 나이에 아이를 낳을 수 있으리라고는 생각지 못했다. 그러나 사라는 신의 약속을 믿었고, 신이 보내주신 아이를 소중히 키웠다. 아울러 노년의 나이에도 결혼 생활을 행복하게 꾸려 나가려고 노력했으며, 신앙 안에서 영적인 발전을 꾀했다. 그녀는 남편의 생각과 의견을 존중하며 서로의 관심사를 함께 의논했다.

이렇듯 사라는 이 시대를 살아가는 모든 여성들에게 귀감이 되고 있다. 그녀는 한 남자의 소유물이나 부속물로서가 아닌, 독립적이고 창조적인 한 인간으로서 유일신 사상을 탄생시키는 데 중추적인 역할을 해냈다. 아울러 유일신 사상이 다음 세대로 안전하게 이어질 수 있도록 모든 노력을 다했다. 이 또한 사라가 우리에게 남긴 위대한 유산이다. 신성한 신의 계획을 수행하는 모든 과정은 사라의 과감한 행동과 결정을 빼놓고는 이야기할 수 없다. 사라는 강인했고, 모든 역경을 빠르게 극복해 나갔다. 그녀는 신앙을 지키고 이어 나가려는 모든 사람들의 어머니이다.

제3장
리브가의 선택

아브라함과 사라의 아들인 이삭은 그들의 따뜻한 보호 아래서 성장했다. 이삭의 부모는 신과 함께 걸었고, 신과 대화했으며, 신과 계약을 맺은 예언자와도 같았다. 특별한 부모 사이에서 태어난 다른 아이들과 마찬가지로 이삭 역시 자신에게 부여된 의무와 부모님의 기대가 부담스러웠다. 리브가Rebecca도 마찬가지였다. 리브가는 아브라함의 남동생인 나홀Nahor의 손녀로, 이삭의 아내가 된 뒤에 시부모인 아브라함과 사라의 숭고한 임무를 이어받았다. 이 신성한 임무를 수행하며 살기란 이삭에게도, 리브가에게도 결코 쉽지 않았다.

아브라함은 사라의 장례를 치른 후 어느덧 불혹의 나이를 맞이한 이삭에게 배우자를 찾아주어야겠다고 생각했다. 이때 아브라함의 나이는 무려 137세였다. 점잖고 조용한 성품의 이삭은 중요한 결정을 섣불리 내리기를 꺼렸다. 성경에는 사라의 장례식 장면 뒤, '주님께서는 모든 일마다 아브라함에게 복을 내려주셨다'는 구절이 따라나온다. 이삭에게는 자신의 어머니인 사라처럼 강인하고 용감한 아내가 필요했다. 아울러 이삭의 부족한 부분을 메워줄 수 있는 결단력 있는 여성이어야 했다. 또한 이삭이 진정한 아브라함의 후계자가 되기 위해서는 신과의 계약에 대한 확실한 믿음이 있는 배우자를 구해야만 했다.

아브라함은 너무 늙고 쇠약해서 이삭의 아내를 찾기 위한 여행을 떠날 수 없었다. 그래서 그는 자신의 모든 재산을 맡아 관리하는 충직한 시종 하나를 불러 이렇게 명했다.

"너는 하늘의 하나님이시며 땅의 하나님이신 주님을 두고 맹세하여라. 내 아들의 아내가 될 여자를 내가 살고 있는 이곳, 가나안 족의 딸들 가운데서가 아니라 내 고향, 내 친족들에게 가서 데려오너라."

세상 지리를 잘 알고 있던 그 시종은 아브라함에게 이렇게 물었다.

"그 여인이 저를 따라 이 땅으로 오려 하지 않을지도 모릅니다. 제가 아드님을 나리께서 떠나오신 그 땅으로 데려가야 할까요?"

그러자 아브라함은 강한 어조로 이삭을 그 땅에 데려가는 일이 없도록 당부했다. 자신이 떠나온 땅으로 한 번도 돌아간 적 없던 아브라함은 감수성이 예민한 자신의 아들이 신과의 계약을 저버리고 아내 될 사람과 그 땅에 안주하게 될 것을 염려했던 것이다. 아브라함과 사라의 새로운 신앙은 아직 굳건히 뿌리를 내리지 않은 상태였다. 그래서 달콤한 사랑에 빠질 신혼부부에게는 이단 종교의 문화가 주는 유혹을 떨쳐버리고 다시 거친 황야로 나와 새로운 종교를 지키며 살아가야 하는 생활이 힘들지도 모를 일이었다.

아브라함은 시종에게 다시 한번 말했다.

"신께서 천사를 네 앞에 보내시어 네가 그곳에서 내 아들의 아내가 될 여자를 데려올 수 있게 해주실 것이다."

또한 아브라함은 이삭의 아내를 절대 억지로 끌고 와서는 안 된다고 덧붙였다. 만약 그 여인이 자발적으로 결혼하는 것이 아니라면, 그 두 사람은 사라와 아브라함이 맺었던 관계처럼 진정한 동반자가 될 수 없기 때문이었다.

아브라함은 이삭의 아내가 그들 종족 사람이어야만 한다고 생각했다. 이는 민족의 가치와 단일성을 지켜 나가기 위한 매우 중요한 문제였다. 그래서 시종에게 북쪽으로 가 메소포타미아Mesopotamia에 있는 자신의 종족 가운데서 이삭의 아내를 찾아오라고 명령했던 것이다.

아브라함의 종은 낙타 열 마리를 몰고 수일 동안 여행한 끝에 사라와 아브라함의 가족이 살던 도시에 도착했다. 저녁때가 되었을 무렵, 여인들이 물을 길러 오는 시간이 되자 그 시종은 도시 외곽에 있는 한 우물가에 낙타를 묶어놓았다. 그리고는 아브라함의 신에게 기도했다.

"이제 제가 샘물 곁에 서 있으면 성읍 주민의 딸들이 물을 길러 나올 것입니다. 제가 '그대의 물동이를 기울여 물을 좀 마시게 해주시오.' 하고 청할 때, '드십시오. 제가 낙타들에게도 물을 먹이겠습니다.' 하고 대답하는 소녀가, 바로 당신께서 당신의 종 이삭을 위하여 정하신 여자가 되게 해주십시오. 그것으로 당신께서 제 주인에게 자애를 베푸신 것이라 생각하겠습니다."

시종이 이삭의 아내를 고를 때 가장 중요하게 생각했던 것은 관대함과 친절함 그리고 지친 여행자에게 물을 내어줄 수 있는 자발적이면서도 단호한 결단력이었다. 그렇다면 이 이야기가 우리에게 전해주는 것은 무엇일까? 바로 배우자를 고를 때 가장 고려해야 할 점은 바로 '인성' 이라는 점이다.

그가 기도를 다 마치기도 전에 한 소녀가 물동이를 어깨에 메고 다가왔다. 그 소녀는 아직 때가 묻지 않은 순진하고 예쁜 처녀였다. 소녀가 샘으로 내려가서 물동이를 채워 올리자 시종이 그녀에게 달려가 말했다.

"그대의 물동이에서 물을 좀 마시게 해주오."

그러자 소녀가 "나리, 드십시오." 하면서 급히 물동이를 내려 손으로 받쳐 들고는 그 시종이 물을 마실 수 있도록 해주었다. 그런 다음 "낙타들도 물을 다 마실 때까지 계속 길어다 주겠습니다." 하고 물동이에 남아 있던 물을 물통에 붓고, 다시 물을 길러 우물로 달려갔다. 이렇게 리브가는 물을 길어 낙타들에게도 모두 먹였다.

리브가가 우물에서 물을 길어 나르는 동안 종은 그녀의 행동을 하나하나 유심히 관찰했다. 그녀는 단단해 보이는 어깨 위에 흙으로 빚어 만든 물동이를 얹고는 팔로 받쳤다. 리브가의 행동은 우아하면서도 자신감에 차 있었다. 성경에 리브가가 물을 퍼 올리는 장면이 자세히 묘사된 이유는 '물'이 메마른 사막을 살아가는 사람들에게 생명의 원천이기 때문이다. 리브가는 스스로 생명력을 지탱해 나갈 수 있는 여인이었다. 시종은 리브가가 이삭의 몸과 영혼을 굳건히 지키는 데 도움을 줄 것이라고 생각했다. 또 한편으로는 자신이 신의 뜻에 맞게 임무를 수행하고 있는 것인지 궁금하기도 했다.

낙타들이 물을 다 마시자, 시종은 리브가에게 금으로 만든 코걸이 하나와 금팔찌 두 개를 건넸다. 그러자 의외로 그녀는 주저 없이 그 선물을 받았다. 게다가 그날 밤 자신과 낙타들이 그녀의 아버지 집에서 하룻밤 묵어갈 수 있겠느냐는 시종의 물음에 지체 없이 고개를 끄덕였다.

리브가는 "저는 밀카Milcah가 나홀에게 낳아준 아들, 브두엘Bethuel의 딸입니다."라고 말했고, 이로써 그 종은 자신이 아브라함의 종족 사람을 선택했다는 사실을 확인하였다.

"예, 저희 집에서 머무실 수 있습니다. 저희 집에는 꼴과 여물도 넉넉하고, 나리께서 하룻밤 주무실 방도 있습니다."

리브가는 아버지의 허락을 받기도 전에 타 지역에서 온 이방인에게 하룻밤을 묵어갈 방과 음식을 주겠노라고 대답했다.

성경은 리브가의 능동적인 행동을 강조함으로써 그녀의 성격을 묘사한다. '그녀는 갔다', '물동이를 채웠다', '재빨리 물동이를 기울였다', '그녀는 비운 물동이를 들고 다시 우물로 가서 낙타에게 먹일 물을 길었다' 등으로 표현된 그녀의 행동을 통해 우리는 그녀가 활기차고, 신체적으로도 강인하며, 관대한 성품을 지녔음을 짐작할 수 있다. 낙타는 보통 한 번에 21갤런의 물을 마신다. 그것으로 열 마리의 낙타 모두에게 물을 먹인 리브가가 보통 이상으로 강인한 체력을 지녔음은 충분히 설명된다. 또한 무언가를 실행함에 있어 주저하지 않는 그녀의 태도가 자신감 가득한 성격을 말해 준다. 타인을 따뜻하게 환대할 줄 아는 것 또한 그녀의 장점이었다. 이삭의 부모인 아브라함과 사라도 타인을 반갑게 맞이하는 태도를 매우 중요하게 생각했다. 『창세기』를 통틀어 '타인에 대한 친절'을 강조한 구절은 서른아홉 번이나 나온다.

리브가의 아버지인 브두엘의 집에 도착하자 시종은 자신이 누구인지를 설명하고, 왜 아브라함이 자신을 이곳으로 보냈는지도 설명했다. 그리고 이렇게 덧붙였다.

"제 주인인 아브라함의 하나님이신 주님께서 이 몸을 당신의 집에 이르는 길로 이끌어 주셨습니다."

리브가는 자신의 약혼 문제를 논의하는 자리에 참여했다. 가부장제가 뿌리 깊던 당시 상황으로 보아 리브가의 이 같은 행동은 매우 대담한 것이었다. 그녀의 가족들은 아브라함의 시종이 리브가에게 준 보석을 보고는 리브가를 이삭과 결혼시키기로 결심했다. 그리고는 그녀의 어머니와 오빠가 이렇게 부탁했다.

"저 아이를 단 열흘만이라도 우리와 더 머물게 해주십시오. 그런 다음 길을 떠나시길 바랍니다."

그러나 아브라함의 시종은 "저를 더 이상 붙잡지 말아주십시오."

라고 말했다. 그들은 리브가의 의견을 직접 물어보기로 했다. 가족들이 "이 사람과 같이 가겠느냐?" 하고 묻자 리브가는 "가겠습니다." 하고 대답했다. 그러자 리브가의 가족들은 두말없이 딸과 유모를 아브라함의 시종과 함께 보내기로 결정했다.

이처럼 리브가는 결정을 내리는 데 한 치의 주저함도 없었다. 조금만 더 머물다 가라는 가족들의 부탁도 뿌리칠 정도였다. 그녀의 결단력과 민첩함, 우물가에서 일어난 모든 일들, 그리고 그녀의 가족들과의 대화를 통해서 우리는 앞으로 닥칠 일들에 그녀가 얼마나 현명하게 대처할 것인지를 충분히 짐작할 수 있다.

그런데 리브가는 어떻게 그 낯선 이방인 남자를 선뜻 따라 나설 수 있었던 걸까? 용감한 리브가는 낯선 곳으로 떠나는 모험에 강한 매력을 느꼈거나, 아니면 오빠인 라반에게서 해방되고 싶은 마음이 있었는지도 모른다. 리브가의 오빠인 라반은 자신의 여동생을 보석과 얼마든지 바꿀 사람이었다. 그는 여동생의 행복보다는 동생이 부유한 집안 사람과 결혼함으로써 자신이 챙길 수 있는 것에 더 관심이 많은 자였다. 어쨌든 리브가는 이삭과 결혼함으로써 당시 그 지역에 살고 있던 다른 여성들과 마찬가지로 편안한 삶을 살 수 있는 기회를 잡은 것이었다.

리브가가 어렸을 때 그녀의 할아버지인 나홀은 자신의 형인 아브라함에 대한 이야기를 들려주었을 것이다. 열정적인 이상주의자였던 아브라함과 그의 아름다운 아내 사라의 이야기를 전해 들은 리브가는 그들의 삶을 동경했을지도 모른다. 또 신의 명령에 따라 고향

하란을 떠난 그들의 용기를 존경했을지도 모른다.

노년의 사라에게서 태어난 아이 이삭, 히브리어로 '웃음' 이라는 뜻의 이름을 가진 그가 이제 리브가의 배우자가 되는 것이다. 브두엘과 라반은 아브라함의 종에게 "이 일은 주님에게서 비롯된 것입니다."라고 공손히 말하며 그들의 결혼을 허락했다. 리브가는 여성 특유의 직감과 자신의 본능을 믿고 그를 따라 나섰을 것이다. 그녀는 이삭이 자신에게 훌륭한 남편이 될 것을 직감적으로 알았고, 성스러운 집안에서 여성의 임무를 수행하고 싶었으리라.

가족과 고향을 떠나는 리브가가 어떤 심정이었는지는 성경에 자세히 나와 있지 않다. 그러나 리브가에게 가족들과 헤어지는 것이 얼마나 가슴 아픈 일이었을지는 충분히 짐작할 수 있다. 그녀는 모든 가족과 친지들에게 작별 인사를 하기 위해 집에 며칠 더 머무는 것이 고통스러웠다. 그리고 자신이 앞으로 가족들과 고향을 얼마나 그리워할 것인가에 대한 생각을 떨쳐내고 싶었다. 가족들은 그저 과거의 일부분으로 남겨둔 채 자신의 앞에 펼쳐진 미래에 대해서만 생각하고 싶었다. 리브가는 사라와 마찬가지로 호기심이 많고 겁이 없는 용감한 여성이었다. 그녀는 새로운 영역으로 발걸음을 내딛기를 열망하였다.

가나안으로 가는 긴 여정 동안 리브가는 이삭에 대한 온갖 상상을 했다. 눈을 감고 자신과 이삭의 첫 만남을 상상해 보았다. 내가 고향과 가족을 떠나 처음으로 안길 남자는 어떤 사람일까? 그는 나 같은 여자를 마음에 들어 할까? 과연 나를 연인이자, 자신의 아이를 낳아

줄 여인으로 삼고 싶어 할까? 아브라함의 시종이 생각하듯, 그도 나의 겸손함과 이방인을 배려할 줄 아는 친절함을 알아볼 수 있을까? 나에게서 만족감을 느낄 수 있을까?

당시의 사람들은 모두 중매결혼을 했다. 따라서 이삭과 리브가가 비록 한 번도 만난 적이 없다 하더라도 두 사람은 이미 가족들의 결정으로 부부가 된 것이었다. 둘 다 서로 비슷한 가정환경 아래서 성장했고, 가치관과 미래관도 비슷했다. 결혼을 먼저 하고, 그 다음에 사랑을 이룬다는 말은 현대인들이 '남녀 관계'를 이야기할 때 상상도 할 수 없는 개념일 것이다. 그러나 사랑의 감정을 느끼기도 전에 혹은 서로 만나기도 전에 이미 결혼이 결정되었다 해도 결혼 후에 얼마든지 서로를 열렬히 사랑할 수 있다. 결혼이라는 제도에서 가장 중요한 것을 신뢰와 안정이라고 여기는 사회에서 이혼이란 있을 수 없는 일이었기 때문이다. 결혼 생활에서의 만족감이란 오랫동안 서로를 믿고 의지하며, 전통과 관습을 지켜 나가는 과정을 거쳐 생겨난다. 부모와 조부모 그리고 다른 가족들과의 유대 관계를 통해 결혼 생활은 안정되고, 부부는 서로에 대해 만족한다.

그러나 오늘날은 어떠한가. 많은 부부들이 사랑의 열정이 사라진 후, 일상적인 문제를 대면함에 따라 결혼 생활에 회의를 느끼는 경우가 많다. 때로 현대인들은 부부 관계가 지속되는 데는 배려와 관심보다 '열렬한 사랑' 자체가 더 중요하다고 생각한다. 하지만 그렇게 뜨거운 사랑으로 맺은 수많은 결혼 서약들은 이혼율 증가라는 결과로 이어지고 있기에 중매결혼이 오히려 안정된 결혼 생활을 오래도록 지속하는 데 도움이 될 수 있다. 비록 이러한 결혼 방식이 현대인들에게는 생소하겠지만, 분명 장점도 있음을 인지해야 한다.

남녀 관계를 오랫동안 지속하기 위해서는 비슷한 가치관을 가져야 하며 믿음, 타협, 융통성 그리고 서로를 세심하게 배려하는 자세가 필요하다. 또한 배우자의 감정적 · 성적 요구를 만족시키고, 문제가 있을 때에는 솔직한 대화를 나누어 해결해야 한다. 배우자가 잘못을 저질렀을 때는 어떻게 복수할 것인가를 생각하기보다 동정심을 갖고 상대의 말에 귀 기울여야 한다. 또한 로맨틱한 환상이나 동화 속 이야기에만 빠져 있을 게 아니라 미래를 현실적으로 내다볼 줄 알아야 한다. 이 모든 것이 하루아침에 생겨나는 것은 아니다. 사랑에 빠졌다고 해서 모든 문제가 해결되지는 않으며, 중매결혼을 했다고 해서 당장 상대에 대한 배려심이나 존중심이 우러나는 것도 아니다. 부부 사이의 배려와 존중은 오랜 시간을 함께 지내는 동안 서서히 생겨나는 것이다.

어느 날 오후, 사막을 거닐던 이삭은 멀리서 낙타 한 무리가 다가오는 것을 보고는 그쪽을 향해 천천히 걸어갔다. 한편 리브가는 자신들 쪽으로 걸어오고 있는 이삭을 보았다. 그녀는 낙타에서 내려 시종에게 "들을 가로질러 우리 쪽으로 오는 저 남자는 누구입니까?" 하고 물었다. 그러자 시종은 저 사람은 바로 자신의 주인, 즉 리브가의 남편이 될 사람이라고 대답해 주었다.

리브가는 베일을 꺼내 공손하게 얼굴을 가렸다. 성경에는 이들의 만남이 자세하게 기록되어 있다. 그 종은 이삭에게 자기가 한 모든 일들을 이야기하였다. 한편 시종은 이미 가나안으로 오는 긴 여정 중 이삭과 그 가족들에 관한 이야기를 리브가에게 들려주었을 것이다. 자신이 얼마나 그 가족들과 가까운지, 그리고 그들을 얼마나 잘 알고 있는지 자랑스레 말했을 것이다. 그리고 젊은 리브가는 그 종의 이야기를 모두 믿었을 것이다. 따라서 이삭이 리브가를 자신의 어머니가 쓰던 천막으로 데리고 들어가 아내로 맞아들였을 때 그들은 이미 서로에 대해 어느 정도 알고 있는 상태였다. 이삭은 리브가를 아내로 맞이하면서 자신이 그토록 사랑했던 어머니에 대한 그리움을 조금은 덜어낼 수 있었다. 그렇게 이삭은 리브가를 사랑하게 되었고, 어머니를 여읜 뒤의 슬픔을 가시게 할 위안을 얻을 수 있었다.

이삭은 리브가를 사랑했다. 자신이 이렇게 아름답고 젊은 여성을 아내로 맞을 수 있다는 사실이 믿어지지 않았다. 이삭은 리브가에 비해 나이가 두 배 정도는 더 많았기 때문이다. 그럼에도 두 사람은 모든 연인들이 그렇듯 로맨틱한 감정과 행동을 나누며 행복한 시간을 보냈다.

리브가는 남편 이삭을 존경했다. 그는 항상 충실했고, 신뢰감을 주었으며, 난폭한 말이나 성급한 행동을 하지 않았다. 조용하고 침착한 이삭과 열정적인 성격의 리브가는 서로에게 잘 어울리는 배우자였다. 이런 두 사람의 이야기는 '그 후로 그들은 행복하게 살았습니다'로 끝날 수도 있었다. 그러나 성경은 따분한 사람들을 즐겁게 해주기 위한 동화가 아니다. 이 책은 결혼 생활을 하면서 직면하게

되는 여러 가지 현실적인 문제를 들려주며 우리를 항상 긴장시키고, 깨어 있게 한다. 아울러 주인공들의 미덕뿐만 아니라 결점 그리고 가족들의 흥망성쇠를 그대로 보여준다. 이처럼 이삭과 리브가의 신혼 시절의 이야기에는 미래에 직면할 문제와 시련이 담겨 있었다.

이삭은 오랫동안 결혼하기를 바래왔고, 리브가는 젊고 용감한 여성이었다. 이런 점을 고려한다면 이들의 성생활은 대단히 열정적이었을 것이다. 리브가는 자신이 어머니를 여읜 슬픔에 빠져 있는 이삭을 위로할 수 있다는 사실에 놀랐다. 그녀는 이삭과 함께 살면서 왜 아브라함이 아들을 그토록 늦게 결혼시켰는지 직감적으로 알게 되었다. 사라와 이삭의 관계가 너무나 가까워서 그 둘 사이에는 다른 여성이 끼어들 자리가 없었던 것이다. 아주 늦은 나이에 아들을 낳은 사라는 이삭을 유난스러울 정도로 보호했다. 하지만 이제 사라가 없으니 이삭의 마음속에 공허하게 비어 있던 자리를 리브가가 채워줄 수 있게 되었다. 그러나 사라의 역할까지 대신하기란 결코 쉬운 일이 아니었다.

이 신혼부부는 안락하고 일상적인 생활을 꾸려 나갔고, 서로에 대한 호기심과 사랑으로 행복한 시간을 보냈다. 둘의 성격이 너무도 달라 부딪치게 되는 현실적인 문제 또한 어렵지 않게 해결할 만큼 완벽한 조화를 이루었다. 이삭은 조그만 일에도 기뻐했고, 아내의 보살핌과 배려에 감사했다. 그는 조용하고 침착한 사람이었다. 다른 사람들과의 충돌을 피했고, 이웃 부족들과도 우호적인 관계를 유지하고 있었다. 또한 이삭은 미래를 내다볼 수 있는 능력도 있어서 기근이 올 것을 미리 대비하는 동시에 굶주린 사람들을 도왔다. 리브가는 이런 남편을 존경했다. 그는 땅에 씨를 뿌려 그 해의 수확을 백배나 올리는 성과도 거두었다.

성경에 나오는 모든 이스라엘 선조들 가운데 오로지 이삭만이 아브라함에게 신이 약속했던 땅을 향한 여정 길에 오르지 않았다.

"내가 너에게 일러주는 땅에 정착하거라. 그리고 그 땅에서 타향살이를 하여라. 내가 너와 함께 있으며 복을 내려주겠다. 내가 너와 네 후손들에게 이 모든 땅을 주고, 너의 아비에게 맹세했던 그것을 이루어 주겠다. 너의 후손을 하늘의 별처럼 불어나게 하고, 네 후손들에게 이 모든 땅을 줄 것이다."

이에 따라 이삭은 신이 말한 그 땅에 머물러 살며 신의 명령을 이행했다.

리브가는 아브라함과 사라의 굳은 믿음, 그리고 신과의 계약을 성실히 수행한 그들의 헌신적인 삶에 대해 자주 돌아보았다. 사라와 마찬가지로 그녀도 자신의 가족과 고향을 떠나왔다. 그녀의 꿈과 생각은 현실이 되었고, 자신의 신앙 안에서 영원한 동반자도 찾았다. 하나님의 말씀은 그들의 후손에 대대로 전해져야 했다. 리브가는 자신들의 가치관, 전통, 종족의 보존은 바로 이삭과 하나님에게 달려 있음을 이해하고 있었다.

리브가와 이삭은 일부일처제를 엄격하게 지켰다. 리브가와의 성 관계에 지극히 만족스러웠던 이삭은 점점 그녀에게 깊은 사랑을 느꼈다. 그러나 리브가에게는 남편과의 육체적 친밀함으로도 덮어지지 않는 실망감이 있었다. 그녀는 이삭과의 성격 차이로 인한 의사소통의 어려움을 느꼈고, 이 때문에 그에 대한 실망감은 계속해서 쌓여만 갔다. 성경에는 사라와 아브라함이 서로 대화하는 장면이 끊임없이 나오지만, 이삭과 리브가가 대화하는 장면은 거의 나와 있지 않다.

이삭과 리브가 사이에는 자식이 없었다. 불임 문제는 이들에게 고통스런 현실이 되어 잠을 잘 때도 이들은 서로 대화하기보다는 각자 신에게 간청했다. 이들은 불임 문제에 대해 서로 터놓고 대화를 나눈 적이 없었다. 하지만 리브가는 모든 갈등과 가족 문제로부터 이삭을 보호하려는 노력을 보였다. 그가 여러 가지 문제로 인해 정신적인 고통을 느끼지 않도록 불임을 포함한 모든 문제를 그녀 혼자서 떠안았던 것이다.

이삭은 신이 지정한 새로운 땅에서 종족을 위한 정착지를 개척한 현명한 지도자였다. 그러나 가정 내에서는 사정이 달랐다. 천성적으로 느긋했던 이삭은 강력한 리더십을 가족의 안정을 지키는 데에는 발휘하지 못했다. 이삭의 이러한 태도는 그의 어머니, 사라가 죽은 뒤에 생긴 공허감에서 비롯된 것인지도 모른다. 따라서 리브가는 그런 이삭을 대신해 모든 가정 문제에 앞장서야만 했다. 가족 문제와 신과의 계약을 지키기 위해 어려운 결정을 해야 했던 사람은 항상 리브가였다. 그녀는 결단력이 있는 여성이었고, 타고난 리더십으로 어려움을 해결해 나갔다. 리브가는 이삭이 그에게 부여된 운명을 성실히 따르도록 적극적으로 도왔고, 필요하다면 억지로 부추겨서라도 일을 처리하게끔 했다.

사라와 마찬가지로 리브가 역시 아이를 가지지 못했다. 결혼한 지 20년이 지나도록 아이가 생기지 않아 그녀는 고통스런 나날을 보내야 했다. 이삭은 실망감을 삭이며 애써 감추었고, 리브가도 그에 대한 고민을 겉으로 드러내지 않기 위해 노력했다. 현대를 사는 우리는 이제 불임의 원인이 남자에게도 있다는 사실을 잘 알고 있지만, 『창세기』가 쓰인 당시로서는 모든 불임의 책임이 여자에게 있었다.

세월이 흘러감에 따라 이삭은 리브가의 얼굴에서 예전과 같은 밝은 표정이 사라져 가고 있음을 깨달았다. 그녀의 얼굴에서는 미소가 퍼지다가도 이내 흩어져 버리곤 했다. 이삭 역시 마음이 편치 않았지만, 자신의 아버지처럼 아이를 갖기 위해 다른 여자를 취할 생각은 없었다. 당시의 남자들은 자신이 불임이 아니라는 사실을 증명하기 위해 다른 여자를 통해 자식을 낳는 풍습이 있었다. 그러나 이삭은 철저하게 일부일처제를 지켰다. 리브가는 이러한 이삭의 충실한 태도가 고마웠다. 그래서 남편의 다른 단점을 들춰내 그에게 불평을 쏟아내기보다는 그의 좋은 점만을 생각하기로 했다.

구약을 기록한 남성 작가들은 결혼과 관련된 이야기를 자세히 기술하지 않았다. 그저 아주 간단하고 짧은 표현으로 언급했을 뿐이다. 특히 리브가가 그녀의 결혼과 불임 문제에 대해 어떻게 생각하고 있었는지는 거의 기록하지 않았다. 이삭과 리브가는 민족의 미래에 대한 불안과 오랫동안 그들을 괴롭히는 불임 문제로 고민했지만 마땅한 해결책을 찾을 수 없었다. 두 사람은 같은 천막 안에서 함께 생활하고 있었지만 서로에 대한 친밀감을 잃은 지 오래였고, 불임으로 고통받는 서로를 위로할 방법 또한 알지 못했다.

우리는 이따금씩 남자와 여자가 서로 다른 세계의 언어로 말한다는 사실을 깨닫고는 한다. 여성은 결혼에 대한 감정적 부담감을 느끼지만 이런 개인적인 문제를 남자에게 어떻게 말해야 하는지, 그리고 어떻게 남자의 공감과 배려를 이끌어 낼 수 있는지를 알지 못한다. 우리는 리브가의 이야기를 통해 왜 그녀가 어려운 문제를 스스로 해결하려 했고, 신이 그녀에게 내린 계시의 내용을 혼자 지키려 했는지 알 수 있다.

이삭과 리브가는 서로를 배려하긴 했지만 둘 사이에 놓인 고통스런 주제에 대해서는 허심탄회하게 털어놓지 못했다. 대신 신에게 자신들의 문제를 상의했다. 이러한 상황이 지속됨에 따라 둘 사이에는 감정의 골이 깊어갔고, 부부 사이의 거리가 점차 벌어지기 시작했다.

이삭은 자신의 아버지 아브라함이 그랬던 것처럼 아내의 불임 문제를 놓고 신에게 간청했다. 그 결과 100세가 되어서야 자식을 본 아버지와 달리 이삭은 60세에 아이를 갖는 데 성공했다.

그런데 리브가의 임신으로 인해 또 다른 문제가 생겼다. 그녀는 자신의 배 안에서 아기들이 서로 부딪쳐 대는 걸 느낄 수 있었고, 이를 남편에게 표현하지도 못한 채 자신의 고통을 그만 끝내게 해달라고 신께 간절히 기도했다. 이때 그녀는 신에게 존재론적 질문을 한다. 그녀는 많은 유대인의 어머니 가운데서도 유독 철학적이고 내면적 성찰 능력이 뛰어난 여인이었다.

"저는 이 세상에 왜 존재하는 것입니까?"

리브가는 이렇게 물었고, 신은 그녀 안에서 일어나고 있는 '고통'의 의미를 알려주었다. 신의 대답을 들은 리브가의 신앙심은 더욱 견고해졌다.

> 너의 배 속에는 두 민족이 들어 있다.
> 두 겨레가 네 몸에서 나와 갈라지리라.
> 한 겨레가 다른 겨레보다 강하고
> 형이 동생을 섬기리라.

아이를 낳고 보니, 리브가의 배 속에는 쌍둥이가 들어 있었다. 그 쌍둥이 중 첫째는 살갗이 붉고 온몸이 털투성이라 이름을 에서Esau라 지었다. 이어서 나온 동생은 에서의 발꿈치를 붙잡고 있어 이름을 야곱Jacob이라 하였다. '에서'라는 이름은 히브리어로 '털북숭이' 혹은 '단정치 못한'이란 뜻이다. 야곱은 히브리어로 'Yaakov'라고 쓰며, 이는 '발꿈치'란 뜻이다. 성경에는 '에서는 장성하여 재주 좋은 사냥꾼, 즉 '야성적인 사나이'가 되었고, 야곱은 온순한 성품을 가진 청년으로 자라 천막에 살았다. 이삭은 사냥한 고기를 좋아하여 두 쌍둥이 중 특별히 에서를 친애하였고, 리브가는 야곱을 사랑하였다.'라고 적혀 있다.

쌍둥이들이 리브가의 배 속에서부터 서로 부딪친 것은 성인이 되어서도 사이가 나쁠 것임을 암시한다. 이들은 어머니의 배 속에서부터 자리다툼을 했고, 어린 시절부터 지나치게 독립적이고 고집이 셌다. 아마도 이삭과 리브가는 이들의 성격을 고치기 위해 엄청난 노력을 했을 것이다.

모든 인간은 선천적 성격과 후천적 성격을 갖고 있다. 심리학자들과 아동 발달 전문가들은 부모가 교육을 통해 아이들의 성격을 바꿀 수 있다고 주장한다. 아울러 친구, 문화 등도 아이들의 성격 발달에 영향을 준다. 그러나 아이의 유전적인 요소는 이들이 세상에 나아가기 전부터 이미 그 안에 존재했다. 한 인간의 독특한 성격은 이미 태어날 때부터 형성된다고 볼 수 있는 것이다.

리브가와 이삭의 쌍둥이는 타고난 성격 탓도 있겠지만 서로 세력 다툼을 하는 경향이 있었다. 성경의 저자는 이들의 행동과 심리를 잘 묘사하고 있다. 이는 현대의 심리학자들이 쌍둥이들 사이에서 일어나는 세력 경쟁을 묘사할 때 쓰는 표현과도 비슷하다. 현대의 학자들은 쌍둥이들이 태어난 순서가 성격 발달에 영향을 미친다고 주장한다. 야곱과 에서와 같이 거의 동시에 태어난 쌍둥이라 해도 이들 사이에는 우열 경쟁이 있기 마련이다.

부모가 쌍둥이를 아무리 평등하게 키우려고 해도 출생 순서에 따라 본의 아니게 형과 아우를 다르게 대우하곤 한다. 이런 점이 바로 후천적 성격 형성에 영향을 미친다. 물론 성장하면서 선천적 성격도 더욱 확실히 드러나게 된다. 형이 동생보다 더 독립적인 경향이 있고, 새로운 것을 가장 먼저 사용하며, 가정에서 특별한 대우를 받는다. 또한 다른 형제들보다 더 크게 성공할 것이라는 기대도 한 몸에 받는다. 반면 둘째로 태어난 아이는 형을 따라잡기 위해 노력하기 마련이다. 일반적으로 둘째들은 분석적이며 고집이 센 경향이 있다. 또한 모든 문제에서 '공정함'을 강조하고, 출생 순서 때문에 받게 되는 불평등과 부당한 대우에 반항하기도 한다. 아울러 부모와 가족들의 관심과 존중을 받기 위해 노력한다.

야곱과 에서는 이러한 경쟁 관계를 평생 지속했다. 이삭과 리브가는 그 뒤에서 각자 자신이 선호하는 아이를 선택함으로써 이들의 경쟁 심리를 더욱 부채질했다. 이는 쌍둥이를 가진 부모들이 흔히 저지르는 실수인 동시에 결정적인 실수이다.

「이삭은 에서가 사냥한 고기를 좋아하므로 그를 사랑하고, 리브가는 야곱을 사랑하였더라」

일부 비평가들은 리브가와 이삭의 결합을 긍정적으로 평가할지 모른다. 물론 이들의 결혼은 상호보완적이고도 이상적인 결합으로 시작되었다. 하지만 시간이 흐를수록 이들의 결혼 생활에는 금이 가고 있었다. 그럼에도 불구하고 리브가와 이삭은 끝까지 부부로 살아갔다. 서로의 기본적인 욕구, 즉 거주지, 음식, 생계 그리고 동반자 관계 등을 기반으로 안정적인 결혼 생활을 유지했던 것이다. 현대의 부부들 또한 고대의 이 부부가 겪었던 어려움과 같은 상황들과 맞닥뜨린다.

에서는 강하고 활달한 성격으로, 사냥을 즐겼다. 이삭은 자신과 반대의 성격을 갖고 있는 에서에게 애착을 느꼈다. 반면 야곱은 썩

씩한 모습으로 사냥에 나서고 모험을 즐기는 에서를 부러워했다. 아마 리브가가 얌전한 야곱을 지나치게 감싸고도느라 사냥 따위는 나가지도 못하게 했을 것이다. 반면 이삭은 정력적인 에서를 통해 자신의 형인 이스마엘의 모습을 보았을지도 모른다. 어릴 적 이삭은 용감한 사냥꾼인 이스마엘을 존경했다. 그러나 엄격한 어머니 때문에 이스마엘에 대한 부러움과 존경심을 드러내 표현하지도 못했고, 그를 따라 사냥에 나가지도 못했다.

반면 리브가는 상냥하고 친절한 야곱의 모습을 보면서 자랑스러움을 느꼈다. 한시도 가만히 있지 못하는 에서와 달리 얌전한 야곱은 리브가의 마음에 꼭 드는 아들이었다. 리브가는 집에서 야곱을 끌어안고 신과의 계약을 이행할 수 있도록 교육시켰다. 그녀는 야곱이 에서보다 훨씬 더 속이 깊고, 성스러운 이들 가족의 책임과 의무와 권리를 지켜 나가는 데 관심이 많다는 사실을 알고 있었다.

리브가와 이삭은 사이가 좋지 않은 부부들이 공통적으로 갖고 있는 문제를 그대로 보여준다. 그들은 아이를 키우는 방식에 서로 협조적이지 않았다. 부부와 자녀들과의 관계는 그 부부 사이의 관계를 그대로 반영한다. 리브가와 이삭은 아이를 자기 나름의 방식으로 키우며 부부 관계에서 느꼈던 공허감을 채우려 했다. 리브가는 야곱에게, 이삭은 에서에게 의지했고, 이처럼 이들은 각자가 선호하는 아이를 통해 대리만족을 느꼈다. 그러니 쌍둥이들이 이러한 부모 사이에서 얼마나 심적인 부담감을 느꼈을지 짐작할 수 있다.

리브가와 이삭은 결혼 생활을 하면서 서로에게 느끼지 못했던 애정을 아이들을 통해 찾고자 했다. 아이들은 '착한 아들'이 되어서 부모를 기쁘게 해야 했다. 그러나 이렇게 부모가 어느 특정 자식에게만 애정을 쏟는 것은 결국 갈등의 원인이 된다. 한 자식을 편애하면 다른 자식에 대해서는 죄책감을 느끼기 마련이다. 또 자녀들의 입장에서도 자신을 소홀히 대하는 부모가 실망스러울 수밖에 없다. 이것은 나아가 부부 사이의 갈등마저 초래한다. 건전하고 이상적인 부부 관계를 유지하기 위해 노력하기보다는 아이의 삶과 미래를 위해 모든 에너지를 쏟아 붓는 사이, 부부 관계는 점점 악화되는 것이다.

야곱은 자라면서 아버지에게 인정받기를 원했다. 성숙한 남자에게 필요한 감정적 지지와 충고를 어머니에게서는 충분히 얻을 수 없었기 때문이다. 어린 아들에게는 어머니의 도움과 보살핌이 절대적으로 필요하지만, 사춘기에 접어든 아들에게는 어머니의 절대적인 사랑이 부담이 될 수도 있다. 또한 독립심을 형성해야 할 사춘기의 아들에게는 어머니보다는 아버지가 필요하다. 야곱은 아버지에게 인정받기를 원했고, 아버지의 든든한 후원을 갈망했다.

야곱과 에서는 집안에서 자신의 위치를 지키기 위해 끊임없이 노력했다. 야곱은 출생 순서 때문에 자신의 책임과 권리가 에서와는 다르다는 사실을 깨달았다. 에서는 장남으로서의 특권을 누렸지만 사고방식이 워낙 자유로웠던 탓에 장남으로서의 권리에 대해 심각하게 생각하지 않았다. 그럼에도 그는 장남인 동시에 아버지의 사랑을 한 몸에 받아 항상 자신감이 넘쳤다. 반면 야곱은 자신은 모든 일에서 두 번째로 밀려나야 한다는 사실 때문에 아버지에게 불만을 품었다. 형 에서가 갖고 태어난 그 모든 특권과 권리는 야곱에겐 이룰 수 없는 꿈과도 같은 것이었다.

성경에 기록된 에서와 야곱의 최초 갈등은 한 편의 짧은 동화와도 같다.

「야곱이 죽을 쑤었더니 에서가 들에서 돌아와 심히 피곤하여 야곱에게 이르되 내가 피곤하니 그 붉은 것을 내가 먹게 하라, 한지라. 그러므로 에서의 별명은 에돔이더라. 야곱이 이르되 형의 장자의 명분을 오늘 내게 팔라. 에서가 이르되 내가 죽게 되었으니 이 장자의 명분이 내게 무엇이 유익하리오. 야곱이 이르되 오늘 내게 맹세하라. 에서가 맹세하고 장자의 명분을 야곱에게 판지라 야곱이 떡과 팥죽을 에서에게 주매 에서가 먹으며 마시고 일어나 갔으니 에서가 장자의 명분을 가볍게 여김이었더라」

이 짧은 이야기는 두 형제의 성격과 기질이 얼마나 다른지 보여준다. 유대인들의 조상인 에서와 야곱 역시 이삭과 이스마엘처럼 협조적이고 상호보완적인 관계를 맺었다고 보기는 힘들다. 성경은 이 둘 모두가 성격적 결함이 있었음을 분명히 보여준다. 에서는 충동적이고 경솔했으며, 야곱은 겁이 많고 불안정했다.

그날, 사냥을 마친 에서는 피곤한 몸을 이끌고 귀가했고, 때마침 야곱이 만들고 있던 맛있는 콩죽 냄새가 그의 식욕을 자극했던 것이다. 결국 에서는 그 '붉은 죽'을 너무도 먹고 싶은 마음에 충동적으로 장남으로서의 권리를 죽 한 그릇과 바꾸어 버리고 말았다.

이 이야기를 통해서 우리는 야곱이 그의 어머니 리브가처럼 상황을 빨리 파악하고, 자신에게 다가온 기회를 잡아 바로 행동으로 옮기는 타입임을 알 수 있다. 아마도 야곱은 형인 에서의 건강한 신체와 뛰어난 사냥 기술을 부러워했을지도 모른다. 무엇보다도 쌍둥이 형이 아버지의 사랑을 독차지하여 그와 가깝게 지낸다는 사실이 너무도 부러웠을 것이다. 그래서 리브가에게 배웠던 것처럼 인내심을 발휘해 자신에게 유리한 상황으로 재치 있게 바꾸었다.

우리는 이 이야기를 통해서 야곱의 미래를 대비하는 능력, 자기 자신을 통제하고 기회가 다가왔을 때 민첩하게 부여잡는 지도자로서의 자질을 엿볼 수 있다. 반대로 에서는 성급했다. 그저 순간의 만족을 위해 섣불리 어리석은 선택을 하고 말았다. 에서가 맏아들로서의 권리를 대수롭지 않게 여겼다는 성경의 표현은 그가 대대로 내려오는 가족의 성스러운 책임과 의무를 심각하게 생각하지 않았을 뿐더러 이를 성실히 수행할 준비도 되어 있지 않았음을 말해 준다. '죽'은 한순간의 즐거움을 의미하고, '맏아들로서의 권리'는 신앙과 성실함이 요구되는 미래를 상징한다.

에서는 자신의 성격과 능력의 한계를 잘 알고 있었다. 따라서 미래에 자신에게 부과될 지도자로서의 책임감을 떠맡고 싶지 않았다. 맏아들로서의 의무감에서 벗어나게 된 에서는 뒤에서 몰래 안도의 한숨을 내쉬었을지도 모르는 일이다.

아들들이 장성하자, 리브가와 이삭은 고민에 빠졌다. 아들 중 한 명만이 족장의 자리에 오를 수 있기 때문이었다. 그러나 리브가와 이삭은 이 문제에 대해 함께 의논하지 않았다. 가정이 분열되면서부터 집안에 어떤 문제가 생기면 이들 부부는 각자 고민할 뿐이었다. 하지만 가족들 간의 믿음에 금이 간다고 해도 생활은 계속되고, 가족 간의 유대 또한 어떻게든 지속되기 마련이다.

이들의 갈등은 에서의 결혼 문제로 또다시 불거져 나왔다. 이삭의 부족은 이웃에 있는 두 부족과 우물을 사이에 두고 갈등하고 있었는데, 이삭이 강력한 이들 부족과 맞서 분쟁을 일으키지 않고 평화롭게 문제를 해결했다. 우물을 사이에 두고 주위의 부족들과 갈등을 겪은 것은 하루 이틀의 문제가 아니었다. 이는 이삭의 아버지인 아브라함이 족장으로 있던 시절부터 계속되어 온 문제였다. 사막에서 물(우물)이란 종족의 생존과 깊은 연관을 맺고 있는 아주 중대한 것이었다.

성경에 따르면 에서는 40세가 되었을 때 헷Hittite 출신의 두 여인과 혼인했는데, 이 두 여인이 이삭과 리브가에게는 근심거리였다고 한다. 에서의 두 아내가 왜 이삭 내외에게 근심을 주었는지는 자세히 기술되어 있지 않지만, 그 이유는 충분히 짐작할 수 있다.

아브라함은 일찍이 자신의 후손은 메소포타미아에 있는 같은 종족 사람과 결혼을 해야 한다고 이른 바 있다. 또한 아들 이삭이 가나안의 헷 여인과는 절대로 혼인하지 말아야 한다고도 못 박았었다. 그러므로 이삭에게는, 특히 리브가에게는 에서가 우상을 섬기는 부족의 여인과 결혼했다는 것이 신에 대한 복종심이 부족한 증거로 보였던 것이다. 이는 에서가 신과 아브라함 그리고 사라가 맺은 계약을 이행할 마음이 없는 것이라고밖에 달리 생각할 수 없었다. 비록 에서가 자신의 의도를 분명하게 밝히지는 않았지만, 우상을 섬기는 종족의 여인들과 결혼한 것은 확실히 신을 거부하는 행위라고 볼 수 있다. 다른 부족 출신인 에서의 아내는 에서의 조상들이 걸어왔던 길과 생활 방식을 따를 생각이 없어 보였다. 더욱이 종교적으로 에서를 타락하게 만들 위험이 있었다. 만약 에서가 이삭의 후계자가 된다면, 그리고 신앙을 굳건히 지키지 않는다면 모든 종족과 나라는 사라질 운명에 처할 것이었다.

성경에는 에서의 혼인에 대한 설명이 간단하게 나온 후, 마치 연극의 한 장면처럼 가족 간의 갈등을 극적으로 그려내고 있다. 이 내용은 예전 아브라함과 사라가 겪었던 두 종족 간의 긴장된 순간을 연상시킨다.

노쇠한 이삭은 나날이 시력을 잃어가고 있었다. 어느 날 이삭은 첫째 아들 에서를 불러 이렇게 말했다.

"네가 보다시피 나는 이제 늙어서 언제 죽을지 모르겠구나. 그러니 이제 사냥할 때 쓰는 화살통과 활을 메고 들로 나가 나를 위해 사냥을 해 오너라. 그런 다음 내가 좋아하는 대로 별미를 만들어 가져오너라. 그것을 먹고, 내가 죽기 전에 너에게 축복을 내리겠다."

리브가는 이때 이삭이 에서에게 하는 말을 몰래 엿들었다. 절호의 기회를 포착하는 데 민첩한 리브가는 역시 이 순간을 놓치지 않았다. 에서가 사냥을 떠나자 리브가는 야곱을 불러 이렇게 일렀다.

"애야, 너의 아버지가 네 형에게 사냥한 고기를 가져다 별미를 만들라고 하시더구나. 그러면 네 아버지는 그것을 드시고 당신이 죽기 전 주님 앞에서 네 형을 축복하겠다고 하셨다. 그러니 아들아, 너는 내가 시키는 대로 하여라. 가축들이 있는 곳으로 가 좋은 새끼 염소 두 마리를 끌고 오너라. 내가 그것을 가지고 네 아버지가 좋아하는 별미를 만들어 줄 터이니, 너는 그것을 아버지께 가져다 드리거라. 그러면 아버지가 그것을 잡수시고, 돌아가시기 전에 너 또한 축복해 주실 것이다."

처음에 야곱은 어머니의 말을 거역하고자 했다.

"형은 몸에 털이 많은 사람이고, 저는 살갗이 매끈한 사람입니다. 혹시나 아버지께서 그 사실을 아신다면 제가 아버지를 속이는 줄로 아시어 노여워하실 것이고, 저는 축복은커녕 저주를 받게 될 겁니다."

그러나 리브가는 자신의 뜻을 굽히지 않고 단호한 어조로 야곱을 설득했다.

"아들아, 네가 받을 저주는 내가 받으마. 너는 그저 내 말을 듣고, 가서 짐승이나 끌고 오너라."

리브가는 에서가 받을 축복을 야곱이 대신 받아야 한다고 계속해서 말했다. 이삭이 에서에게 축복을 내리는 모습을 구경만 하고 있을 수는 없었다. 어떻게 해서든지 자신의 뜻대로, 자신의 계획대로 야곱이 축복을 받게 해야 한다는 생각에 사로잡혔다. 출생 순서와 상관없이, 자신이 사랑하는 아들 야곱이 종족의 지도자가 될 수 있는 이 절호의 기회를 놓칠 수는 없었다. 리브가가 판단하건대 에서

보다는 야곱이야말로 가족의 대업을 이어갈 최적의 인물이었다. 그녀는 당시의 모든 여자들이 그랬던 것처럼 전통적인 사회 구조와 가부장적 권위 아래서 종속적으로 살아가야 했다. 그럼에도 불구하고 그녀는 야곱을 맹목적으로 사랑했기에 자신이 할 수 있는 모든 능력을 이용해 야곱이 종족을 이끌고 새로운 나라와 미래를 이끌어 갈 지도자가 될 수 있도록 해야 한다고 생각했다.

아버지에게서 축복을 받음으로써 자신의 운명을 바꾸고, 형보다 더 우월한 사람이 될 수 있을 것이라는 열망을 갖고 있던 야곱이었지만 어머니의 말을 따르기란 여간 고민스러운 일이 아니었다. 야곱은 아버지를 속이기도 싫었고, 어머니의 명령을 무시할 수도 없었다. 만약 아버지가 자신의 속임수를 눈치 채기라도 한다면 축복은 한순간 저주로 바뀔 수도 있을 터였다.

그러나 리브가는 한시도 지체할 수 없었다. 사랑하는 아들 야곱이 종족의 지도자가 될 수 있는 좋은 기회가 다가왔기 때문이다. 야곱이 이삭의 후계자가 된다면 신이 이삭에게 내려준 권리와 의무도 자동적으로 그에게 상속될 것이었다. 야곱이 계속 주저하자 리브가는 그를 재촉했다.

"아들아, 네가 받을 저주는 내가 대신 받을 것이니라. 그러니 어서 내 말대로 하거라."

야곱을 설득하는 리브가의 목소리는 더할 수 없이 간절했다. 이렇게 아들을 설득함으로써 리브가는 야곱이 아버지를 속이는 모든 벌과 책임을 자신이 질 것임을 선언했다.

야곱은 어머니를 실망시키고 싶지도 않았고, 어머니의 소원을 모른 척할 만큼 배짱이 두둑한 사람도 아니었다. 결국 야곱은 염소 새끼를 끌고 어머니에게로 갔다. 리브가는 서둘러 이 염소를 잡아다 이삭이 좋아하는 음식을 만들었다. 야곱이 그 음식을 들고 가서 아버지를 부르자 이삭이 "나 여기 있다. 아들아, 너는 누구냐?" 하고 물었다. 그러자 야곱이 대답했다.

"저는 아버지의 맏아들 에서입니다. 아버지께서 저에게 이르신 대로 하였습니다. 그러니 일어나 앉으셔서 제가 사냥한 고기를 잡수시고, 저에게 축복을 내려주십시오."

"어찌 이리도 빨리 사냥을 했느냐."

이삭이 의아해 하며 묻자 야곱은 이렇게 대답한다.

"아버지의 하나님이신 주님께서 모든 일이 순조롭게 해주셨습니다."

이삭은 의심스러웠는지 야곱에게 가까이 오라고 말한 후, 그의 몸을 만져보았다. 그리고는 의미심장한 말을 던진다.

"목소리는 야곱의 목소리인데, 손은 에서의 손이로구나."

이삭이 이때 만진 것은 야곱의 손이 아니라 염소 새끼의 가죽이었다. 살결이 매끈한 야곱의 손을 털이 많은 에서의 손처럼 꾸미기 위해 리브가는 염소 가죽을 사용했던 것이다.

마지막으로 이삭이 야곱에게 물었다.

"네가 정말 내 아들 에서가 맞느냐?"

그러자 야곱은 "예, 그렇습니다." 하고 대답했다. 마침내 이삭은 야곱에게 축복을 내리겠다고 말한다.

"그것을 이리 가져오너라. 내 아들이 사냥한 고기를 먹고 나서, 너에게 축복을 내려주겠다."

이삭은 음식을 다 먹은 다음, 야곱이 가져온 포도주까지 마신 후 이렇게 말했다.

"내 아들아, 가까이 와서 입을 맞춰다오."

그는 눈이 너무 어두워 앞을 잘 볼 수 없었지만, 눈이 어두운 만큼 다른 감각들은 더욱 예민해져 있었다. 이삭은 리브가가 분장한 야곱의 손 냄새를 맡아보고 그가 에서임을 확인했다. 비록 귀에 들리는 아들의 목소리는 의심스러웠지만, 손은 에서의 것이 틀림없었다.

이것으로 이삭은 그가 에서라고 믿는 듯했으나 다시 똑같은 물음을 되풀이했다.

"네가 정말로 내 아들 에서이냐?"

야곱이 그렇다고 대답하자 이삭은 마지막으로 야곱을 가까이 끌어안고 그의 체취를 맡아보았다. 그에게서는 에서의 냄새가 났다. 어머니 리브가가 야곱에게 에서의 옷을 입혔던 것이다. 모든 의심이 사라지자, 이삭은 그에게 드디어 축복을 내렸다.

이삭은 축복을 내리기 전까지 야곱에게 '정말로 에서가 맞는지' 에 대한 세 번의 대답을 요구했고, 야곱은 아버지에게 세 번의 거짓말을 했다. 결국 이삭이 야곱의 거짓말에 속은 듯했지만, 한 가지 이상한 점이 있었다. 곁에 있는 아들을 부르면서 '에서'라는 이름을 계속해서 부르지 않았다는 점이다.

"내 아들이 사냥한 고기를 먹어보자."

"내 아들아, 나에게 입을 맞춰다오."

"내 아들의 냄새는 들의 냄새 같구나."

이처럼 이삭이 '에서'라고 말하지 않고 '아들아'라고 부르는 장면은 그가 후계자를 선택하는 데 이미 다른 의도가 있었음을 짐작케 하는 대목이다. 이삭이 축복을 내린 대상은 장남으로 변장한 둘째 아들 야곱이었고, 이삭은 이 사실을 이미 눈치 채고 있었는지도 모른다. 혹은 이 모든 일을 미리 내다보았을지도 모른다.

이삭은 자신의 앞에서 스스로를 에서라고 칭하는 사람이 야곱이 아닐까 의심했을 것이다. 그래서 그가 정말 에서인지 여러 번 물었지만 결국 확신할 수는 없었다. 모든 정황으로 판단하건대, 이삭은 야곱이 자신을 속이고 있다는 사실을 이미 눈치 챘던 것 같다. 그러나 그는 예정된 모든 일을 진행했다. 어쩌면 에서가 아브라함이 남긴 가업을 수행할 만큼 지도자로서의 역량이 충분치 않다는 사실을 잘 알고 있었기 때문일지도 모른다.

이삭이 야곱에게 내린 축복은 그를 미래의 지도자로서 인정하는 것이었고, 적들을 이길 수 있는 힘, 풍족한 음식과 포도주를 기원하는 내용이었다.

하나님께서는 너에게
하늘의 이슬을 내려주시리라.
땅을 기름지게 하시며

곡식과 술을 풍성하게 해주시리라.

뭇 민족이 너를 섬기고

뭇 겨레가 네 앞에 무릎을 꿇으리라.

너는 네 형제들의 지배자가 되고

네 어머니의 자식들은 네 앞에 무릎을 꿇으리라.

너를 저주하는 자는 저주를 받고

너를 축복하는 자는 복을 받으리라.

야곱이 이삭의 축복을 받고 나서 물러나자마자, 그의 형 에서가 사냥에서 돌아왔다. 에서도 별미를 만들어 아버지에게 들고 와서는 이렇게 청했다.

"아버지, 일어나셔서 아들이 사냥해 온 고기를 잡수시고, 저에게 축복을 내려주십시오."

이에 이삭이 "너는 누구냐?" 하고 물으니, 그가 "저는 아버지의 아들, 아버지의 맏아들, 에서입니다."라고 대답했다. 그러자 이삭이 깜짝 놀라 말했다.

"그렇다면 사냥을 해서 나에게 고기를 가져온 자는 누구란 말이냐? 네가 오기 전에 나는 이미 그것을 다 먹고, 그를 축복해 주었다. 그러니 그가 복을 받을 것이다."

에서는 아버지의 말을 듣고 비통한 목소리로 크게 울부짖으며 말했다.

"아버지, 저에게, 저에게도 축복을 내려주십시오!"

그러나 이삭은 야곱이 네가 받을 축복을 가로챘다고 말할 뿐이었다. 에서는 원통했다.

"이것으로 저를 두 번이나 속였으니, 야곱이라는 그 녀석의 이름은 제 놈에게 딱 맞지 않습니까? 지난번에는 맏아들의 권리를 가로채더니, 보십시오, 이번에는 제가 받을 축복까지 가로챘습니다."

이어 에서가 물었다.

"저를 위해선 축복을 남겨두지 않으셨습니까?"

"얘야, 나는 그를 너의 지배자로 세웠고, 그의 모든 형제들을 그에게 종으로 주었으며, 곡식과 술을 그에게 마련해 주었다. 그러니 아들아, 내가 너에게 무엇을 해줄 수 있겠느냐."

"아버지, 아버지께는 축복이 하나밖에 없다는 말씀입니까? 아버지, 저에게, 저에게도 축복을 내려주십시오."

에서는 결국 목 놓아 울었다. 큰아들의 울음소리를 듣는 이삭의 마음은 부서질 듯 아팠으리라. 에서를 향한 깊은 부성애를 느끼며 이삭이 말했다.

"네가 살 곳은 기름진 땅에서, 저 위 하늘의 이슬에서 멀리 떨어져 있으리라. 너는 칼을 의지하고 살며 네 아우를 섬기리라. 그러나 네가 뿌리칠 때, 네 목에서 그의 멍에를 떨쳐버릴 수 있으리라."

이리하여 리브가의 계획대로 야곱은 이삭으로부터 축복을 받는 데 성공했다. 야곱은 이제 아브라함의 유산을 물려받을 것이었다. 리브가는 아브라함을 설득해 형 이스마엘을 쫓아냈던 사라의 모습을 그대로 닮아 있다. 사라는 자신의 유일한 아들인 이삭을 강력한

지도자의 자리에 앉히는 데 성공하였지만, 리브가에게는 자신의 아들 중 남편의 후계자를 선택하는 일은 결코 쉽지 않았다. 사라는 아들의 배다른 형을 내쫓은 것이지만, 리브가는 자신의 또 다른 친아들을 상대로 경쟁했기 때문이다.

이삭은 이스라엘 민족의 선조로서의 역할을 모두 야곱에게 물려주었다. 그러나 자신이 후계자로 생각했던 맏아들 에서에게는 지도자로서의 축복을 내리기를 거부했다. 현대의 변호사들이라면 이삭이 야곱에게 내린 축복을 '사기'라고 주장하며, 이 같은 약속은 무효라고 변론할지도 모른다. 리브가와 야곱이 이삭을 고의로 속였기 때문이다. 그러나 4천 년 전의 유목민 부족에게 있어 신의 이름으로 받은 축복을 취소한다는 건 상상할 수 없는 일이었다. 이삭은 야곱에게 축복을 내리면서 신의 이름을 불렀기에 돌이킬 수 없었다.

이 고대의 의식은 '이삭이 야곱의 몸을 만졌다'는 행위로 더욱 강한 효력을 발휘했다. 이삭은 에서에게 축복을 내린다고 생각했지만, 야곱이 축복을 거행하는 자리에 있었다는 사실은 이삭이 생각했던 것보다 더 큰 의미가 있었다. 이삭이 야곱에게 축복을 내릴 때 몸을 구부리고 있는 그의 머리 위에 손을 얹었을 것이다. 이러한 행위를 통해 야곱은 이삭의 축복을 온몸으로 받아들였다. 이 시대의 법률에 따르면, 이러한 축복 의식은 문서가 아닌 '말'로써 이루어졌다. 그러나 그 어떤 형식의 의식보다 더 강한 효력을 갖는다.

리브가는 결혼 생활 내내 이삭을 보호하는 태도로 일관했다. 어려운 가족 문제나 감정적 번민 탓으로 이삭이 고통받는 일이 없도록 노력했다. 이삭은 작물과 가축을 돌보는 일에 뛰어난 능력을 보였고, 이웃 부족과의 어려운 문제도 평화적으로 해결하는 수완이 있었다. 가족의 안정과 번성을 위해서도 노력했다. 이삭은 전통적인 아버지, 지도자의 역할을 성공적으로 수행했다. 그는 한 지역에 정착하면서 아브라함이 이끌던 1세대와 야곱이 이끌어 나갈 3세대를 성공적으로 연결시켰다. 그러나 천막 안의 모든 일들은 전적으로 리브가에게 달려 있었다. 성경에 나오는 여성들은 신의 계약을 지켜 나가는 남자들에게는 없어서는 안 될 절대적인 동반자였다. 이브와 아담의 이야기가 암시하듯, '갈비뼈'가 없으면 가족의 '구조'는 무너진다.

그렇다면 과연 이삭은 리브가와 야곱에게 속았던 것일까? 아니면 일부러 이 공모에 모른 척 가담했던 걸까? 아마도 그는 리브가의 계획에 아무것도 모르는 척 은밀히 공모했던 것일지도 모른다. 자신이 직접 야곱을 후계자로 지목한다면 에서는 야곱을 시기하고 그를 해칠지도 모르는 일이었다. 이삭은 자신이 유독 사랑하는 큰아들, 에서보다는 야곱이 민족의 지도자로서의 역할을 더 잘 수행할 수 있으리라는 사실을 알고 있었다. 따라서 자신이 '에서'가 아닌 '야곱'에게 축복을 내렸다는 사실을 몰랐다고 맏아들이 믿게 함으로써 어려운 문제를 해결하려 했을지도 모른다.

상속권을 빼앗긴 에서는 분노에 떨며 아우 야곱을 죽여버리겠다고 결심한다. 이 사실을 눈치 챈 리브가는 다시 야곱을 구해 낼 계획을 궁리한 후 이렇게 말했다.

"애야, 네 형이 너를 죽여 원한을 풀려 한다. 그러니 아들아, 내 말을 듣고 하란에 있는 너의 외삼촌, 라반에게로 가 있거라. 네 형의 분이 풀릴 때까지 그분 집에 머물도록 해라. 형이 분을 풀고 네가 한 일을 잊을 때까지만 그곳에 숨어 있는 것이니라. 그 후에 내가 사람을 보내어 너를 그곳에서 데려오겠다."

리브가는 결혼을 하며 떠나온 자신의 집을 떠올렸다. 그녀는 집을 떠나온 후 줄곧 가족들에 대해 모두 잊고 살았지만, 지금은 어머니의 사랑이 그 어느 때보다도 필요한 순간이었다.

리브가는 야곱에게 이렇게 말한 후 남편 이삭에게로 갔다. 후계자를 지목하는 문제에서도 남편을 보호하려 했던 리브가는 에서가 동생 야곱을 죽이려 한다는 말도 그에게 하지 않았다. 야곱을 왜 그녀의 고향으로 보내려 하는지, 그 진짜 이유를 밝히지 않았던 것이다. 대신 리브가는 야곱을 밧단아람Paddan-aram에 있는 친정아버지 브두엘의 집으로 보내 그곳에서 야곱의 아내를 찾게 하겠다고 말했다. 이삭은 에서가 저질렀던 실수를 그의 다른 아들이 되풀이하게 하지 않겠다고 마음먹고 있었다. 에서는 이교도 여인과 결혼함으로써 가족의 혈통을 희석시켜 이삭을 실망시켰기 때문이었다.

리브가는 이삭에게 "저는 헷 여자들 때문에 살기가 싫어졌어요. 만일 야곱마저 이 땅에 사는 저런 헷 여자들 가운데에서 아내를 맞아들인다면, 제가 어찌 살겠습니까?"라고 말하며 울부짖었다. 리브가는 정신적으로 산란한 상태였다. 그녀 자신이 주체가 되어 맏아들이 상속받지 못하게 하는 계략을 꾸몄고, 그로 인해 한 아들이 다른 아들을 죽이려 하고 있었던 것이다. 또한 맏아들은 헷 여인과 결혼하여 신과의 계약을 어겼다. 그녀는 새롭게 후계자로 지목된 아들이 자신들의 가족과 유대 관계도 없고 같은 신앙을 갖지도 않은 여자와 결혼할까 두려웠다.

이삭은 곧 야곱을 라반으로 보내기로 했다. 그는 자신의 둘째 아들 야곱에게 신이 아브라함에게 했던 말을 되풀이했다.

"너는 가나안 여자들 가운데에서 아내를 맞아들이지 마라. 일어나 밧단아람에 있는 네 외할아버지 댁으로 가 그곳에 있는 너의 외숙, 라반의 딸들 가운데서 아내를 맞아들여라. 전능하신 하나님께서 너에게 복을 내리시어 네가 자식을 낳아 번성하게 하시며, 네가 민족들의 무리가 되게 해주실 것이다. 그분께서 아브라함에게 주신 복을 너와 네 후손에게 내리시어 네가 타향살이 하는 이 땅, 곧 하나님께서 아브라함에게 주신 이 땅을 네가 차지하게 될 것이다."

앞으로의 상황으로 말미암아 야곱은 후계자로서의 책임을 한동안 내려놓을 수 있었다. 그러나 이삭이 '아브라함'의 이름을 언급한 것은 야곱이 자신의 후계자일 뿐만 아니라 아브라함의 후계자임을 인정하는 것이었다. 이로써 끊어지지 않는 가족 간의 연결 고리가 완성되었다.

리브가는 성스러운 가족이 지속적으로 번영할 수 있도록 노력했다. 만약 에서가 야곱을 죽인다면, 이는 견딜 수 없는 비극일 뿐만 아니라 아브라함의 신념과 믿음도 완성되지 못한 채 끝나버리게 되는 위험에 처할 수 있었다.

리브가는 야곱을 떠나보내면서 가슴이 찢어지는 듯한 아픔을 느꼈지만, 이별은 잠시 동안이라며 야곱과 스스로를 애써 다독였다. 그러나 마음속으로는 사랑하는 아들을 두 번 다시 볼 수 없을지도 모른다는 두려움에 휩싸여 있었다. 그녀가 결혼을 하며 집을 떠나온 이후 자신의 가족들을 단 한 번도 볼 수 없었던 것처럼 말이다. 그러나 이내 야곱이 형의 손에 죽는 것을 보느니 차라리 이별을 하는 편이 낫다고 생각하며 마음을 다잡았다.

사실, 리브가는 야곱 못지않게 에서 또한 무척 사랑했다. 비록 맏아들의 생활 방식이나 그의 결정이 못마땅하긴 했지만, 어쨌든 에서도 자신의 배로 낳은 아들이지 않은가. 야곱에게 빨리 떠나라고 재촉하는 리브가의 말 속에서 그녀의 고뇌를 그대로 느낄 수 있다.

"너희 둘 모두를 한꺼번에 잃지 않게 해다오!"

지금까지 에서는 이 모든 일이 야곱의 계략이라고 생각하며 그에게 분노를 느끼고 있었다. 하지만 곧 어머니 리브가도 이 일에 연루되어 있다는 사실을 알게 될 것이었다. 그렇게 된다면 에서의 분노와 원망은 어머니에게도 쏟아질 것이 뻔했다. 리브가는 의지할 곳이 없었다. 남편 이삭은 이미 너무 나이가 들어 몸이 쇠약했고, 둘째 아들은 멀리 떠났으며, 맏아들은 이교도 문화에 푹 빠져 있었다. 리브가의 외로움은 깊어져만 갔다.

성경에 등장하는 여인들 가운데 처녀 시절의 모습이 기록되어 있는 사람은 리브가뿐이다. 리브가의 이야기는 인간이 도덕적이고 자유로운 결정력을 갖고 있다는 사실을 보여준다. 신이 자신의 형상대로 인간을 창조했을 때, 그는 인간에게 자유의지를 불어넣었고, 인간이 이 자유의지로 무엇인가를 결정할 때에는 책임감과 불안감이 동반한다. 우리는 우리의 결정에 대한 책임을 져야 하고, 자신이 내린 결정의 옳고 그름과 상관없이 그에 따른 고통을 감수해야 한다.

어떤 이들은 리브가가 속임수를 썼다는 점을 비난할지도 모른다. 그러나 리브가는 남편 이삭에게서 지도자로서의 결점을 발견했다. 그는 종족을 이끄는 일에는 탁월한 능력을 보였지만, 가정을 이끌어가는 면에서는 부족한 점이 많았다. 리브가는 이러한 남편의 결점을 자신의 능력으로 보완했다. 그녀는 어떠한 제도적인 권력이나 결정 권한을 갖고 있지 않았기에 나서서 자신의 의견을 피력할 수 없었다. 그렇기에 남편의 그늘 아래서 때로는 교활해 보이기까지 한 책략을 써야 했다. 그녀는 종족의 미래를 위해 결정을 하고, 그 결정에 대한 책임을 감수하겠다고 마음먹었지만, 자신의 결정을 실행할 권한이 없었다.

또한 수년 동안 리브가와 이삭은 가족 문제에 대해 서로 논의하지 않았을 뿐 아니라 남편이 에서를 편애한다는 것을 리브가는 너무도 분명히 느꼈다. 따라서 그녀는 자신의 결정과 선택을 현실화하기 위해 책략을 쓸 수밖에 없었다. 이삭은 늙어서 시력을 잃어가고 있었고, 미래보다는 현재의 문제에 더 관심을 쏟고 있었다. 그 순간에도 리브가는 언제나 종족과 가족의 미래를 생각했지만, 이러한 문제를 같이 상의할 사람이 없었다. 이는 이들 가족이 신과의 계약을 이행할 수 없는 지경에 이르렀음을 보여준다.

문제의 옳고 그름이 확실한 상황에서는 결정을 내리기가 쉽다. 그러나 그 결정이 앞으로 어떠한 결과를 불러올지 모르는 상황에서 결단을 내리기란 결코 쉽지 않다. 리브가는 자신의 결정이 역사적으로 중대한 결과를 가져올 것이라는 사실을 알고 있었다. 또한 충동적이고 근시안적인 에서보다는 내면적인 깊이와 자제력을 갖고 있던 야곱이 종족의 미래를 위해 더 나은 지도자가 될 것이라고 판단했다. 그녀는 이러한 상황 속에서 종족의 미래를 위해 어려운 결단을 내려야만 했다.

비록 리브가가 후계자를 지목해야 하는 지위에 있었다 하더라도 쉽게 결정을 내릴 수는 없었을 것이다. 전통상 맏아들이 아버지의 뒤를 이어야 하겠지만, 맏아들인 에서가 지도자로서의 능력이 부족하다는 것을 알고 있었기 때문이다. 이러한 문제는 사업을 하는 집안이나 왕실에서도 후계자 선정을 둘러싸고 종종 벌어진다.

리브가는 여러 가지 구실을 찾아 가족 문제를 해결하려 했다. 이 때문에 그녀의 가족이 지불해야 하는 대가는 컸다. 이삭은 속임수에 빠졌고, 야곱은 죄책감을 느꼈으며, 에서는 분노에 휩싸였다. 만약 에서에게 왜 야곱이 자신을 대신하여 축복받게 되었는지를 사실대로 말해 주었더라면 그는 상처를 덜 받았을지도 모른다. 리브가와 이삭은 에서에게 모든 것을 분명하게 설명해 주었어야 했다. 그랬더라면 에서는 부모의 결정에 반감을 갖거나 앙심을 품지 않았을 것이다. 그러나 리브가는 당시의 시대와 가정환경 안에서 자신에게 허락되는 한도 내에서만 최선을 다했다.

리브가의 이야기는 가족 구조 안에서 어떻게 갈등이 형성될 수 있는지를 보여준다. 부모가 자녀에게 아무리 많은 사랑을 쏟더라도 자녀는 항상 부모에게 더 많은 사랑을 원한다. 우리는 사라와 아브라함 가족들을 통해 가족 간의 조화와 유대는 저절로 생기는 것이 아니란 걸 알 수 있다. 또한 형제·자매간의 관계에 때론 긴장과 갈등이 존재한다는 것도 볼 수 있다. 특히 유산과 권력 문제가 개입되었을 때는 그 관계가 쉽게 악화된다.

『창세기』에 나오는 이야기들은 초기 민주주의 태동을 암시한다. 고대 전통에 따르면 맏아들이 아버지의 모든 재산과 권력을 상속받는다. 그러나 『창세기』를 보면 이러한 유산은 출생 순서가 아닌 능력과 재능에 따라 분배되어야 한다고 명시되어 있다.

그렇다면 리브가는 신의 계획을 수행하기 위해 다른 방법을 찾을 수는 없었을까? 신은 과연 리브가의 결정을 인정했을까? 에서를 후계자로 인정할 수는 없었을까? 그랬다면 에서는 복수심에 불타 동생을 살해하려는 결심에까지 이르지는 않았을 것이다. 어떻게 리브가는 가족 관계가 무너질지도 모르는 위험을 감수하면서까지 종족의 미래만을 생각할 수 있었을까? 에서의 가족과 그 자녀들이 아브라함의 대를 이어 살게 할 수는 없었을까? 사라와 아브라함의 믿음을 이어 나가는 가업에 에서가 그토록 방해가 되었던 걸까? 그를 꼭 가족 구성원에서 제외해야만 했을까? '형이 아우를 섬길 것' 이라는 신의 계시를 실행하는 데 리브가는 얼마만큼의 책임과 권리를 갖고 있었던 걸까?

성경을 보면, 리브가에게 결정권이 있었던 것은 아니다. 오히려 그녀는 스스로 자처해서 모든 결정을 내렸다. 『탈무드』에 등장하는 랍비 중 가장 존경받는 아키바Akiva는 삶의 모순에 대해 유명한 말을 남겼다.

"모든 것은 예견할 수 있지만, 선택의 자유는 주어진다."

리브가가 임신한 상태였을 때 신은 그녀에게 어떤 일이 벌어질 것인가에 대해 계시를 내렸지만, 대처 방법에 대해서는 이르지 않았다. 신은 모든 것을 미리 내다보았지만, 순간순간 닥치는 결정의 기로에서 선택을 해야 하는 것은 리브가의 몫이었기 때문이다. 그리고 그 선택에 대한 책임도 리브가가 스스로 져야 했다.

인간의 자유의지와 신의 의지 사이에는 긴장과 마찰이 존재하기 마련이다. 이 때문에 인간은 도덕적인 혹은 종교적인 고뇌를 하게 된다. 그러나 인간이 자유의지를 갖고 있다는 것은 스스로의 선택으로 인해 발생하는 모든 결과와 책임을 신에게 돌릴 수 없음을 반증한다.

이번에도 리브가는 독자적으로 행동했다. 그녀는 시어머니인 사라와 처한 상황이 달랐다. 예전에 사라는 '약속의 땅'에 도달했을 때 아브라함의 사랑과 존중을 받는 동반자였다. 이 부부는 선택의 순간이 다가왔을 때마다 항상 함께 의논하고 행동했다. 하갈이 자신의 자리를 차지하려 했을 때에도 사라는 자신의 의견과 감정을 아브라함에게 솔직히 말했다. 반면 젊은 리브가는 고향을 떠나 주님이 약속한 땅으로 홀로 와 제2세대의 어머니가 되었다. 이삭은 리브가를 사랑했고, 리브가는 부부 관계를 헌신적으로 이끌어 갔다. 그들은 서로에게 충실했다.

하지만 사라와 아브라함과는 달리, 리브가와 이삭은 같은 신앙 안에서 각각 독립적인 존재로 행동했다. 신과의 계약을 이행하는 일에도 그들은 각각 자신의 책임과 권리를 갖고 있었다. 서로에게 충실했고, 서로를 결코 배신하는 일은 없었지만, 사라와 아브라함이 나누었던 열정적인 사랑은 없었다.

심리 · 정신 치료가 성행하는 현대 사회는 리브가와 이삭의 부부 관계를 긍정적으로 평가하지 않는다. 그러나 모든 삶에는 위험, 긴장, 마찰이 존재하기 마련이다. 리브가와 이삭의 이야기는 그 결과를 알 수 없는 선택을 해야 하는 불완전한 두 창조물의 모습을 인간적으로 묘사하고 있다. 이들은 도덕적 딜레마에 빠져 있었고, 자신들의 선택에 비싼 값을 지불해야 했다. 이 부부의 장점과 단점은 몇천 년 후에 태어난 우리의 모습과도 크게 다르지 않다. 그들의 문제는 책에서나 영화에 소재로 등장하는 전형적인 문제들의 한 예이다. 결국 그 문제들은 세대를 거듭해서 반복되는 이야기인 것이다. 우리는 단지 이 전형적인 문제를 재해석하고 현대의 도덕적, 종교적, 심리적 논의에 적용해 각자의 개인적인 문제를 파헤치고 해결하려 할 뿐이다.

리브가와 이삭은 일부일처제를 지켰고, 여러 가지 문제를 겪으면서도 결혼 생활을 끝까지 유지해 나갔다. 이 점에서 이들의 결혼 생활은 긍정적인 평가를 받아야 마땅하다. 또한 그들은 부모의 유산을 자식들에게 전달하는 책임과 의무를 다했다. 제1세대에서 제3세대로 이어져야 하는 가족의 유산, 책임, 의무 등, 이 모든 것들은 리브가의 현명한 선택 덕분에 안전하게 유지될 수 있었다.

제4장
라헬과 레아, 그리고 그들의 남편 야곱

자매인 라헬과 레아는 야곱을 한 남편으로 두었다. 아브라함과 사라의 손자이며 이스라엘의 3대인 야곱은 아브라함의 가문 사람들 가운데 가장 개인적인 난관을 많이 겪었던 사람이다. 야곱과 두 명의 아내에 관한 일화를 들여다보면 열정, 시기, 불행, 자존심 등으로 얼룩져 있다. 야곱의 세대에 이르렀을 때 아브라함의 자손들의 수는 급격하게 늘어났다. 수를 셀 수 없을 만큼 자손을 번성하게 해주겠다던 신의 약속이 실현된 것이다.

쌍둥이 형인 에서를 밀어내고 아버지의 후계자가 된 야곱은 걱정과 근심으로 가득 찬 괴로운 시간을 보냈다. 어머니 리브가의 설득으로 형을 피해 고향 브엘세바Beersheba를 도망쳐 나온 야곱은 메소포타미아에 있는 어머니의 고향, 하란에 살고 있는 외가로 피신했다. 이는 야곱이 태어나서 처음으로 혼자가 된 순간이었다. 그는 거칠고 충동적인 에서로부터 자신을 보호해 주었던 어머니의 충고와 보살핌에서 벗어나 이제부터는 혼자 지내야만 했다.

야곱은 낙타를 타고 고향에서부터 점점 멀어질수록 예전의 편안했던 생활이 그리워졌다. 그러나 아버지의 축복을 정당치 않은 방법으로 받았다는 사실 때문에 얼마 동안 집을 떠나 있을 수밖에 없었다. 여행을 하는 동안에는 황량한 사막에서 들려오는 무섭고 오싹한 소리들을 견뎌야만 했고, 장남으로서의 권리를 빼앗긴 형의 분노와 복수심이 그를 점점 공포로 밀어 넣었다.

야곱은 여행 도중 도착한 어느 곳에서 밤을 지냈다. 돌 하나를 가져다 머리에 베고 잠을 청하던 중 그는 꿈을 꾸었다. 꿈속에서 땅부터 하늘까지 닿는 긴 층계가 보였는데, 하나님의 천사들이 그 층계를 오르내리고 있었다. 그리고 주님이 그 위에 올라서서 말했다.

"나는 너의 아버지, 이삭의 하나님이며 아브라함의 하나님인 주님이다. 나는 네가 누워 있는 이 땅을 너와 네 후손에게 주겠다. 네 후손은 땅의 먼지처럼 수가 불어날 것이며, 너는 서쪽과 동쪽, 그리고 북쪽과 남쪽으로 나아갈 것이다. 또한 땅의 모든 종족들이 너와 네 후손을 통하여 복을 받을 것이다. 보라, 내가 너와 함께하며 네가 어디를 가든 너를 지켜줄 것이고, 너를 다시 이 땅으로 데려오겠다. 내가 너에게 약속한 것을 다 이루기까지 나는 너를 떠나지 않겠다."

꿈에 나타난 사다리는 땅 위에 고정되어 있진 않았지만 튼튼해 보였고, 그 끝은 천국에 닿아 있었다. 이 꿈의 이미지는 야곱이 스스로 만들어 낸 심리적인 탈출구이며, 힘든 과거를 지나 희망이 가득한 미래로 나아가는 그의 변화 과정이다. 조금 다르게 해석한다면 사다리는 남성의 성기를 상징하는 것이며, 야곱의 꿈은 그가 아내를 갈구하는 욕망을 드러낸다. 종교적인 관점으로 볼 때, 그의 기도가 하늘에 닿아 신이 그에 대한 회답을 꿈으로 주신 것이라고 해석할 수 있다.

이른 아침 깜짝 놀라 꿈에서 깬 야곱은 절을 하며 이렇게 말했다.

"하나님께서 저와 함께 계시며, 제가 가는 이 길에서 저를 지켜주시고, 저에게 먹을 양식과 입을 옷을 마련해 주시어 제가 무사히 아버지 집으로 돌아가게 해주신다면 주님께서는 저의 하나님이 되시고, 제가 기념 기둥으로 세운 이 돌은 하나님의 집이 될 것입니다."

그때까지 야곱은 자신의 신앙을 확신하지 못했다. 이제껏 자신의 믿음을 시험해 본 적이 한 번도 없었고, 가족들이 사는 지역 밖에서 자신의 능력을 발휘해 볼 기회 또한 없었기 때문이다.

야곱은 이제 정신적으로 더욱더 성숙해졌고, 자신이 그동안 불완전한 삶을 살아왔다는 사실 또한 깨달았다. 그는 여행을 처음 시작했을 무렵에만 해도 혼자 힘으로 역경을 헤쳐 나아갈 자신이 없었다. 이때까지 그는 오로지 자신의 문제만을 생각하던 다소 이기적인 사람이었다. 단 한 번도 시험에 든 적이 없었기에 자신이 과거에 저지른 죄를 깨달은 지금, 그로 인한 짐들이 버거울 뿐이었다. 야곱이 성숙해지기 위해서는 가족과 부모에게서 떨어져 홀로 지내는 것이

유리했다. 야곱은 신과 직접 대화하고, 신과 자신만의 관계를 형성하면서 신과 가족들 사이의 계약이 어떤 것인지를 알아보려 했다.

외로운 여정 도중 그는 신의 약속을 들었다.

"내가 너와 함께하며 네가 어디를 가든 너를 지켜줄 것이다."

이는 신이 아브라함에게 했던 약속이다. 부모의 이러한 약속은 자식들에게 큰 영향을 미친다. 자식들은 부모의 말을 가슴 깊이 새기며 자신이 어떤 사람인지 돌아보고, 인생을 어떻게 살아갈 것인지를 계획한다. 야곱은 지켜주겠다고 하신 신의 신성한 약속을 마음 깊이 받아들였다. 꿈에서 들린 신의 목소리는 신비롭게도 마치 자신의 목소리 같았다. 그의 신에 대한 굳은 믿음은 『시편』 23편에 그려져 있다.

「주님은 나의 목자시니 내게 부족함이 없으리로다. 그가 나를 풀밭에 뉘이시며 쉴 만한 물가로 인도하시는도다. 내 영혼을 소생시키시고 자기 이름을 위하여 의의 길로 인도하시는도다. 내가 사망의 음침한 골짜기로 다닐지라도 해를 두려워하지 않을 것은 주께서 나와 함께하심이라」

이렇듯 여행을 하는 동안 야곱의 마음속에는 신에 대한 굳은 믿음이 자리 잡는다. 이 믿음은 가족들의 불화와 불행 그리고 종교적인 승리로 이어지는 그의 인생 전반에 걸쳐 야곱에게 영적인 힘이 된다.

에서에게서 한 발짝씩 멀어짐에 따라 그에 대한 야곱의 공포는 조금씩 사라져 갔다. 그러나 야곱은 정신적으로 허약했고, 육체적으로도 이미 지쳐 있던 상태였다. 그리고 사람들의 친절하고 따뜻한 정이 그리워졌다.

하란에 도착하자마자 야곱은 우물 하나를 발견했다. 그 우물은 아브라함의 시종이 이삭의 아내를 구하러 이 마을에 왔을 때 리브가를 만난 장소였다. 아브라함의 시종은 리브가를 보자마자 그녀가 이삭의 좋은 아내가 되리라는 사실을 알았다.

인간 신체의 60퍼센트는 물로 이루어져 있다. 그리고 물은 인간, 식물, 동물들에게 생존을 위한 필수 요소이다. 특히 기후가 건조한 중동 지역에서 물은 생명과도 같다. 이 지역의 사람들은 '우물'이 얼마나 중요한 역할을 하는지 잘 알고 있으며, 이러한 우물은 여성의 자궁을 상징하기도 한다. 이것은 야곱에게 수많은 자손을 낳아줄 생명의 원천을 뜻한다.

야곱은 들판 한가운데 있는 우물을 보았다. 양 떼들이 물을 마시기 위해 근처에 몰려들고 있었다. 양 떼 한가운데에는 남자들이 서 있었다. 그들은 우물 근처에 있는 커다란 돌 위에 서서 양 떼를 지켜보고 있었다. 그런데 그들은 야곱의 외삼촌인 라반에 관해 이야기하고 있었다. 그제야 야곱은 자신이 목적지에 도착했음을 알았다. 그 무리 중 한 남자는 야곱에게 라반의 딸인 라헬이 곧 우물가로 올 것이라고 말해 주었다.

야곱이 그들과 계속 대화하고 있을 때, 라헬이 아버지의 양 떼를 몰고 우물가에 도착했다. 레이철은 양 치는 여인이었다. 야곱은 외삼촌의 딸인 라헬과 양 떼 쪽으로 다가가 우물에서 돌을 굴려 내리고 물을 떠 양 떼에게 먹였다. 그런 다음 라헬에게 입을 맞추고는 목 놓아 울었다. 불안과 기대가 고조된 야곱에게 라헬과의 열정적인 입맞춤은 결정적이었다. 주사위는 이제 던져진 것이다.

야곱이 라헬을 쳐다보았을 때, 그의 갈망은 드디어 머물 곳을 찾았다. 라헬에게 매료된 야곱은 우물가에 있는 돌을 들어 올려 자신의 힘을 과시했다. 야곱은 더 이상 어머니의 앞치마에 휩싸여 있는 어린아이가 아니었고, 자신에게 닥칠 어떤 시험도 이젠 두렵지 않았다. 야곱은 힘차고 박력 있는 남성으로 새롭게 거듭났다. 그가 돌을 들어 올린 행위는 라헬이 처녀성을 잃을 것이라는 것을 암시하며, 이는 곧 그녀가 처녀에서 한 남자의 아내가 되리라는 것을 상징한다. 그러나 '무거운' 돌을 들어 올렸다는 것은 라헬에 대한 야곱의 사랑에 힘든 장애가 있으리라는 것 또한 나타낸다.

야곱은 라헬 이외에도 다른 아내를 얻어 자식을 많이 낳았으며, 일생을 살아가는 동안 신앙 면에서도 많은 고난을 겪었지만 이 모든 상황 가운데서도 그는 평생 라헬만을 사랑했다. 리브가가 이삭의 영원한 반려자였듯, 사라가 아브라함의 단 하나뿐인 아내였듯이.

먼 곳에서 온 사촌의 대담한 입맞춤에 놀란 라헬은 집으로 뛰어가 이 사실을 알렸다. 야곱은 외숙 라반에게 그동안의 일들을 모두 설명했고, 라반은 야곱을 따뜻하게 맞아주었다. 하지만 라반의 이런 행동은 탐욕스러운 본성을 친절로 포장해 야곱에게 베푸는 척하는 것에 불과했다. 그동안 외로움에 지쳐 있던 야곱은 라반의 이 같은 의도를 제대로 파악할 겨를이 없었다.

성경에는 '라반에게는 딸이 둘 있었는데 큰딸의 이름은 레아였고, 작은딸의 이름은 라헬이었다.' 라고 기록되어 있다. 레아의 눈은

생기가 없었지만, 라헬은 몸매도 예쁘고 모습도 아름다웠다. 야곱은 라헬을 사랑했다. 돈도, 보석도 없었던 야곱은 외숙에게 라헬과 결혼하는 대신 7년 동안 그 집안에서 일을 하겠다고 말했다. 라반은 그의 제안을 거절하지 않고, 라헬을 다른 곳으로 시집보내느니 야곱에게 주는 게 낫다며 자신의 집에 머물러도 좋다고 허락했다. 야곱은 인내, 열정, 성실함을 보이며 외숙의 집안일을 도왔다. 7년은 긴 시간이었지만 야곱에게는 짧게만 느껴졌다. 이는 야곱이 그만큼 라헬을 사랑했음을 보여준다.

성경은 이렇게 7년 동안 야곱이 보인 헌신을 표현하며 그가 얼마나 라헬을 사랑했는지 보여주고 있다. 많은 성경 분석가들은 성경에서 말하는 '몇 년'이란 현재 우리가 사용하는 365일을 1년으로 정한 달력과는 달랐을 거라고 전한다.

재력가인 라반은 결혼식을 성대하게 치를 준비를 했다. 라헬과의 결혼에 대한 기대에 부풀어 있던 야곱에게 이는 가장 행복한 순간이었다. 하지만 이 결혼식에는 가족의 배신과 예기치 못한 속임수가 도사리고 있었다.

예식을 치른 후 밤이 되자, 라반은 두꺼운 베일로 얼굴을 감싼 레아를 야곱의 천막으로 보낸다. 야곱은 이틀날 아침, 첫날밤을 함께 보낸 여자가 라헬이 아닌 레아라는 것을 발견하고는 깜짝 놀라 라반에게로 달려갔다. 당혹스럽고 노여웠던 그는 라반에게 소리쳤다.

"왜 저를 속이셨습니까?"

성경에는 라반이 야곱을 속인 이유가 야곱이 그의 아버지, 이삭을 속였던 것과 같은 이유라고는 기록되어 있지 않다. 그러나 라반이 야곱의 그간 사정 이야기를 듣고 이와 비슷한 책략을 꾸몄을 수도 있다. 야곱이 자신의 아버지가 눈이 어둡다는 것을 이용하여 그를 속였던 것처럼, 라반 역시 두꺼운 베일을 사용하여 야곱의 눈을 속였던 것이다. 결혼식 날, 포도주와 욕망에 취했던 야곱은 자신의 팔에 안겨 있는 여인이 라헬이 아닌 레아라는 사실을 눈치 채지 못했을 것이다. 라반은 야곱에게 '초례 주간'을 채운 후에 레아와 헤어지면 라헬과 다시 결혼할 수 있도록 해주겠다고 말한다. 이를 위해 야곱은 다시 7년간 그 집안을 위해 일해야만 했다.

라헬과 레아, 이 두 자매가 얼마나 고통스러운 시간을 보냈을지는 쉽게 상상할 수 있다. 결혼 첫날밤에 야곱은 레아에게 라헬의 이름을 불렀을까? 레아는 자신을 사랑하지 않는 남자 때문에 가슴이 아프지 않았을까? 레아는 왜 아버지의 계획을 거절하지 않았을까? 반면 라헬은 언니를 위해 아버지의 속임수에 말없이 동조했던 것일까? 그러면서도 자신을 향한 야곱의 사랑은 변함없을 것이라고 자신했던 걸까? '초례 주간'인 일주일 동안 라헬은 매일 밤 야곱이 언니 레아와 함께 천막으로 들어가는 모습을 어떻게 견딜 수 있었을까? 야곱이 레아의 몸을 만지는 모습을 상상하며 라헬은 잠 못 이루는 밤을 보냈을까? 자신이 있어야 할 야곱의 침대 위에 언니가 있다는 사실을 애써 외면하며 괴로운 시간을 보냈을까? 아니면 라헬은 야곱을 그다지 깊게 사랑하지 않았던 것은 아닐까? 라헬은 아버지의 결정에 대해 반박할 수 없었을까? 야곱의 결혼 첫날밤에 관한 미스터리는 여전히 풀리지 않은 채로 남아 있다.

성경은 이 이야기를 통해 일부다처제에서 발생하는 불행한 결과를 보여줌으로써 일부일처제를 옹호하고 있다. 아내들은 일부다처제 아래에서 남편의 성적·감정적 관심과 칭찬을 얻기 위해, 그리고 많은 자식을 낳기 위해 서로 경쟁한다. 또한 남편이 자신이 낳은 아이를 제일 좋아하도록 하기 위해 온갖 책략을 쓴다. 이는 한 남자와 한 여자의 결혼 관계에서만 가능한 서로에 대한 친밀함과 열정적인 감정적 교류가 일부다처제 아래에서는 불가능하다는 것을 보여준다.

현대의 남성들은 일부다처제에 관해 환상을 갖고 있을지 모른다. 그러나 성경에 나오는 일부다처제를 선택한 남성들은 많은 아내들의 질투와 경쟁을 조율하고, 많은 자식들 사이의 유산 쟁탈전을 중재하느라 힘겨운 시간을 보낸다. 이들의 경쟁은 심지어는 그 다음 세대로까지 이어지기도 한다. 여러 명의 부인을 둔 남성들은 불행한 결혼 생활을 견뎌야만 했고, 많은 아내들의 고통스럽고 비참한 삶을 지켜봐야 했다. 무엇보다도 자신이 사랑한 여자의 불행을 지켜봐야 하는 것이 가장 고통스러웠을 것이다.

라헬과 레아는 결국 이러한 상황을 위한 해결 방법을 찾아냈다. 그들은 이 상황을 근본적으로 바꿀 만한 독자적인 힘이 없었지만, 그들 모두를 위한 해결 방법을 찾을 수 있었다. 아버지는 집안의 주인이었고, 아버지의 말이 곧 법이었다. 그런데 외지인을 무보수 일꾼으로 부리려는 한 남자의 탐욕으로 인해 라헬, 레아 그리고 야곱은 풀리지 않는 삼각관계에 빠졌다. 결국 그 누구도 완전한 행복을 얻지 못했고, 그렇기에 그들은 시기, 혼란, 상처를 치유할 방법을 찾아낼 수밖에 없었다.

라헬과 야곱이 결혼할 무렵, 라헬은 아내라기보다는 애인과 같은 위치였다. 라헬은 세상 모든 사람들이 다 아는 야곱의 '내연의 여인'이었던 것이다. 성경은 이에 대해 확실한 설명을 하고 있다.

「야곱이 또한 라헬에게로 들어갔고, 그가 레아보다 라헬을 더 사랑하여 다시 7년 동안 라반을 섬겼더라」

야곱은 어느 때든 라헬과 함께할 수 있었다. 라헬은 한동안 아이를 갖지 않았고, 그렇기에 매일같이 아이를 키우는 일로 에너지를 소모할 필요가 없었다. 이 때문에 야곱과 라헬은 더욱 친밀한 관계를 형성할 수 있었다. 그렇지만 라헬은 야곱의 첫 부인이자 자신의 언니인 레아에게 남편을 보내야만 했다. 그들 사이에 태어난 아이들과 야곱은 때로 시간을 함께 보내야 했기 때문이다.

라헬은 그의 첫 부인과 자식들에 대한 질투의 감정을 겉으로 드러낼 수 없었다. 또한 자신과 야곱만의 가정과 자식을 갖고 싶다는 소망을 대놓고 표현할 수도 없었다. 마치 한 유부남의 애인처럼, 그의 가족 관계와 안전을 위협하지 않는 한 그녀는 야곱의 곁에 있을 수 있었고, 그의 사랑을 받을 수 있었다. 물론 라헬은 자신이 한 남자의 '내연의 연인'으로만 머물기를 바라진 않았다. 사실은 자신의 언니 레아처럼 야곱이 이끄는 가정의 안주인 역할을 맡고 싶었다.

주님께서는 레아가 야곱에게 사랑받지 못하는 것을 보고 그녀에게 아이를 선물한다. 라헬은 임신하지 못하는 몸이었지만, 레아는 임신하여 아들을 낳았던 것이다. 그리고 그 이름을 르우벤Reuben이라 하였다. 레아는 '주님께서 나의 괴로움을 알아주셨구나. 이제는 남편이 나를 사랑해 주겠지.'라고 생각하며 야곱의 사랑을 기대했고, 다시 두 번째 아들을 낳았다. 그러고는 "주님께서 내가 사랑받지 못한다는 것을 보시고, 나에게 아들 하나를 더 주셨구나."라며 그 이름을 시므온Simeon이라 했다. 그녀는 또다시 임신을 해 세 번째 아들을 낳았는데, 자신이 아들을 셋씩이나 낳았으니 이제는 남편이 자신을 사랑하게 될 거라 생각하며 그 이름을 레위Levi라 했다. 그 후 네 번째 임신으로 또 아들을 낳았고, "이제야말로 내가 주님을 찬송하리라"고 말했다. 그리하여 아기의 이름을 유다Judah라 했다. 이것이 그녀의 마지막 출산이었다.

　레아는 야곱을 깊이 사랑했다. 그녀는 야곱과의 결혼식이 있던 그 첫 주에 이미 야곱과 사랑에 빠졌는지도 모른다. 레아는 야곱의 마음을 차지하고 싶었다. 유일한 아내로서 그로부터 사랑과 존중을 받고 싶었다. 그러나 야곱이 진정으로 사랑하고 아끼는 사람은 다른 여인, 바로 자신의 여동생이었다. 이 세 사람의 감정은 처음부터 불균형을 이루었다. 야곱은 레아와 억지로 결혼했기에 그녀에게 감정적으로 끌리지 않았다. 레아는 그에게 많은 자식들을 낳아주었지만, 그것으로 야곱의 텅 빈 마음을 채워주지는 못했고, 시간이 지날수록 레아의 슬픔은 깊어져 갈 뿐이었다. 레아가 아들들에게 지어준 이름을 보아도 그녀의 좌절감을 느낄 수 있다. 레아는 세월이 흐르는 동안 야곱에게 계속 아들을 낳아주었음에도 불구하고 그가 자신을 사랑하지 않자 자식들에게 강한 애착을 보이기 시작했다.

레아가 넷째 아들 유다를 낳으면서부터 그녀에게는 심적 변화가 생겼다. 레아는 한 여자로서 야곱의 사랑을 받기보다는 한 가정의 어머니로서 자신의 위치를 지키는 쪽을 택하였던 것이다. 레아는 아직도 남편을 사랑했지만, 그녀의 아들들이 자신에게 남편의 사랑을 가져다줄 것이라는 기대는 버렸다. 넷째 아들의 이름을 '유다'라고 지음으로써 레아는 처음으로 신의 축복에 감사드렸다. 그리고 이제는 본연의 모습으로 돌아왔다.

자식을 한 명씩 낳을 때마다 가족 안에서 레아의 위치는 한 단계씩 상승했다. 반면 라헬은 점점 자신감을 잃어갔다. 당시의 여성들에게는 사회적인 위치나 직업이 없었기에 어머니라는 이름으로써만 그들의 가치를 인정받았다. 그러나 자식도, 사회적 위치도, 가족 안에서의 위치도 찾을 수 없던 라헬은 레아와의 경쟁을 통해 자신의 위치를 찾을 수밖에 없었다. 불안감과 후회로 고통을 겪던 라헬은 야곱에게 이렇게 소리쳤다.

"나도 아기를 갖게 해주세요. 그렇지 않으시면 죽어버리겠어요!"

라헬은 자살하겠다며 야곱을 위협했다. 좌절감에 휩싸인 라헬은 남편의 이해와 동정을 얻고 싶었던 것이다. 야곱은 라헬을 위해 무엇이든 해주고 싶었지만, 그녀의 소망은 자신의 힘으로 어찌할 수 없는 성질의 것이었다. 그녀의 분노가 어디에서 기인한 것인지, 누구를 향한 것인지 알 수 없었다.

오랜 시간이 흘렀지만 라헬은 아이를 갖지 못했다. 야곱은 임신을 하지 못했다는 사실을 그녀가 매달 확인할 때마다 얻게 되는 크나큰 실망감을 바로 옆에서 목격해야만 했다. 야곱은 진정으로 라헬을 사랑했지만 그녀의 문제를 해결해 줄 수는 없었다.

야곱은 라헬이 자괴감으로 인해 날이 갈수록 변해 가는 것을 보며 실망감을 느꼈다. 그의 인생에서 라헬은 매력적이고 유혹적인 여자여야만 했다. 그러나 라헬은 점점 그를 비난하고 괴롭히기 시작했다. 야곱의 할아버지인 아브라함이 사라와 하갈의 갈등 속에서 점점 인내심을 잃어갔던 것처럼 야곱은 라헬의 고통스런 외침에 결국 화를 냈고, 그녀에게 자식을 갖게 해주지 못한 스스로를 원망했다.

성경에는 이처럼 반복적으로 '불임' 문제가 등장한다. 그리고 남편들은 불임으로 고통받는 아내의 마음을 제대로 헤아리지 못한다. 라헬이 불임으로 인해 괴로운 시간을 보내던 시점으로부터 2백 년 후, 에브라임Ephraim 지역에 또 한 명의 여성이 라헬과 비슷한 처지에 놓이게 된다.

한나Hannah는 엘가나Elkanah의 사랑받는 아내였지만 아이를 갖지 못했다. 따라서 남편은 자식을 갖기 위해 두 번째 아내 브닌나Peninnah를 얻었고, 이로 인한 한나의 괴로움은 한층 커져만 갔다. 브닌나는 남편 엘가나가 자신보다 한나를 더 사랑한다는 사실을 알고 질투심에 불타 그녀를 괴롭혔다. 그리고 한나가 아이를 갖지 못하는 것을 트집 잡으며 비웃었는데, 당시에는 여성이 단지 아이를 갖지 못한다는 사실만으로도 조롱거리가 될 수 있었기 때문이다.

어떤 남편도 아내의 입장을 완전히 이해하지는 못한다. 또한 그녀의 고통을 똑같이 느낄 수도 없다. 성경에 나오는 유대 민족의 어머니들은 비록 남편들의 열정적인 사랑을 받았지만 아이를 가질 수 없는 고통에서 벗어날 수 없었다. 사라가 하갈의 일로 분노를 터뜨렸을 때, 아브라함은 방을 나가버렸다. 라헬이 고통 속에 울부짖었을 때, 야곱은 참지 못하고 그녀에게 가혹한 말을 내뱉었다. 브닌나의 비웃음으로 인해 슬픔에 잠겨 음식을 제대로 먹지 못하는 한나를 엘가나는 따뜻하게 위로하려고 노력했으나, 그녀의 심정을 이해하려 하기보다는 자신의 감정을 이해시키려 했다. 엘가나는 한나의 아픔을 의아하게 여기고 이렇게 말하고는 했다.

"한나, 당신은 왜 눈물을 흘리는 거요? 왜 먹지도 않는 거요? 내가 열 명의 아들보다 당신을 더 소중하게 생각하는데도 말이요."

그는 그녀가 진정으로 원하는 것이 무언지 헤아리지 못했던 것이다.

성경에 나오는 남편들은 가장 이상적인 두 가지 형태로 아내를 거느렸다. 하나는 자식을 많이 낳아주는 아내, 또 하나는 성적·감정적으로 사랑하는 아내. 이에 반해 여성들은 자신의 고통과 좌절감을 스스로 달래야 했다. 한 남자 때문에 고통받을 때, 위로받을 상대도 없이 홀로 남겨진다.

사라는 결국 이삭을 낳았고, 라헬은 요셉을 낳았다. 그리고 한나도 사무엘을 얻게 된다. 한때에는 불임으로 고통받던 어머니에게서 태어난 이 세 아들들은 훗날 고대 이스라엘의 지도자가 된다. 이처럼 자식이란 존재는 비록 오랜 시간 고통받더라도 그 세월을 참고 기다릴 만한 가치가 있는 축복인 것이다.

　몇 년이 흐른 후 야곱의 아내들은 그를 중간에 두고 거래를 한다. 밀을 거두어들일 때, 르우벤이 밖에 나갔다가 들에서 합환채를 발견하고 어머니 레아에게 갖다 주었다. 이에 라헬이 레아에게 "언니 아들이 가져온 합환채를 좀 나눠 줘요." 하고 말하자 레아가 대답했다.
　"내 남편을 가로챈 것으로 모자라 내 아들의 합환채까지 가로채려는 것이냐?"
　이에 라헬은 이렇게 대답한다.
　"좋아요. 언니 아들이 가져온 합환채를 주면, 대신 오늘 밤에는 그이가 언니와 함께 자도록 해주지요."
　저녁에 야곱이 들에서 돌아오자, 레아가 나가 그를 맞으며 말했다.
　"오늘은 저에게 오셔야 해요. 내 아들의 합환채를 주고 당신을 빌렸어요."
　야곱은 그날 밤 레아와 함께 밤을 보냈고, 그날 레아의 소원은 이루어진다. 그녀는 또다시 임신하여 야곱에게 다섯 번째 아들을 낳아주었다.
　합환채Mandrake는 임신촉진제로 알려져 있다. 라헬은 합환채를 사용하여 남편의 열정을 되살리고 아이도 갖고 싶었을 것이다. 이 식물과 야곱을 바꾸는 거래를 할 때 레아는 라헬이 남편의 사랑을 가로챘다고 비난했다. 그러나 레아는 애초부터 남편의 진정한 사랑을 받지 못했다. 그녀는 아버지 라반의 계략으로 자신이 라헬의 남편을 빼앗았다는 사실을 잊고 있는 듯했다. 원래대로라면 라헬이 야곱의 아내가 되었어야 한다는 것도 말이다.

라헬은 그렇게 합환채를 받고 야곱을 하룻밤 동안 언니에게 팔았다. 레아는 동생이 자신의 권리를 이용하는 것에 불쾌해 하지 않고 거래의 결과에 대해 만족했다. 저녁이 되어 남편이 들에서 돌아오자, 레아는 뛰어나가 남편을 맞이하며 당당히 "내 아들이 가져온 합환채를 주고 당신을 하룻밤 빌리기로 했다"고 말한다. 야곱은 그녀의 말에 아무 말 없이 응하였고, 그들은 조용히 천막 안으로 들어갔다.

성경은 여성의 무기력함과 무능력함을 종종 비난하곤 하지만, 이러한 무기력한 여성들과는 다르게 야곱의 부인들은 남편을 조종하고 있었던 것이 확실하다. 이러한 두 자매 사이의 거래는 충격적이기까지 하다. 레아와 라헬은 결국 각자가 원하는 것을 나누어 가졌다. 그러나 일부다처제가 일반적인 풍습이었던 시대에 이 두 여인들은 아내로서의 성적인 의무도 합리적으로 처리하였다는 것을 알 수 있다.

야곱은 두 자매 이외에도 다른 아내가 있었다. 라헬은 자신의 몸종이었던 빌하Bilhah에게 남편과 잠자리를 함께하게 해 그의 몸을 빌려서나마 아들을 얻으려 했다. 또한 실바Zilpah는 레아가 산후 조리를 할 때 야곱과 잠자리를 한 시종이었다. 이들은 모두 레아와 라헬의 아버지인 라반이 결혼 선물로서 딸들에게 준 시종들이었다. 그당시의 법률에 따르면 이 종들은 각각 레아와 라헬의 소유였다. 따라서 이들은 야곱이 아닌 라헬과 레아가 시키는 대로 해야 했다.

세월이 흐르자, 이들은 일부다처제에 익숙해졌고, 많은 아내가 있어야 할 필요성 또한 알게 되었다. 레아와 라헬은 이런 상황에 익숙해져 갔다. 야곱의 부인들은 야곱이 누구와 잠자리를 할 것인가를 결정했다. 또한 몸종들은 각각 야곱에게 아들을 하나씩 낳아주었다.

합환채에 관한 이야기는 미묘한 아이러니와 더불어 삼각관계의 긴장감을 드러낸다. 합환채를 주고 하룻밤 동안 남편을 빌린 레아는 그 하룻밤으로 임신을 했고, 시들시들한 임신촉진 약초를 건네받은 라헬은 임신을 하지 못했다. 레아가 그 이후 두 명의 아들과 딸 디나 Dina를 더 낳은 후에야 하나님께서는 라헬을 '기억'하셨다. 그리고 드디어 라헬에게도 자식을 갖게 해주셨다. 성경에 종종 나오는 '기억하다'라는 말은 종교적·정신적으로 심오한 뜻을 담고 있다.

아들을 낳았을 때 라헬은 "하나님께서 나에게 드디어 수치심을 없애주셨구나."라고 말하며 자신의 마음 깊은 곳에 있던 감정을 털어놓았다. 그녀는 아기의 이름을 요셉 Joseph이라 지었는데, 이는 히브리어로 '신이 힘을 더 얹어주실 것'이라는 의미를 담고 있다. 레아가 자신의 소망과 감정을 담아 아들의 이름들을 지은 것처럼 라헬 또한 자신의 소망을 담아 소중한 아들의 이름을 지었다. 라헬은 그토록 기다리던 아들을 낳은 후 얼마 지나지 않아 두 번째 아들을 기다리기 시작했다. 그녀는 한시도 마음 편히 지내지 못했는데, 요셉을 낳은 후 미처 몸을 다 추스르지도 못한 상태에서 다음 자식을 낳아야 한다는 강박관념에 시달렸다.

야곱은 20년 동안 라반 집안에 살면서 가족을 늘렸다. 그러나 결과는 야곱이 의도한 것과 달랐다. 야곱의 모든 가족들은 모여 살고 있었지만, 서로 화합하기는커녕 더욱 분열되기만 했다. 야곱은 가족 간의 불화를 잠재울 능력이 없었고, 서로 경쟁과 시기를 일삼는 아내들을 화해시킬 방법 또한 알지 못했다. 그는 이 상황을 헤쳐 나갈 마땅한 대책을 찾을 수 없었던 것이다. 성경은 이처럼 힘겨운 야곱의 하루하루를 자세히 기록하고 있다.

야곱의 가족은 '이상적인 가족'의 모습과는 전혀 달랐다. 그러나 야곱은 이제 가장으로서 자신의 개인적인 문제를 해결해야 할 시간이 왔음을 깨달았다. 야곱이 많은 아내를 거느리면서 살아오는 동안 가족들은 서로가 조금씩 포기하고 상대를 받아들이게 되었고, 이로 인해 가족들 사이의 긴장감은 조금씩 누그러졌다. 가족 문제가 어느 정도 안정되자, 야곱은 가족들을 모두 모아 새로운 계획을 세우기에 이른다.

야곱은 이제 부모님이 사는 땅으로 돌아가 아브라함의 3대 종족 지도자로서의 역할을 수행하고 싶었다. 또한 자신의 쌍둥이 형 에서와의 관계도 회복시키고자 했다. 야곱은 타지에서 20년간 힘든 노동을 하며 사는 동안 자신이 형에게 돌아갈 축복을 가로챘다는 것에 관한 죄책감을 더 이상 느끼지 않았다.

라헬이 요셉을 낳자, 야곱은 자신의 계획을 실행에 옮기기 시작했다. 요셉의 탄생은 야곱에게 두려워하지 않고 약속의 땅으로 돌아갈 수 있는 전환점을 마련해 주었다. 야곱은 자신이 가장 사랑하는 라헬에게서 태어난 요셉을 자신이 태어나고 자란 땅에서 키우고 싶었다.

「야곱이 일어나 자식들과 아내들을 낙타들에 태우고 그 모은 바모든 가축과 모든 소유물, 곧 그가 밧단아람에서 모은 가축을 이끌고 가나안 땅에 있는 그의 아버지 이삭에게로 가려 할 새, 그때에 라반이 양털을 깎으러 갔으므로 라헬은 그의 아버지의 드라빔(수호신)을 도둑질하고, 야곱은 그 거취를 아람 사람 라반에게 말하지 아니하고 가만히 떠났더라」

야곱의 다른 아내들도 고향으로 돌아가려는 남편의 결정에 찬성했다. 그들은 아마 자신들의 아버지와 남자 형제들이 없는 새로운 땅에서 자신들만의 방식으로 살 수 있는 기회가 왔다고 생각했을 것이다. 아들을 낳은 라헬의 마음도 많이 편안해져 이제는 언니 레아와 동등한 위치에 있다고 느꼈다. 라헬은 레아에 대한 분노를 잠시 접어두고 야곱과 함께 아버지의 영향력이 미치지 않는 곳을 향해 나아가기 시작했다.

라헬은 야곱 모르게 아버지가 갖고 있던 소중한 우상을 훔쳐 나왔다. 그녀는 그 우상이 자신들을 보호해 줄 것이라고 믿었다. 고향을 떠날 때 용감하게 뒤도 돌아보지 않았던 리브가와는 달리, 라헬은 자신의 마음을 편안하게 해줄 무엇인가를 부모님의 집에서 가져 나오고 싶었는지도 모른다. 혹은 어릴 때부터 믿던 종교를 쉽게 버릴 수 없었을지도 모른다. 이 우상들은 그녀에게 마치 보험과도 같은 것이었다. 혹은 아버지가 소중하게 여기는 우상들을 훔쳐내 옴으로써 아버지의 신앙을 무너뜨리고 싶은 심리였을지도 모른다. 그리고 아브라함의 신에 대해 그에게 가르쳐 주고 싶었을 수도, 어쩌면 아버지에 대한 원망의 표현일 수도 있다. 결혼 첫날밤에 자신을 대신해 언니 레아를 야곱의 침실로 보냈던 아버지에 대한 분노, 남편을 빼앗긴 좌절감이 집을 떠나면서 되살아났을지도 모른다. 라헬이 왜 이 우상을 훔쳤는지, 그리고 이 우상들은 나중에 어떻게 되었는지 성경에는 기록되어 있지 않다.

야곱의 가족들이 가나안을 떠난 지 3일 후, 라반은 마차를 타고 이들을 따라잡았다. 라반은 야곱이 자신의 딸들을 데리고 몰래 도망쳤다며 비난했다. 훔쳐 간 우상들을 내놓으라고도 요구했지만 야곱은 우상에 대해 알지 못했다. 레아와 라헬과 마찬가지로 이때 야곱은 그때까지 고수하던 유약한 태도를 버렸다. 그리고 수십 년 동안 자신을 가혹하게 대했던 라반에게 분노를 터뜨렸다.

"저는 20년을 장인어른과 함께 지냈습니다. 그동안 장인어른의 암양들과 암염소들은 유산한 일이 없고, 저는 어른의 양 떼에서 숫양들을 잡아먹은 적이 없습니다. 들짐승에게 찢긴 양들은 장인께 가져가지 않고 제가 물어냈습니다. 낮에 도둑을 맞든 밤에 도둑을 맞든 장인께서는 그것을 저에게 물리셨습니다. 낮에는 더위가, 밤에는 추위가 괴롭혀 눈도 제대로 붙이지 못하며, 이처럼 전 20년을 장인어른 댁에서 지냈습니다. 그 가운데 14년은 어른의 두 딸을 얻으려고, 그리고 6년은 어른의 가축을 얻으려고 일을 해드렸습니다. 그런데 장인어른께서는 저의 품값을 열 번이나 바꿔 치셨습니다. 제 아버지의 하나님, 아브라함의 하나님, 이삭의 두려운 신께서 제 편이 되어주지 않으셨다면 장인어른께서는 저를 틀림없이 빈손으로 보내셨을 것입니다. 그러나 하나님께서는 저의 고통과 제 손의 고생을 보시고 어젯밤에 시비를 가려주신 것입니다."

라반은 야곱과 두 딸들을 설득하여 집으로 돌아오게 하는 건 불가능함을 깨달았다. 그제야 라반은 신의 경고를 기억했다.

'나쁜 일이든 좋은 일이든 야곱에 관해서는 항상 조심하라.'

야곱은 그의 아내들, 아들들, 소 떼, 나귀, 양들, 남종과 여종들을 데리고 가나안으로 가는 긴 여정을 시작했다.

야곱과 가족들은 그의 고향을 향해 계속 걸었다. 야곱은 쌍둥이 형 에서를 다시 만나야 한다는 사실이 조금 두려웠다. 이제 완전히 성장하여 강인한 남성이 되었을 에서는 아직까지도 동생에 대한 분노와 복수심에 차 있을지 모른다. 야곱은 심부름꾼을 먼저 보냈고, 곧 에서가 자신을 만나기 위해 군대와 같은 수백 명의 장정들과 오고 있다는 사실을 알았다. 에서가 4백 명의 장정들과 함께 나타났다는 것은 이 쌍둥이 형제들의 재회가 평화롭지만은 않을 것을 예고한다.

야곱은 에서에게 선물을 먼저 보낸 후 그 뒤를 따랐다. 그리고 자신의 뒤로 두 아내와 두 명의 후처들 그리고 열한 명의 자식들이 따르게 했다. 그들은 이렇게 줄을 지어 압복Jazzbo 강을 건넜다. 야곱은 라헬과 요셉을 맨 뒤에 따라오도록 했다. 이는 에서가 공격을 해올 때를 대비하여 자신이 사랑하는 가족을 보호하려는 야곱의 방어적인 편성이었다. 야곱은 두 여종과 그들의 아이들을 앞에 세우고, 레아와 그의 아이들을 그 뒤에, 라헬과 요셉을 맨 뒤에 세웠다. 이 모습을 본 레아는 큰 충격과 실망감을 느꼈을 것이다. 야곱이 라헬과 그 아들을 맨 뒤에 세운 것은 곧 이들을 제일 먼저 보호하겠다는 의미였기 때문이다. 레아와 그 아들들은 이러한 '차별'로 인해 아버지를 원망하게 되고, 결국 후에 요셉과 원한에 사무친 경쟁을 벌인다.

긴장되고도 극적인 만남 후, 에서는 달려 나가 야곱을 맞이하여 그를 끌어 앉고 입을 맞춘다. 그들은 화해를 하지만 야곱은 항상 에서를 조심스럽게 대했고, 그에게서 가족들을 보호하기 위해 경계를 늦추지 않았다. 이삭과 이스마엘처럼, 마침내 야곱과 에서는 아버지의 장례식에 함께 참여하고 아버지를 땅에 묻으며 화해의 손을 잡았다.

야곱과 그 가족들은 여행을 계속하였다. 그들이 벧엘Bethel을 떠나 에브라임Ephraim에 도착하기 얼마 전 라헬이 해산을 하게 되었는데, 그 산고가 심했다. 산파가 그러한 큰 고통을 겪고 있는 라헬에게 말하기를, 이번에도 아들이라며 두려워 말라고 하였다. 그러나 결국 라헬은 숨을 거두고 말았다. 그녀는 숨을 거두며 아기의 이름을 '나의 고통의 아들'이라는 뜻을 지닌, 베노니Ben-oni로 지어주었다. 그러나 야곱은 그 아이를 베냐민Benjamin이라고 불렀으며, 이는 '내 오른팔의 아들'이란 뜻이다.

야곱이 이끄는 무리는 물을 구하여 라헬의 산고를 덜어주기 위해 뜨거운 사막 한가운데에 멈추었다. 산파들은 라헬의 천막에서 야곱과 요셉을 내보냈고, 라헬의 비명 소리는 점점 커졌지만 아기는 세상에 나올 기미를 보이지 않았다. 여기서, 아기가 완전히 나오기도 전에 산파가 "또 아들이에요."라고 말했다는 것은 아기가 태어날 때 발부터 나왔음을 의미한다. 라헬은 자기 자신의 생명보다는 새로 태어날 아이의 생명을 더 걱정하고 소중히 여겼다. 이스라엘 선조 가족들의 이야기 가운데 가장 슬픈 장면이 바로 베들레헴으로 가는 황량한 들판에서 아이를 낳다가 세상을 떠난 라헬의 모습이다.

아내가 단 한 명뿐이었더라면 야곱은 더 행복했을지도 모른다. 아브라함이나 이삭처럼 행복한 부부 생활을 할 수 있었을 것이다. 그러나 야곱의 운명은 그렇지 못했다. 그는 레아에 대한 남편으로서의 책임을 다하면서도 마음으로는 라헬을 사랑했다.

라헬은 아름다웠지만 우울한 여인이었다. 그러나 야곱의 마음은 항상 그녀에게 사로잡혀 있었다. 아내의 역할은 레아가 맡았지만, 야곱의 상상 속에서 라헬은 연인이었다. 성경에 나오는 다른 불임 여성들처럼 라헬 또한 남편의 가장 큰 사랑을 받는 아내였을 뿐만 아니라 야곱에게 있어 육체적·정신적으로 항상 열정적인 연인이었다. 라헬의 몸은 아이를 출산한 후에도 여전히 매력적이었다. 야곱은 레아와는 성관계를 했을 뿐이지만, 라헬과는 사랑을 나누었다. 하지만 라헬은 야곱의 사랑 하나만으로 모든 것을 감수할 수 없었다. 그녀는 야곱으로 인해 불거지는 여러 가지 문제에서 벗어나고 싶어 했고, 많은 아내들과 그들의 수많은 자식들에 치이며 사는 것도 원치 않았다.

라헬은 보상받을 수 없는 불행한 삶을 살아간 여성의 상징이라 할 수 있다. 라헬을 사랑했던 야곱은 그녀를 얻기 위해 7년이란 시간을 기다려야 했다. 그리고 긴 시간을 참고 견딘 후에도 결혼식에 나타난 여인이 라헬이 아니었다는 사실을 알고 난 후 또다시 7년을 기다려야만 했다. 라헬은 레아가 아들을 한 명씩 낳을 때마다 그것을 지켜봐야 했다. 마침내 그녀도 아들을 낳았지만 두 번째 아들을 낳으면서 세상을 떠나는 비운을 맞이했다.

야곱은 라헬을 에브랏Ephrath으로 가는 길가에 묻었다. 에브랏은 지금의 베들레헴Bethlehem이다. 성경에는 야곱이 얼마나 라헬의 죽음을 슬퍼했는지에 대해서는 언급되어 있지 않다. 그렇다고 라헬을 서둘러 '아무 곳'에나 묻었다고도 적혀 있지 않다. 다만 뜨거운 기후 때문에 라헬을 서둘러 매장해야 했으리라고 짐작될 뿐이다.

사람이 사망한 후에 빨리 장례를 지내는 것은 오늘날 유대인들의 관습이 되었다. 모든 이스라엘의 선조 어머니들 가운데 오직 라헬만이 사라의 무덤인 막펠라 동굴에 묻히지 못했다. 사라를 위해 아브라함이 구입한 이 동굴에는 리브가와 레아가 묻혀 있다. 수백 년이 지난 후까지도 라헬은 홀로 쓸쓸히 길가에 묻혀 있다. 그곳에서 라헬은 이스라엘의 아이들이 약속의 땅에서 쫓겨나 바빌론으로 향하는 모습을 고통스럽게 지켜보고 있었을 것이다. 기원전 587년 예루살렘에 살았던 예언자 예레미야는 베들레헴이 바빌론에 의해 점령당하는 것과 이스라엘 사람들이 노예로 잡혀가는 것을 보고 다음과 같은 비통한 시를 남긴 바 있다.

라마에서 소리가 들린다.

비통한 울음소리와 통곡 소리가 들려온다.

라헬이 자식들을 잃고 운다.

자식들이 없으니

위로도 마다한다.

예레미아는 라헬의 슬픔을 빗대어 고향에서 쫓겨나는 아이들을 묘사하였고, 라헬은 자신의 무덤 속에서도 위로를 거부한다.

예레미아의 비통한 시는 후에 헤르만 멜빌Herman Melville의 대표작인 『모비딕Moby-Dick』에서 선원 이스마엘의 입을 통해 다시 전해진다.

"두 번째 날, 배 한 척이 가까이, 더 가까이 다가와 결국 나를 찾아냈다. 항로에서 벗어나 이리저리 헤매던 라헬 호號는 미아迷兒를 찾아다니고 있었다. 그러나 결국 고아 한 명만을 더 찾았을 뿐이다."

언제나 간절한 마음이었던 라헬의 소망은 결국 이루어지지 않았다. 그러나 라헬의 안타까운 이야기는 수 세기가 지나서도 많은 이들의 심금을 울리고 있다. 오늘날까지도 많은 불임 여성들은 베들레헴 외곽에 있는 라헬의 무덤을 찾아 자식을 갖게 해달라는 애끓는 호소를 담아 기도를 올리고 있다.

라헬은 자신이 가진 것들에 대한 소중함이나, 자신이 한 일에 대한 만족감을 느끼지 못하며 살았다. 만약 라헬이 평생 소망하면서도 가질 수 없는 것에 집착하기보다는 그녀의 삶에 신이 허락하신 것들에 감사할 수 있었더라면 좀 더 희망적이고 행복한 삶을 살 수 있었을 것이다. 가령, 야곱이 평생 자신만을 사랑했다는 사실에 행복할 수도 있었고, 임신을 두 번이나 할 수 있다는 사실에 감사하며 살 수도 있었을 것이다. 또한 이스라엘의 선조 어머니인 사라를 모델로 삼아 그녀를 본받으며 살았더라면 좀 더 만족스러운 생을 보낼 수 있었을지 모른다. 라헬과 달리 사라는 수십 년 동안 아이 없이도 아브라함을 사랑하며 살았고, 신과의 계약에 중요한 역할을 했다는 사실에 자부심을 가졌다.

라헬의 이야기를 통해 우리는 이루어질 수 없는 꿈은 포기할 필요도 있다는 지혜를 배운다. 라헬은 야곱에게 제일 처음으로 아들을 낳아주는 여인이 되고 싶었다. 그래서 야곱의 사랑과 관심을 독차지하고 싶었다. 또 그렇게 함으로써 신이 약속한 대로 아브라함의 자손들이 위대한 민족을 세우는 신성한 사업에 그녀의 위상을 굳건히 세우고 싶었다. 하지만 라헬은 이 중 어느 것도 이루지 못했고, 언니 레아를 원망하고, 야곱에게 실망하고 분노했다.

하지만 그녀는 신을 원망하지는 않았다. 결국 그녀는 레아와 타협하는 방법을 찾았고, 그렇게 하루하루를 견디며 살 수 있었다. 아마 행복하고 달콤한 순간도 있었을 것이다. 우리는 그녀가 순간순간 행복함을 느끼며 살았기를 진심으로 바랄 뿐이다. 또한 그녀를 보며 우리 자신도 힘든 삶 속에서 가끔씩 순간의 행복을 느낄 수 있다면 그것만으로도 신께 감사해야 할 것이라는 점을 배운다.

『창세기』에 기록된 라헬의 행동이나 라헬이 했던 말은 그다지 낭만적이지 않다. 오늘날 라헬이 존경을 받는 이유는 예언자 예레미아의 입을 통해 표현된 라헬의 모습 때문이다. 그녀는 자식을 위해 자신의 삶을 희생한 거룩한 어머니로서 현대인들에게 기억되고 있다.

라헬은 아들 요셉과 베냐민이 성장하는 모습을 보지 못했다. 유목민으로 태어난 요셉은 성장하여 파라오의 중요한 조언자가 된다. 요셉의 이복형제들이 가나안의 기근을 피해 음식물이 풍족한 이집트로 왔을 때, 파라오는 이들을 받아들였다. 요셉은 너그러운 마음으로 가족들을 받아들이고, 아브라함과 사라의 제3대 자손들을 모아다시 가문을 일으킨다. 이는 결코 쉬운 일도, 하루아침에 일어난 일도 아니다. 요셉은 오랫동안 고통과 번민을 겪으며 이 모든 결과를 꿋꿋하게 일구어 냈던 것이다.

야곱, 라헬, 레아는 극도로 힘든 문제들이 발생하는 상황을 견뎌내며 살았다. 결혼, 사랑, 성 그리고 출산의 문제는 이들을 모두 뿔뿔이 흩어놓았다. 또한 유일신을 믿는 새로운 신앙도 그 추종자들이 전쟁과 이교도 문화에 휩쓸리면서 사라질 위기에 처하였다. 더 많은 아이를 낳는 데 혈안이 된 야곱의 부인들이 펼치는 경쟁은 단지 가족 내의 문제만이 아니었다. 이는 유일신 신앙이 막 형성되던 시점에서 야곱이 그들의 생존과 존속을 위해 치열하게 살았음을 보여준다.

『창세기』에 나오는 모든 선조 어머니들과 같이 야곱의 부인들은 오직 한 가지 목적을 위해 노력했다. 그들의 신앙과 삶의 방식을 지키고, 이를 다음 세대로 전하는 것이 그들의 유일한 목표였다. 이스라엘 민족의 선조 어머니들은 비록 성자는 아니었지만 신성한 약속을 지키기 위해 힘든 여정을 떠난 순례자였다. 이들은 가족들의 유대와 종족의 정체성을 위해 개인적인 고민을 접어두고 자신의 생명력과 삶을 기꺼이 바쳤다.

　라헬이 세상을 떠난 후, 레아는 남편 야곱과 함께 평화로운 시간을 보내게 된다. 질투와 경쟁심은 이제 모두 과거의 일이 되었다. 비록 야곱은 레아보다 라헬을 더 사랑했지만, 레아는 야곱의 아들 열두 명 중 열 명과 딸 디나를 낳았다. 레아는 이스라엘 종족의 어머니로 당당히 군림했고, 그녀의 이름은 사라, 리브가, 라헬과 함께 많은 축복의 기도 속에 등장한다. 레아는 이처럼 새로운 민족의 강인하고 꿋꿋한 어머니였다.

　그러나 레아의 이름은 언제나 라헬 뒤에 등장한다. 이스라엘 사람들의 기억 속에 라헬은 독특하고 유일하며 로맨틱한 여인으로, 야곱의 처음이자 마지막, 그리고 유일한 사랑이었다.

제5장
대담한 미망인

젊은 미망인 다말Tamar은 자신의 운명을 스스로 개척하고 당시의 가부장적 질서에 정면으로 반기를 든 용감무쌍한 여인이었다.

레아와 야곱의 넷째 아들인 유다는 결혼해 세 명의 아들을 두었고, 이름을 각각 에르Er, 오난Onan, 셸라Shelah로 지었다. 장남 에르는 가나안 출신의 다말과 결혼했는데, 결혼식을 올리고 얼마 지나지 않아 갑작스레 세상을 떠났다. 그렇게 되자 유다는 레베레이트Levirate 혼인법에 따라 둘째 아들인 오난에게 형수와 결혼하라고 명한다.

라틴어 'levir형수'라는 말에서 유래된 이 율법은 남자 형제가 아들을 낳지 못한 채 사망할 경우, 형제 중 한 명이 죽은 이의 아내와 결혼해야 한다고 명시하고 있었다. 신명기에는 이 율법이 다음과 같이 규정되어 있다.

「형제들이 함께 사는데 그 중 하나가 죽고 아들이 없거든 그 죽은 자의 아내는 나가서 타인에게 시집가지 말 것이요, 그의 남편의 형제가 그에게로 들어가서 그를 맞이하여 아내로 삼아 그의 남편의 형제 된 의무를 그에게 다 행할 것이요. 그 여인이 낳은 첫 아들이 그 죽은 형제의 이름을 잇게 하여 그 이름이 이스라엘 중에서 끊어지지 않게 할 것이니라」

야곱과 레아의 아들 유다는 가나안 여인과 결혼했다. 아브라함과 이삭이 살던 시절만 해도 유대교는 완전히 뿌리내리지 못한 채 작은 종족 안에서 이어지던 신흥 종교였다. 그리고 신과의 개인적인 대화를 통해 신앙이 형성되던 시기였다. 따라서 새로운 신앙을 지키기 위해 같은 종족과 혼인하는 것은 아주 신성한 일이었다. 유다가 성인이 되어 종족의 지도자로 군림하게 되었을 즈음, 유대교는 한층 더 굳건하게 자리를 잡아가고 있었고, 야곱의 아들 열두 명 모두가 각자 자신의 종족을 거느리고 있었다.

유다는 둘째 아들 오난에게 이렇게 말했다.

"네 형수와 한 방에 들거라. 네 형의 대를 이어주는 것이 동생의 의무임을 잊지 마라."

그러나 오난은 그렇게 태어날 생명이 자신의 자식으로 살지 못하리라는 것을 알고 있었기에 형수와 합방을 할 때마다 임신을 막기 위해 정액을 바닥에 쏟아버리곤 했다. 이런 행동이 주님의 눈에는 악행과 다름없었기에 그도 결국 죽음에 이르게 된다. 오난은 매일 밤 형수와 동침을 했지만, 이런 행동은 다말에게 수치심과 좌절감만 안겨줄 뿐이었다.

오난은 레베레이트 법이 불합리하다고 생각했다. 맏형이 죽으면 죽은 형의 권리와 특권을 자신이 대신 누릴 수 있어야 하는데, 특권은커녕 형의 이름을 물려받을 아들을 만들기 위해 형수와 합방을 해야 한다는 것이 억울할 뿐이었다. 형의 이름을 이어받을 아들이 태어난다면 형을 대신해 자신이 받을 유산이 그 아들에게 넘어갈 것이 분명했기 때문이다.

다말의 집에 들어설 때마다 오난은 화가 치미는 것을 삭일 수 없었다. 형이 사랑하던 아름다운 여인에게 마음이 끌리는 것은 사실이었지만, 본능적으로 꿈틀거리는 자신의 욕망을 억지로 다스렸다. 형수와 동침을 하면서도 마지막 순간에 자신의 씨를 바닥에 쏟아버리는 방법으로 분노를 표출했던 것이다.

다말은 자신에게 올 때마다 그런 식으로 행동하는 오난을 더욱 냉랭하게 대했다. 다말이 오난과 잠자리를 했을 때 쾌락 같은 것은 없었으리라 짐작하겠지만, 사실 다말은 첫 남편과 나누었던 모든 사랑의 기술을 오난에게 가르쳤다. 다말은 오난이 언젠가 자신의 임무를 이행해 생명을 잉태하게 해줄 것이라고 믿었다. 만약 그녀가 정말 임신을 하게 된다면, 자신을 거칠고 무심하게 다루었던 오난에 대한 분노를 잠재울 수 있을 것이라고 생각했다. 그러나 오난은 자신의 씨를 다말에게 절대 남기지 않으리라 맹세했다.

오난이 택했던 피임 방법은 신을 불쾌하게 만들고 말았다. 이는 다말에게 이행해야 하는 법적 의무를 거부하는 행위일 뿐만 아니라,

종족의 존속에 절대적으로 중요한 자손 번식을 거스르는 부도덕한 행위였다. 다말은 죽은 첫 남편의 종족을 지키고 그의 가문에 남기로 결정했다. 그러나 오난은 다말의 이와 같은 숭고한 헌신에 전혀 도움을 주지 않았기에 신은 그에게 '죽음'이라는 형벌을 내리고야 말았다.

오난이 죽자, 맏형의 이름과 종족을 지속시키는 의무는 셋째 아들 셀라에게로 넘어갔다. 유다는 다말에게 어린 셀라가 자라서 결혼할 수 있는 나이가 될 때까지 친정에 돌아가 있으라고 말했다. 그러나 사실 유다는 그 약속을 지킬 생각이 없었다. 다말과 잠자리에 들었던 두 아들이 모두 죽어버렸기 때문에 셋째 아들이 다말과 결혼할 경우 혹시라도 그 또한 제 형들처럼 죽어버리면 어쩌나 하는 불안감에 사로잡혔던 것이다.

다말은 자존심에 큰 상처를 입었지만 분노를 억눌러야만 했다. 자식을 낳고 싶었지만 그녀에게는 임신할 기회가 주어지지 않았다. 친정으로 돌아간 다말은 집안에 부담만 얹어주는 짐스러운 존재일 뿐이었다. 그녀는 자식도 없었고, 경제적인 능력이나 사회적인 위치 또한 없었다. 다말은 그렇게 소외당한 채 하루하루 외로운 나날을 견뎌야만 했다. 그녀에게는 다정한 말벗이 되어 자신의 고민을 들어줄 만한 어머니도, 여자 형제도, 친구도, 친척도 없었다. 친정으로 돌아왔지만 그녀는 완전한 이방인으로 살아가고 있었다. 다말은 늘 검은 옷으로 차려입고 정절을 지키며 생활했다. 시간이 흐를수록 여자로서 아이를 낳을 수 있는 육체적 시한 또한 촉박하게 다가와 그녀의 마음을 점점 조여왔다.

　세월이 흘러 유다의 아내가 세상을 떠났고, 어느덧 셀라도 성인이 되었다. 따라서 레베레이트 법에 따라 유다는 다말과 셀라의 결혼을 서둘러 진행해야 했다. 그러나 유다는 혼인에 관해 아무런 언급이 없었고, 그들의 혼인은 기약 없이 지연되기만 할 뿐이었다. 다말은 어쩌면 셀라와 결혼할 수 없을지도 모른다는 생각에 문득 불안이 엄습했다.

　그녀는 자신이 직접 나서서 유다에게 셀라와의 혼인을 서둘러 달라고 요청한다 해도 아무 소용이 없을 것임을 알았다. 유다는 레베레이트 법을 지키려다 두 번이나 참담한 결과를 맞았으므로 결국 그 법을 따르지 않기로 결심했던 것이다. 그리고 다말을 돌보는 일마저 포기하기로 했다. 이미 두 남편과 부부로 살았던 다말은 자신이 '몸이 더럽혀진' 미망인이라는 사실을 잘 알고 있었고, 때문에 또다시 재혼을 할 수도 없는 처지였다. 사람들은 그녀를 '저주'가 드리운 불길한 여인으로 여기고 있었기 때문이다. 그 당시 사회에서 여성은 오직 '어머니'와 '아내'로서만 가치를 인정받았다.

　그 후로 수년 동안 외로운 밤을 보내며 살아가던 다말은 오직 두 가지의 길만이 앞으로 자신에게 주어지리라는 것을 깨닫는다. 하나는 평생을 친정아버지의 집에 얹혀서 묵묵히 살아가는 것, 둘째는 용기, 성적 매력, 지혜를 도구로 사용해 사회 내에서 특별한 지위를 획득하는 것. 다말은 미망인으로서 자식을 갖는다는 일이 얼마나 힘든지를 온갖 고통을 견디며 깨달아 가고 있었다.

마침내 다말은 이대로 소외된 채 살지 않으리라고 결심했다. 그래서 차분히 계획을 세우면서 기회가 오기만을 손꼽아 기다렸다. 그러던 중 유다가 양들을 몰고 딤나Timnah로 오고 있다는 소식을 듣자마자 그녀는 드디어 계획을 실행에 옮길 준비를 시작했다. 계획은 대담하고도 위험천만한 일이었다. 그녀는 계획을 성공시키기 위해 모든 구체적인 정보를 샅샅이 모았다. 당시 양몰이 계절이 오면 축제를 시작했고, 남자들은 이 축제 기간 동안 길가에 늘어선 창녀들의 집에 머물곤 했다. 다말은 최근 아내를 잃은 유다가 분명 창녀의 집을 찾을 것이라고 생각했다.

그런데 혹시라도 유다가 아닌 다른 남자가 그녀에게 접근하면 어떻게 될까? 어쩌면 다른 어느 누구와 잠자리를 한다 해도 임신이 불가능한 시기일 수도 있었다. 다말은 유다가 다른 길로 양을 몰고 가거나, 아예 나타나지 않거나, 혹시라도 사람들이 자신을 진짜 창녀로 생각하면 어쩌나 하는 불안을 애써 누르고는 일어날 가능성이 있는 모든 위험을 감수하기로 마음먹었다.

그녀는 에나임Enaim으로 가서 유다가 자신을 쉽게 발견할 수 있을 만한 장소를 딤나로 가는 길목에 미리 물색해 두었다. 히브리어로 '길의 어머니'라는 의미를 담고 있는 이 장소는 그 이름이 현재까지도 '중요한 결정'을 일컫는 은유로 사용되고 있다.

흐느적거리며 질퍽하게 춤을 추는 댄서처럼, 다말은 얼굴을 베일로 가리고 하늘거리는 천으로 만든 드레스로 갈아입었다. 그리고 거리에 나와 남자들을 유혹하는 창녀의 모습으로 서 있었다. 수없이 많은 남자들이 지나다니는 길거리에 이런 복장을 하고 서 있는 여인이라면 창녀가 아닌 다른 사람으로는 도저히 생각할 수 없는 모습을 한 그녀였다.

성경은 다말의 행동을 이렇게 묘사하고 있다.

「길을 가던 유다가 그를 보았지만, 얼굴을 가리고 있었으므로 유다는 그가 창녀인 줄 알았다. 그래서 유다는 그가 자기 며느리인 줄도 모르고, 길가에 서 있는 그에게로 가서 말하였다. "너에게 잠시 들렀다 가마. 자, 들어가자." 그때에 그가 물었다. "저에게 들어오시는 값으로, 저에게 무엇을 주시겠습니까?" 유다가 말하였다. "나의 가축 떼에서 새끼 염소 한 마리를 보내마." 그가 물었다. "그것을 보내실 때까지 어떤 물건이든지 담보물을 주시겠습니까?" 유다가 물었다. "내가 너에게 어떤 담보물을 주랴?" 그가 대답하였다. "가지고 계신 도장과 허리끈과 가지고 다니시는 지팡이면 됩니다." 그래서 유다는 그것들을 그에게 맡기고서 그에게 들어갔는데, 다말이 유다의 아이를 임신하게 되었다. 다말은 집으로 돌아와서 너울을 벗고, 도로 과부의 옷을 입었다」

그들의 동침은 마치 거래처럼 무미건조하게 이루어졌다. 서로를 자극하거나 애정 어린 손길로 어루만지는 행위 따위는 전혀 없었다. 단지 다말이 임신에 성공할 만큼의 시간만을 같이 보냈을 뿐이었다. 일을 치른 직후 유다는 양 떼를 몰고 가던 길을 다시 재촉했다.

임신에 성공한 다말은 곧 창녀의 모습을 벗어던지고 검은 옷으로 갈아입은 후 본래의 모습으로 돌아왔다. 그리고 자신과 유다 사이에 어떤 일이 있었는지는 아무도 눈치 채지 못하기만을 바랐다.

신의를 중히 여기는 명예로운 남자였던 유다는 그 창녀(다말)와의 약속을 지키기 위해 절친한 친구 히라Hirah를 보내 그 여인을 찾아달라고 부탁했다. 그녀에게 약속한 염소를 전해 주기 위해서였다. 부탁을 받은 히라가 다시 돌아왔을 때, 그는 유다가 일러주었던 곳에는 그 창녀가 살지 않았고, 유다가 설명한 모습의 여인은 사라지고 없더라는 말을 전했다. 유다는 당혹스러움과 함께 불안한 마음을 감출 길이 없었다. 자신이 창녀와 밤을 같이 보냈다는 사실을 사람들에게 들킨다면 종족 사람들은 이를 치욕스럽게 여길 것이 뻔했기 때문이다. 그래서 유다는 창녀를 찾는 일을 그만두고 모든 것을 덮어두기로 했다.

수개월이 지나자 다말은 임산부임을 더 이상 감출 수 없을 정도로 배가 불러오고 있었다. 마을 사람은 다말이 임신해 배가 부른 모습을 보고 이 사실을 유다에게 알렸다.

"자네 며느리 다말이 창녀질을 했는가 보네. 게다가 덜컥 임신까지 했지 뭔가?"

유다는 노발대발하며, "그년을 당장 끌어내 화형에 처하라!"고 명했다.

결혼을 하지 않은 상태에서 임신을 한 여자는 사형에 처한다는 사실은 다말 또한 익히 알고 있었다. 마을 사람들이 다말을 밖으로 끌어냈을 때 그녀와 함께 있어줄 사람은 배 속에 있는 아이를 제외하고 아무도 없었다. 마을 사람들이 몰려들어 그녀를 둘러싸고 온갖

비난과 욕설을 무자비하게 퍼부어 대기 시작했다. 다말은 자신의 이름이 의미하는 대추야자 나무처럼 동요 없이 꼿꼿하게 서 있었다. 그것은 조용하면서도 확신에 차 있는 듯 당당한 모습이었다.

다말은 유다에게 자신의 상황을 설명하는 데 여러 말이 필요치 않았다. 그녀는 시아버지 유다에게 조그만 꾸러미와 편지를 전했다. 그 편지에는 '이 물건의 주인이 바로 제 배 속에 있는 아이의 아버지입니다.' 라고 적었다. 그리고 '이 인장과 줄, 지팡이가 누구의 것인지 찾아주십시오.' 라고 덧붙였다. 끊임없이 야유를 던지며 다말의 죽음을 구경하기 위해 몰려든 군중들 속에서 다말은 홀로 조용히 서서 머리를 곧게 쳐든 채 시선을 유다에게 고정시키고 있었다. 계획대로 유다가 자신을 받아들이게 될지, 아니면 배 속에 있는 아이와 함께 화형을 당하게 될지 그녀는 무엇도 장담할 수 없었다.

자신의 소지품을 확인한 유다는 며느리를 창녀라고 욕했던 자신의 성급함을 후회했다. 그 꾸러미 안에 들어 있는 것은 분명히 자신의 물건이었고, 그 물건들이 무엇을 의미하는지를 그는 곧 파악했다. 유다는 다말의 배 속에 있는 생명의 씨앗이 바로 자신이라는 사실을 인정해야 했다. 그렇지 않으면 다말과 자신의 핏줄은 사형에 처하고 말 것이었다.

비록 다말이 교묘한 책략을 써 자신을 끌어들여 공개적으로 모욕을 주고 있는 것이라 해도 이스라엘의 지도자가 될 유다이기에 이 문제를 품위 있고 공정하게 해결하는 것이 순리였다. 그래서 그는 모든 사실을 부인하지도, 변명하지도 않았으며 다말에게 모든 책임을 전가하지도 않았다. 오히려 자신의 책임을 순순히 인정하고 스스로를 책망했다. 유다는 레베레이트 법을 무시하였고, 다말의 권리를 무시했으며, 며느리를 친정으로 보내버림으로써 가족을 책임져야 할 가장으로서의 의무도 소홀히 한 셈이었다.

유다는 "다말이 옳다! 모든 것은 내가 그 애를 아들 셀라와 혼인시키지 않았기 때문에 벌어진 일이다."라며 탄식했다. 이 말을 들은 마을 사람들은 깜짝 놀랐고, 그제야 모두들 제 갈 길로 향하며 뿔뿔이 흩어졌다. 그렇게 유다는 다말을 다시 가족으로 받아들였다. 그리고 그는 그 후로 다시는 다말과 잠자리를 하지 않았다. 성경에는 '유다는 그 뒤 다시는 그 여인을 가까이 하지 않았다.' 라고 기록되어 있다.

그로부터 6개월 후, 다말은 쌍둥이를 낳았고, 베레스Perez와 세라Zerah라고 이름 지었다. 그녀는 처벌을 받지 않았다. 뿐만 아니라 그녀의 두 아들은 후에 유다가 이끄는 종족의 미래를 짊어지는 운명을 맞는다. 이들은 수 세기 후 다비드 왕의 선조가 되었으며, 그 후에 태어난 예수가 바로 이들의 후손이다. 따라서 그들은 기독교의 시조인 셈이다.

다말 이야기의 핵심은 그녀가 외롭고 힘든 생활을 견디며 역사 속으로 소리 없이 사라질 운명을 과감히 박차고 새로운 길을 열고자 뛰쳐나왔다는 데 있다. 다말은 사회적으로 아무런 힘이 없는 과부였지만, 자신의 법적 권리를 시아버지 유다로부터 인정받기 위해 모든 노력을 다했다. 결국 유다는 다말의 권리를 무시했다는 사실을 인정하였고, 이에 따른 정당한 절차를 밟았다.

결국 유다와 다말은 모두 가장 확실한 방법으로 문제를 해결했다. 그랬기에 다말은 개인적인 불행과 사회적인 위기에게 가까스로 헤어 나올 수 있었다. 결국 그녀는 자식도 없이 과부로 살아갈 비참한 운명에서 벗어났으며, 창녀처럼 행동한 여자에게 내려지는 형벌 또한 면했다. 이처럼 그녀는 자신이 처한 혹독한 운명에 대응하며 자신의 미래를 적극적으로 바꿔 나갔던 것이다.

유다는 다말이 세운 계획에 동조자 역할을 했다. 다말은 '창녀처럼' 행동했지만, 이것은 결국 유다의 피를 물려받은 자손들이 태어날 수 있었던 계기를 제공했다. 그녀는 이브와 마찬가지로 자신의 성적 매력을 이용하여 목표한 계획을 이루어 낸 셈이다. 그녀가 시아버지와 성관계를 했다는 사실은 가히 놀라운 일이다. 하지만 그녀는 자식을 잉태하기 위해, 종족 내에서 자신의 위치를 찾겠다는 일념 하나로 사회적 규범을 과감히 뛰어넘었던 것이다. 생명을 잉태하기 위한 다말의 의지는 그 누구도, 그 무엇으로도 꺾을 수 없었다. 화형이라는 무서운 형벌 앞에서도 그녀는 초연했다. 이처럼 다말은 자신의 성을 무기로 그녀에 대한 법적 의무를 소홀히 했던 남성들에게 과감히 도전장을 내밀었다.

사실 다말은 유다에게 모욕을 줄 생각은 없었다. 그녀는 유다의 지팡이와 인장, 줄을 조용히 내밀었고, 그가 스스로 현명한 선택을 할 기회를 주었다. 유다는 그 물건들을 확인하면서 자신이 저지른 일을 깨달았고, 한 종족의 지도자로서 어떤 결정을 내려야 할지에 대해 곰곰이 생각할 시간을 가졌다. 유다의 아버지 야곱은 많은 아들 가운데서 유다를 후계자로 지목했었다. 그리고 "민족들이 그에게 순종할 때까지 지휘봉이 그의 다리 사이에서 떠나지 않으리라"고 축복을 내렸었다.

자녀를 갖고 싶어 하는 현대의 많은 여성들은 사회적 관습을 무시하고 생물학적·과학적 한계를 뛰어넘으려고 한다. 물론 현대 여성들은 다말이 겪었던 것과 같은 사회적·전통적 장애물에 부딪히는 일이 거의 없을 것이다. 또한 오늘날의 여성들에게는 재혼, 입양, 최신 의학 기술 등의 다양한 선택의 기회가 주어진다.

다말의 이야기에서 알 수 있듯, 성경은 여성의 용기와 새 생명을 잉태하려는 의지를 축복한다. 하지만 사회적 신분 상승과 더 나은 삶을 추구하겠다는 꿈만으로는 충분치 않다. 이를 실행에 옮길 용기와 결단력이 필요하다. 자식을 갖기 위해 그야말로 필사적이었던 다말은 자기 연민에 빠지지 않았을 뿐 아니라 부당한 대우를 조용히 참지도 않았다. 그 대신 자신이 부딪힌 난관에 맞서 문제를 해결하고, 목적을 달성하기 위해 창의적으로 사고하여 건설적인 계획을 세웠다. 이처럼 다말의 대담함, 곤경에서 헤어 나오려는 그녀의 강인한 의지는 결국 원하던 것을 쟁취하는 데 결정적인 실마리를 제공했다.

성경은 다말의 그러한 창의력과 도전 정신을 높이 찬양한다. 그녀의 처지를 동정적으로 그리고 있으며, 그녀의 당당한 모습을 여실히 보여준다. 다말의 이야기는 한 인간이 어떻게 역사를 바꿔놓을 수 있는지, 그리고 '미약한 여성'이자 이방인이며 사회적 약자였던 한 인간이 어떻게 자신의 운명을 개척할 수 있었는지를 보여준다. 다말은 가만히 앉아서 기적이 일어나기만을 기다리지 않았고, 영원히 한 가족에 예속된 채 자신을 포기하지도 않았다. 그녀는 무한한 상상력과 운명을 개척하려는 진취적인 자세로 자신의 운명을 개척하는 일을 멈추지 않았다. 성경이 다말을 그토록 칭송하고, 신이 그녀의 용기에 보상을 내렸던 이유는 그녀가 육체의 안락함보다 원대한 목표를 성취하기 위한 노력을 추구했기 때문이다. 이처럼 다말은 자신이 가진 능력과 모든 지혜를 최대한 활용하여 성경이 가장 소중히 여기는 '가족과 종족의 번영'에 부응하였던 위대한 여인이다.

제6장

들릴라는 어떻게 삼손을 유혹했을까?

성경 속에 등장하는 삼손은 초인적인 힘을 가진 거인이었지만 충동적인 성격을 지닌 탓에 늘 험악한 짓을 일삼고 다녔다. 기원전 12세기에 살았던 삼손은 여느 이스라엘 사람들과 마찬가지로 강력한 블레셋Philistine 사람들 밑에서 노예와 같은 생활을 했다. 그는 비록 난폭하였지만 블레셋 여자들의 유혹에 쉽사리 넘어갔고, 급기야는 교활한 스파이 들릴라와 사랑에 빠지고 말았다. 들릴라에 대한 삼손의 애정은 파괴적인 집착으로 시작해서 결국에는 종교적 깨달음을 얻고 회개하며 끝났다.

성경에 나오는 많은 위대한 남성들의 어머니인 사라, 리브가, 라헬, 한나 등과 같이 삼손의 어머니 역시 수년 동안 임신을 하지 못했다. 이런 그녀에게 어느 날 신의 천사가 나타나 말했다.

"네가 곧 임신하여 아들을 낳을 것이니, 앞으로는 포도주도 독주도 마시지 않도록 주의하여라. 그리고 아기의 머리에 면도칼을 대어서는 안 된다는 것을 명심하여라. 그 아이는 모태에서부터 하나님께 바치는 나시르인Nazirite이 될 것이다."

히브리어로 '나시르'란 신에게 특별한 능력을 부여받음과 동시에 신체적인 제약이 주어지는 사람을 일컫는다. 예를 들어 머리를 자르지 못하거나, 술을 절대로 마시지 말아야 하는 사람들을 말한다. 나시르인은 신의 숭고한 사업에 참여할 운명을 가진 사람들이므로, 천사는 나시르인으로 태어난 삼손이 이스라엘을 블레셋 사람들의 손에서 구원해 줄 것이라고 예언했다.

이상하게도 성경에는 삼손 어머니의 이름이 기록되어 있지 않다. 단지 '그 여인'으로만 지칭하고 있을 뿐이다.

'그 여인'은 남편 마노아Manoah에게 천사처럼 보이던 어떤 사람이 자신들에게 곧 아기가 생길 거라고 말했다는 걸 전했고, 이에 마노아는 뛸 듯이 기뻐하였다.

어느 날, 그 여인이 홀로 들에 앉아 있을 때 아이가 생기리라는 것을 예언했던 천사가 다시 나타났다. 그러자 여인은 급히 남편 마노아에게 뛰어가 이를 알렸고, 놀란 마노아는 아내를 따라 들판으로 뛰어나왔다. 들판에 앉아 있던 천사는 이 부부에게 앞으로 태어날 아이를 어떻게 키워야 하는지에 대한 당부의 말을 전했다.

이후 여인은 아들을 낳아 이름을 삼손이라 하였고, 주님께서는 이 아이에게 축복을 내려주셨다. 오랫동안 자식이 없던 삼손의 부모는 아이가 태어났을 때 이미 노년의 나이에 접어들고 있었다. 그랬기에 이 부부에게 있어 삼손의 출생은 기적과도 같았다. 그러나 삼손이 이스라엘 민족을 해방시킬 위대한 인물이 될 것이라는 예언을 들은 부부는 삼손의 운명에 대해 왠지 모를 두려움을 느꼈다. 그들은 삼손이 보통의 아이들처럼 마음껏 자유로움을 누리지 못하고 살아가리라는 걸 알았기 때문이다.

그런 이유 때문인지 삼손은 이기적이고 자기중심적인 응석받이로 자라났다. 그는 자신이 특별하고도 중요한 사람이라는 사실을 알고 있었고, 자신이 지닌 엄청난 힘을 늘 과시하고 싶어 했다. 그는 자신이 강한 힘을 드러낸다면 주위로부터 항상 관심의 대상이 될 수 있을 뿐 아니라 그들로부터 존경받으리라고 생각했다. 하지만 삼손이 신과 부모가 자신에게 일러준 영웅적 행동이 어떤 의미를 갖고 있는 것인지에 대해 정말 진지하게 생각해 보았는지는 알 수 없다.

어쨌든 삼손은 자신이 다른 아이들과 다르다는 것만은 분명히 인식하고 있었다. 마을 사람들은 삼손의 큰 몸집과 기다란 머리카락을 놀려댔고, 삼손이 태어나기 전 그의 부모에게 천사라고 불리는 이상한 사람들이 나타났다는 소문에 대해 수군거리고는 했다.

삼손이 태어난 곳은 단Dan이라는 전통적인 작은 시골 마을이었다. 작고 가난한 시골 마을에서 태어난 삼손은 블레셋 사람들이 모여 살고 있는 지중해 도시로 내려가 살았다. 이 도시는 부유했고, 성적으로도 개방적이었으며, 타락한 곳이었다. 삼손은 블레셋 사람들을 부러워하는 동시에 반감을 지니고 있었다. 그는 쾌락을 즐기는 블레셋 사람들과 같은 자유로운 사람이 되고 싶었다. 하지만 그들은 삼손의 엄청난 괴력을 신기하게만 생각했을 뿐 그를 진정 평범한 사람으로 생각지 않았다. 이러한 환경 속에서 삼손의 갈등은 날이 갈수록 쌓여갈 뿐이었다.

삼손이 유다가 지도자로 있던 딤나를 방문했을 때의 일이다. 그는 딤나에서 한 블레셋 여인을 만났는데, 집으로 돌아온 후 자신의 부모에게 그 블레셋 여인을 아내로 맞고 싶다고 말했다. 그러자 삼손의 부모는 호통 치듯 말했다.

"네 동족의 딸들 가운데서나 나의 온 백성 가운데에 여자가 없어서 할례 받지 않은 블레셋 사람을 아내로 맞으려 하느냐!"

그러나 삼손은 뜻을 굽히지 않았다.

"그 여인을 아내로 맞게 해주십시오. 전 그 여인이 마음에 듭니다."

아들의 강렬한 소망을 꺾을 수 없던 부모는 결국 삼손과 함께 딤나로 향했다.

이 일이 있기 전, 다음과 같은 일화가 있었다. 삼손이 딤나 근처에 있는 포도밭을 혼자 지나고 있는데 힘센 사자 한 마리가 그에게 으르렁거렸다. 그때 주님의 영이 삼손에게 몰아쳐 삼손은 맨손으로 마치 새끼 염소를 다루듯 그 거대한 사자를 갈기갈기 찢어 죽였다. 그러나 그는 자신이 저지른 일을 아버지와 어머니에게 알리지 않았고, 그 후로도 항상 모든 일을 혼자서 처리했다.

사춘기 소년과 같은 반항적인 성향을 갖고 있던 삼손은 자신의 생이 얼마 남지 않았을 때에야 비로소 이 같은 행동을 멈추었다. 그는 훌륭한 신체뿐 아니라 어른을 뛰어넘는 힘을 갖고 있었지만, 항상 자기중심적이었고 자신의 욕망만을 생각했다. 그처럼 자기중심적인 생각과 아집에만 사로잡혀 있는 태도는 늘 불행한 결말을 예고하기 마련이다.

삼손의 부모는 블레셋 여인과 결혼하려는 아들이 못마땅했다. 하지만 삼손의 고집을 꺾지 못한 그들은 어쩔 수 없이 딤나까지 동행해 삼손에게 기쁨을 안겨준다는 그 여인에게 아들과 결혼해 달라고 청할 수밖에 없었다.

드디어 삼손의 결혼식이 거행되었다. 그러나 안타깝게도 이 결혼식은 삼손을 분노와 복수심에 불타게 하는 불행한 사건이 되고 만다.

블레셋 남자들은 삼손의 결혼 소식을 듣고 7일 동안 결혼식 행사에 참여했는데, 이 축제 기간 동안 삼손을 제외한 모든 남자들은 술에 절어 있다시피 했다. 삼손은 축제의 흥을 돋우기 위해 블레셋 남자들에게 수수께끼를 냈는데, 그것은 자신의 손으로 잡아 죽였던 사자의 시체에 벌 떼가 모여 있고 꿀도 고여 있던 것에 힌트를 얻어 만든 것이었다. 삼손은 블레셋 남자들에게 만약 결혼식 축제가 끝나기 전에 수수께끼를 푼다면 아마로 만든 속옷 서른 벌과 예복 서른 벌을 주겠다고 제의했다. 그러나 수수께끼의 답을 알아내지 못한다면 역으로 자신에게 서른 복의 속옷과 서른 벌의 예복을 주어야 한다는 조건을 걸었다. 그러자 사람들은 어서 그 수수께끼를 내보라며 재촉하였고, 삼손은 다음과 같은 수수께끼를 냈다.

먹는 자에게서 먹는 것이 나오고
힘센 자에게서 단것이 나왔다.

　결혼식에 참석한 블레셋 사람들은 삼손이 자신들보다 훨씬 힘이
세고, 신체적 조건 또한 탁월하여 이를 시기하였고, 그런 마음 탓에
그를 자신들과 달리 여겼다. 수수께끼의 답을 종잡을 수 없던 그들
은 결국 삼손의 신부에게 몰래 접근하여 수수께끼의 답을 알아내라
고 요구하였고, 만일 그렇지 못할 경우 그녀의 가족들을 몰살해 버
리겠다고 위협했다. 그들의 협박이 두려웠던 삼손의 아내는 결국 그
의 곁에서 울며 호소했다.
　"당신은 나를 사랑하지 않아요. 그러니 당신이 내 동족들에게 수
수께끼를 내놓고도 나에게는 풀이를 해주지 않지요."
　그러자 삼손이 말했다.
　"여보, 내 아버지와 어머니께도 알려드리지 않았는데, 어찌 당신
이라고 알려주겠소?"
　이처럼 삼손이 완고하게 수수께끼의 답을 알려주지 않자, 그의 아
내는 잔치가 계속되는 7일 동안 줄곧 곁에서 눈물을 흘렸다. 결국
삼손은 이레째 되는 날 마지못해 아내에게 수수께끼 풀이를 털어놓
고야 말았다. 그러자 아내는 그 길로 달려가 자신의 동족들에게 해
답을 알려주었다.
　축제의 마지막 날, 해가 지기 전 무렵 성읍 사람들이 그에게 그 수
수께끼의 답을 말하기 위해 모였다.

"무엇이 꿀보다 더 달며, 무엇이 사자보다 더 강할까?"

그 순간 삼손은 아내가 자신을 배신하고 그들에게 답을 알려주었다는 사실을 단번에 알아챘다. 분노에 휩싸인 삼손은 손님들에게 "그대들이 내 암송아지로 밭을 갈지 않았더라면 내 수수께끼의 답을 절대 찾지 못하였을 것이오!"라고 고함쳤다. 삼손은 그들이 자신의 아내를 통해 답을 알아냈다는 사실을 이미 눈치 챘던 것이다. 그의 말 중 '암송아지'는 아내를 의미하며, '밭을 갈았다'는 말은 블레셋 사람들이 삼손의 아내와 성관계를 맺었음을 암시한다.

삼손의 복수는 그야말로 잔인했다. 그는 아스글론Ashkelon으로 내려가 그곳에서 서른 명을 쳐 죽이고 그들의 옷을 벗긴 다음, 수수께끼를 푼 자들에게 그 예복들을 주었다. 그리고 노여움을 감추지 못한 채 아버지의 집으로 가버렸다. 그 일이 있은 후 결국 버림받은 삼손의 아내는 결혼식에 참석했던 하객 중 한 사람과 결혼한다.

시간이 어느 정도 흐른 후 다시 아내를 찾아간 삼손은 자신의 아내가 다른 남자와 다시 결혼했다는 소식을 들었다. 삼손이 불같이 화를 내자 삼손의 아버지는 그를 진정시키기 위해 대신 그녀의 여동생과 결혼하라고 말했다. 그 여동생은 언니보다 훨씬 아름다운 여인이었지만, 삼손은 자신의 권리가 무시당했다는 생각을 지우지 못하고 다음과 같이 경고했다.

"앞으로 내가 블레셋 사람들에게 해를 입힌다 해도 이번만은 나를 탓할 수 없을 것이오."

삼손이 어떻게 복수를 했는지에 관한 이야기는 구전되어 내려오는 여느 민담들과 마찬가지로 과장되었을 가능성이 있는데, 삼손의 복수에 대한 묘사는 다음과 같다.

삼손은 3백 마리의 여우를 잡아 두 마리씩 그 꼬리를 묶었다. 그리고 꼬리에 불을 붙여 블레셋 사람들의 밭으로 내보냈다. 이러한 방법으로 그는 블레셋 사람들이 수확한 곡식뿐 아니라 베지 않은 곡식, 포도밭, 올리브 나무까지 모조리 태워버렸으며, 그들의 마을로 내려가 전처의 집으로 달려가서는 전 부인과 그녀의 아버지를 산 채로 불태워 죽였다.

이런 참담한 사건들이 발생하자 참다못한 블레셋 사람들은 삼손을 잡아넣을 계획을 세웠다. 삼손은 누구도 당할 자 없는 힘센 장사였지만, 여자 문제에 있어서는 한없이 순진했다. 수천 명의 블레셋 사람들을 죽였으면서도 블레셋 여인들에게만큼은 손끝 하나 대지 않는 그였다.

블레셋 사람들은 삼손이 가사Gaza 지역에 있는 홍등가에 자주 들른다는 사실을 알아냈고, 그가 들릴라Delilah라는 여자에게 흠뻑 빠져 있다는 정보를 입수했다. 들릴라는 소렉Sorek 골짜기에 살면서 정보를 파는 여자였다. 지역 지도자들은 들릴라에게 삼손을 꾀어 그 괴력이 도대체 어디서 나오는 건지, 어떻게 하면 그를 잡아다가 꼼짝 못하게 할 수 있는지 알아내고, 그렇게만 해준다면 우리가 한 사람당 은 천백세 켈씩 주겠다고 약속했다.

이 제안을 수락한 들릴라는 어느 날 달콤한 목소리로 삼손을 유혹하며 슬쩍 물었다.

"당신의 그 엄청난 힘이 대체 어디에서 나오는 것이지요? 어떻게 하면 당신을 꼼짝 못하게 할 수 있나요?"

이에 삼손은 이렇게 대답했다.

"마르지 않은 싱싱한 줄 일곱 개로 내 몸을 묶으면 힘이 약해져서 그냥 보통 사람처럼 된다오."

그 말을 전해 들은 블레셋 지도자들은 들릴라에게 마르지 않은 싱싱한 줄을 보내 그를 묶게 했다. 그녀의 방에는 블레셋 사람 한 명이 숨어 있었는데, 삼손을 다 묶고 나자 들릴라는 그에게 소리쳤다.

"삼손, 블레셋 사람들이 당신을 잡으러 와요!"

그러자 삼손은 자신을 꽁꽁 동여맸던 줄을 마치 불에 탄 삼 오라기를 끊듯 툭툭 끊어버렸고, 이로써 그 힘의 원천에 대한 비밀은 알려지지 않은 채 미궁 속에 묻혀버렸다. 삼손은 전처에게 속았던 지난날의 경험을 통해 자신의 힘의 원천에 대한 비밀을 일부러 거짓말로 둘러댔던 것이다. 하지만 교활한 들릴라는 삼손이 자신을 속였다는 사실에도 불구하고 그 비밀을 꼭 알아낼 수 있으리라 자신했다.

삼손이 들릴라에게 매력을 느낀 이유는 그녀가 블레셋 사람이기 때문이었다. 삼손은 블레셋 사람들이 살아가는 방식과 그들의 삶을 동경했다. 그들은 자신의 종족인 이스라엘 사람들과 달랐다. 삼손이 보기에 블레셋 사람들은 이스라엘인들보다 우월해 보였는데, 그들의 정치 구조, 기술, 군사적인 힘, 그리고 이스라엘 사람들과는 달리 신앙에 얽매인 채 살아가지 않는 생활 등이 마음에 들었던 것이다. 이처럼 삼손은 블레셋 사람들을 동경했다.

들릴라는 삼손에게 갖은 애교와 아양을 떨며 그의 힘에 대한 비밀을 얘기하도록 계속 유도했다. 그녀는 삼손을 밤마다 끊임없이 유혹했고, 결국 삼손은 들릴라 없이 하루도 살 수 없는 지경에 이르렀다. 들릴라는 매일 밤 그에게 어떻게 하면 그 괴력과도 같은 힘이 빠져 보통 사람들과 같아질 수 있는지를 물었고, 삼손은 매번 거짓말을 했다. 이번에도 들릴라는 삼손이 알려주는 대로 그를 묶고는 "블레셋 사람들이 당신을 잡으러 와요!" 하고 외쳤다. 그러면 이번에도 삼손은 마치 가느다란 실을 끊어버리듯 굵은 밧줄도 가볍게 끊어버렸다.

날이 갈수록 삼손은 점점 들릴라에게 빠져들었고, 이제는 더 이상 자신을 통제할 수 없는 지경에까지 이르렀다. 자신이 누구인지, 누구에게 복종하고 있는지, 자신을 보호하기 위해 어떤 점을 주의해야 하는지 등에 관한 판단력이 흐려져 갔던 것이다. 매일 밤 집요하게 물어대는 들릴라의 질문에 거짓말로 넘겨버리는 끈질긴 게임에서도 삼손은 점차 통제력을 잃어갔다. 자신의 삶, 종족들의 미래, 신의 계획에 관한 관심 또한 점차 사라져 가고 있었다. 삼손에게 중요한 것은 순간순간의 성욕을 채우기 위해 들릴라와 잠자리를 하는 것이었다.

들릴라는 어느 날 밤 뾰로통해져서는 삼손에게 이렇게 말했다.

"마음은 내 곁에 있지도 않으면서 당신은 어떻게 나를 사랑한다고 말할 수 있어요? 이렇게 나를 세 번이나 놀리기만 하면서, 당신의 힘이 어디서 나오는지는 절대 말해 주지 않는군요."

들릴라가 날마다 이런 말로 들볶고 졸라대는 것이 삼손 또한 점점 지겨워졌다. 그래서 자신도 모르게 그 비밀을 털어놓고야 말았다.

"나는 모태에서부터 하나님께 바쳐진 나시르인이기 때문에 단 한 번도 머리에 면도칼을 대어본 적이 없소. 따라서 내 머리털을 깎아 버리면 괴력과도 같은 나의 힘은 사라져 다른 평범한 이들처럼 될 것이오."

지금까지 들었던 대답과는 분명 다르다고 확신한 들릴라는 삼손이 진실을 말하고 있음을 깨달았다. 들릴라는 우선 삼손을 재운 다음 '은 천백세 켈씩'을 준비하고 있는 블레셋 지도자들에게 전갈을 보냈다. 삼손은 편안하게 긴장을 푼 채 들릴라의 무릎 위에서 잠들어 있었다. 순진하게도 그는 들릴라가 자신을 진정으로 사랑한다고 믿으며 깊은 잠에 빠져 있던 것이다.

삼손이 완전히 잠들자 들릴라는 방 밖에서 기다리고 있던 블레셋 사람들에게 신호를 보내 들어오도록 하였고, 그들은 일곱 가닥으로 땋은 삼손의 머리털을 잘랐다. 일을 마친 후 그들이 방을 나가자 들릴라는 "삼손, 블레셋 사람들이 당신을 잡으러 와요!"라며 소리쳤다. 잠에서 깨어난 삼손은 자신의 몸에 묶여 있는 줄을 여느 때처럼 쉽게 끊을 수 있을 거라고 생각했다. 이에 대해 성경에는 '그는 주님께서 자기를 떠나셨다는 것을 알지 못하였다.'라고 적혀 있다. 삼손은 자신의 머리를 만져보고 나서야 들릴라가 배신했다는 사실을 깨달았지만, 그때는 이미 초인 같은 괴력이 모두 사라져 버린 후였다. 긴 머리카락이 모두 잘려 나간 삼손은 이제 보통 인간과 다를 바 없

는 상태였다.

원하는 은을 마침내 손에 넣은 들릴라는 만족스러워하며 블레셋 사람들 옆에 서서 그들이 삼손을 붙잡아 눈을 후벼 파는 것을 구경 꾼처럼 지켜보고 있었다. 삼손을 잡아 감옥에 넣은 블레셋 사람들은 청동으로 만든 사슬로 삼손을 묶어 노예로 만들고는 감옥에서 큰 맷돌을 돌리게 했다.

이처럼 삼손은 신이 내려주신 자신의 능력을 한순간의 쾌락과 바꾸었다. 야곱의 형 에서 또한 잠시 동안의 허기를 잊기 위해 스프 한 그릇과 맏아들로서의 권리를 팔았던 사례가 있다. 이 두 사람 모두 신이 주신 권리를 한순간의 만족과 맞바꾸어 찬란한 미래를 포기한 경우이다.

삼손은 인식하지 못하고 있었지만 신은 그에게 두 번째 기회를 주셨다. 비록 그의 머리카락은 모조리 잘려 나갔지만 다시 자라기 시작했던 것이다.

시간이 흘러, 블레셋 사람들은 삼손을 잡아들인 데 안심하고 즐거운 시간을 보낸다. 이들은 그들의 신, 다곤Dagon의 신전에 삼손을 제물로 바치기로 결정했다. 이에 대해 성경은 다음과 같이 기록해 놓았다.

「그들의 마음이 즐거울 때에 이르되 삼손을 불러다가 우리를 위하여 재주를 부리게 하자 하고 옥에서 삼손을 불러내매, 삼손이 그들을 위하여 재주를 부리니라」

팔목에 묶인 굵은 쇠사슬 때문에 살이 벗겨져 있던 삼손은 마치 서커스단의 곰처럼 사람들이 시키는 대로 그들 앞에서 재주를 부렸고, 구경꾼들은 그런 모습을 즐겼다. 앞이 보이지 않는 삼손의 눈은 어둡고 텅 빈 듯했다. 삼손은 들릴라에게 빠져 비밀을 털어놓고 말았던 자신의 어리석은 실수를 사무치게 후회했다.

이렇듯 후회와 반성의 세월을 보낸 삼손은 이제 진정한 영웅으로서 돌아오려 했다. 그는 자신을 희생해서라도 신과의 약속을 지키고자 했다. 블레셋 사람들의 노예로 살고 있는 자신의 처지를 깨달으며 자신과 같은 종족인 이스라엘 사람들 또한 블레셋 사람들에게 비참한 생활을 강요받으며 살고 있음을 비통해 했다.

삼손을 재미 삼아 부리던 블레셋 사람들은 그를 다곤 신전의 두 기둥 사이에 묶었다. 그러자 삼손은 자신의 손을 잡고 있던 소년에게 이렇게 부탁했다.

"이 건물을 받치고 있는 기둥 쪽으로 나를 데려가다오. 거기에 좀 기대고 싶구나."

그때 그곳은 남자와 여자들로 가득 차 있었는데, 블레셋 제후들 또한 모두 모여 있었다. 뿐만 아니라 건물의 옥상에도 삼손의 모습을 구경하던 남녀들이 3천 명쯤 있었다.

군중들이 삼손에게 야유를 보낼 때쯤 삼손은 문득 자신의 몸 안에서 새로운 힘이 솟아나는 것을 느꼈다. 그의 머리카락은 다시 자라나 있었고, 그와 함께 신의 축복도 다시금 돌아왔다.

'주 하나님, 저를 기억해 주십시오. 저에게 다시 힘을 주십시오. 하나님, 제게 한 번만 더 기회를 주시어 블레셋 사람들로 인해 멀어

버린 제 두 눈에 대한 복수를 하게 해주십시오!'

그렇게 마음속으로 기도한 삼손은 그 건물을 받치고 있던 중앙의 두 기둥을 찾아 기둥 하나에는 오른손을, 다른 하나에는 왼손을 대었다. 그리고는 "블레셋 사람들과 함께 죽게 해주십시오!"라고 외치며 있는 힘을 다하여 그것을 밀어내니, 그 건물 안에 있던 사람들 위로 무너져 내렸다. 그렇게 삼손이 자신까지 희생시키며 죽게 한 사람은 그가 생전에 죽였던 이들의 숫자보다 훨씬 많았다. 이 사건으로 블레셋 지도자들이 모두 죽자 그 백성들은 모두 뿔뿔이 흩어졌고, 결국 이스라엘인들에게 정복당하고 만다.

삼손의 친척들은 그의 주검을 찾기 위해 신전의 폐허를 헤매고 다녔다. 그의 형제들과 아버지 집안이 모두 내려와 그의 주검을 들고 올라가 소라Zorah와 에스다올Eshtaol 사이에 있는 삼손의 아버지, 마노아의 무덤에서 장사를 지냈다. 이로써 삼손은 신의 영이 그에게 처음 내려왔던 곳으로 다시 돌아온 셈이었다. 평생을 블레셋 사람들과 함께 보냈던 삼손은 결국 자신의 고향과 자신의 종족인 단Dan 사람들에게 신의 영광을 돌렸고, 그들의 품으로 돌아와 영원한 안식을 얻었다.

성경에 나오는 이야기 중 가장 유명한 삼손과 들릴라의 이야기는 아직까지도 영화, 오페라 등의 예술 작품 속에 종종 등장한다. 외롭고 고집 센 거인 삼손과 교활한 여성 들릴라는 예술 작품의 단골 등장인물이며, 그들의 이야기는 남자의 초인적인 힘조차도 무력하게 만드는 여자의 성적 유혹을 상징적으로 보여준다. 하지만 삼손이 죽기 전 마지막으로 보여준 용기 있고 감동적인 행동은 그를 이스라엘 민족의 역사 속에 길이 남을 영웅으로 만들었다.

삼손은 과거의 경험을 바탕으로 교훈을 얻었음에도 불구하고 슬기롭게 행동하지 못했다. 자신을 두 번이나 배신했던 블레셋 여성에게 빠져 또다시 자신의 종족 사람들을 저버렸던 것이다. 삼손의 부모와 종족 사람들에게 있어 이 여인들은 위험한 존재였다. 그러나 삼손은 종족 사람들을 블레셋 사람들의 압제로부터 해방시키는 데 자신의 강력한 힘을 사용하려는 노력을 하지 않았다. 그보다는 자신의 유명세를 이용해 여인들과의 성적 유희를 즐기는 데만 정신이 팔려, 결국 그녀들의 손아귀에 놀아났던 것이다. 이처럼 삼손은 여인들의 교태와 눈물에 속아 스스로를 바보로 만들었고, 비겁자가 되었다.

블레셋 사람들에게 사로잡혀 노예가 되자 삼손은 무기력해졌다. 그가 할 수 있는 것이라고는 신께 도와달라고 기도하는 일, 종족들을 위해 자신의 생명을 희생하는 일, 그리고 감옥 생활을 견디다 결국 적들에게 처형을 당하는 일뿐이었다. 그리고 이 세 가지 중 어떤 것을 택하더라도 삼손이 블레셋 사람들에게서 이스라엘 민족을 해방시킬 것이라던 천사의 예언은 실현할 수 없을 듯했다.

결국 삼손은 자신의 목숨을 희생하더라도 이스라엘 민족을 해방시킬 수 있다면 기꺼이 감수하리라 마음먹었다. 그는 '자기희생'을 선택함으로써 더욱 원대한 선행을 실천하기로 했던 것이다. 이러한 삼손의 살신성인은 지금까지도 이스라엘 민족의 영웅적 유산으로 남아 있다.

삼손은 생의 마지막 순간이 되어서야 비로소 다른 사람을 해치고 괴롭히는 데만 사용해 왔던 자신의 초인적인 힘이 위대한 일을 수행하기 위한 신의 '선물'임을 깨닫는다. 그는 이교도의 신전에서 노예로 살아가는 동안 예전에는 미처 느끼지 못했던, '신이 자신의 곁에 존재하심'을 느꼈다. 죽음의 어두운 골짜기를 향해 걸어갈 때 그는 생애 처음으로 신께 울부짖으며 기도했다. 장님이 되고 나서야 비로소 신을 바라볼 수 있었으며, 육체적인 힘이 가장 약해진 순간에 영적으로 가장 강한 사람으로서 거듭난 것이었다.

삼손의 성격에는 치명적인 결함이 많이 있었다. 그는 종종 광란의 행동을 일삼았으며, 이에 따른 문제 또한 많이 일으켰다. 현대의 평론가들은 삼손의 감정적·신체적인 결함을 분석하곤 한다. 충동적이고 폭력적인 사춘기의 소년과 같은 성격을 갖고 있던 삼손은 줄에 묶이고, 매를 맞고, 고통을 당하면서 성적 흥분을 느끼는 이상 성욕을 가지고 있던 것으로 추정된다. 또한 들릴라는 그의 의식 밑에 깔린 자학적 성욕을 발견하고, 이를 이용한 것으로 분석된다. 이는『정신이상의 진단과 통계 지침서Diagnostic and Statistical Manual of Mental Disorders』에 자세히 기술되어 있다. 또 다른 평론가들은 삼손의 머리카락이 잘린 것은 거세를 당한 것과 같음을 상징한다고 주장한다. 그러나 이러한 의학적 분석은 삼손의 명성을 손상시키며 그의 이야기를 비극적 승리로 변색시킬 뿐이다.

오늘날 '들릴라'는 강한 남자를 쉽게 무너뜨리는 사악한 여자의 대명사로서 종종 인용되곤 한다. 이 같은 관점은 틀에 박힌 남성 중심적인 사고방식이라 할 수 있지만, 달콤한 말로 현혹하는 남자들에게 속는 여성들 또한 많기에 남녀를 불문하고 똑같이 적용할 수 있다. 그러나 삼손의 무모한 행동에 대한 책임은 어디까지나 그 자신에게 있다. 삼손은 블레셋 사람인 전처와의 불행한 사건을 거울삼아 더욱 현명하게 행동해야 했지만, 또다시 그 종족들에게 속은 후에야 자신의 어리석음을 깨달았다.

삼손의 불행한 결말에 대해 들릴라를 비난하는 것은 에덴동산에서 아담의 행동에 대해 이브를 비난하는 것과 같다. 누구도 아담과 삼손에게 그 여성들과의 성관계를 강요하지 않았다. 이들은 모두 자신이 한 행동에 스스로 책임져야 하는 독립적인 존재였다. 남성을 여성의 간교한 음모에 속아버린 가엾은 희생자로 묘사하는 것은 남성들을 어린아이 취급하는 것이며, 성인으로서의 개인적 책임감과 의무를 박탈하는 것과 같다.

삼손은 들릴라를 깊이 사랑했지만, 들릴라는 그에게 사랑을 느끼지도, 사랑을 요구하지도 않았다. 단지 삼손이 입으로만 사랑한다는 말을 속삭이고 자신의 힘의 원천에 대해 말해 주지 않는 것을 원망할 뿐이었다. 진정 사랑하는 사이라면 서로 간에 비밀은 없어야 한다고 믿었던 그녀였기에 삼손의 행동이 사랑을 가장한 '욕정'으로만 보였을지도 모른다. 창녀인 동시에 블레셋 권력층과 가까운 스파이였던 들릴라는 오로지 임무를 수행하고 대가를 챙기는 데만 골몰

했다. 그녀에게 중요한 것은 그저 돈뿐이었다.

성경에 등장하는 다른 여성들과는 달리 들릴라는 출신지가 정확히 기록되어 있지 않다. 당시 들릴라가 블레셋 지도자들과 연락을 취하고 있었고, 블레셋과 이스라엘 국경 근처에 살았다는 사실로 미루어 그녀가 블레셋 사람이었을 것이라고 추정될 뿐이다. 성경에는 그녀가 소렉 계곡 지역에서 온 냉혹한 여인이면서 가부장적인 사회 구조에 얽매이지 않는 독립적인 여성으로 묘사되어 있다. 하지만 그녀의 인간적인 모습이나 개인 생활에 대해서는 성경에 전혀 언급되어 있지 않다. 성경에 묘사된 그녀의 모습은 손님들의 욕구를 잘 간파하고, 돈에만 관심을 두는 여성일 뿐이다. 또한 삼손을 블레셋 사람들에게 넘길 때에도 그녀의 태도에는 자신의 민족에 대한 최소한의 애국심 혹은 그와 비슷한 것조차도 비치지 않았다.

들릴라는 하루하루 먹고살 일을 걱정할 만큼 가난한 여성은 아니었다. 굳이 말하자면 콧대 높은 개인 기업가라고 할 수 있다. 그녀는 남성들이 모든 권력을 장악하고 있던 당시의 사회 분위기 속에서 성을 수단으로 생계를 유지하던 여성이었다. 현대의 생계 수단은 당시보다 훨씬 다양해졌음에도 불구하고 자신을 성적으로 상품화하여 생계를 이어가는 여성들은 여전히 존재한다.

세속적이고, 속을 알 수 없고, 사람을 다루고 속이는 데 능숙했기에 그녀는 삼손이 자신에게 푹 빠져 있다는 것을 알고, 이를 당연하다는 듯 이용했을 것이다. 그녀는 자신의 성적 매력을 이용해 남자를 유혹하고 곤경에 빠뜨리는 냉정한 요부였다. 삼손과의 파워게임에서 결국 승리한 사람은 그녀였다.

성경은 삼손의 나약함을 묘사하기 위해 들릴라에 대해 간단히 묘사할 뿐이다. 삼손이 다곤 신전을 무너뜨렸을 때 그녀가 그곳에 있었는지, 그래서 수많은 블레셋 사람들과 함께 죽음을 맞이했는지 등에 관한 언급은 없다. 들릴라는 성경 속에서 모범적인 인물로 그려지지 않는다. 성경 속 다른 여인들처럼 지혜를 갖추지도 않았고, 현대의 여성들에게 귀감이 될 만한 모범적인 행동을 보이지도 않았다. 단지 역동적이고 치열한 삶을 살았다는 점에서 성경 속에 등장하는 다른 여인들과의 공통점을 지닐 뿐이다.

독립적이고 계략에 능했던 그녀는 그런 능력과 지력을 오로지 탐욕을 채우는 데만 이용했다. 들릴라가 성경 속 다른 여인들과 가장 크게 다른 점은 자신의 능력을 오로지 사악한 욕망을 채우는 데만 이용했던 점이다. 누구나 그렇듯 그녀 역시 장점과 단점을 동시에 지녔지만, 행동의 동기가 사악했다는 데 근본적인 차이가 있는 것이다. 하지만 성경은 자유의지를 지닌 들릴라의 행동에 대해 어떠한 판결이나 처벌을 내리지 않았다. 성경은 때로 어떠한 사건에 대해 자세히 기록하지 않고 생략하기도 하는데, 이는 인간 스스로가 옳고 그름을 판단하게 하기 위함이다.

들릴라는 삼손을 배신했지만, 삼손에 대한 자신의 감정을 속이지는 않았다. 그러나 우리는 커다란 쇠사슬에 묶인 거인 삼손에게 동정을 느끼지 않을 수 없다. 스스로의 감정에 속고, 그토록 사랑했던 여인에게 배신을 당하고, 감옥에 갇혀 무기력하게 고문을 당한 삼손. 그러나 삼손은 결국 신에게서 부여받은 성스러운 임무를 수행함으로써 이스라엘 민족을 해방시켰다.

제7장
다윗의 첫 아내, 미갈

기원전 1050년경, 사울 왕의 딸 미갈은 이새 Jesse 의 아들이자 베들레헴에 사는 양치기인 다윗과 사랑에 빠진다. 편안한 궁전 안에서만 살았던 미갈은 바깥세상에서 숱하게 일어나는 복잡한 문제들에 대해 무지했다.

미갈이 다윗을 만났을 때 다윗은 이스라엘의 승리자로 칭송받고 있었다. 고무줄과 돌멩이 하나로 거인 골리앗을 쓰러뜨리고, 블레셋 사람들 아래에서 노예와 같은 생활을 하던 이스라엘 민족을 구해 냈기 때문이다. 성경은 다윗을 '붉그스레한 뺨과 빛나는 눈을 가진 잘생긴 젊은이였고, 음악에 소질이 있었으며, 건장한 체격을 지닌 전사로서 언변이 탁월했고, 항상 주님과 함께 있었'고 묘사한다.

다른 이스라엘 사람들과 마찬가지로 미갈 역시 골리앗에 도전한 대담한 소년 다윗의 모습을 기억하고 있었다. 골리앗과 싸울 때 다윗은 이렇듯 위풍당당하게 말했다.

"너는 칼과 표창과 창을 들고 나왔지만, 나는 네가 모욕한 이스라엘 전역의 하나님이신 만군의 주님 이름으로 나왔다. 오늘 주님께서 너를 내 손에 넘겨주실 것이다. 주님께서는 칼이나 창 따위로 구원하시지 않는다는 사실을 여기 모인 온 무리가 이제 깨닫게 될 것이다. 전쟁은 주님께 달린 것이다. 그분께서 너희를 우리 손에 넘겨주실 것이다."

이스라엘 민족의 최초의 왕인 사울은 골리앗이 죽고 블레셋 사람들이 뿔뿔이 흩어지자 안심했다. 그러나 여자들이 다들 다윗의 위용과 업적을 칭송하고 떠받드는 걸 보니 심기가 편치 않았다. 다윗이 블레셋 사람들을 쳐 죽이고 군대와 함께 돌아왔을 때 이스라엘의 모든 성읍에서 여인들이 나와 환성을 올리며 악기에 맞추어 노래하고 춤을 추었는데, 그 노래는 다음과 같다.

사울은 수천을 치시고
다윗은 수만을 치셨다네!

이에 질투를 느낀 사울은 다윗을 시기하기 시작한다.

"다윗에게는 수만 명을 돌리고 나에게는 수천 명을 돌리니, 이제 왕권 말고는 더 돌아갈 것이 없겠구나."

다윗이 전쟁에서 돌아온 다음 날, 하나님께서 보내신 악령이 사울에게 들이닥쳐 그가 집 안에서 발작을 일으키자 다윗이 여느 때처럼 비파를 탔다. 이때 마침 사울은 손에 창을 들고 있었는데, 다윗을 벽에 박아버리겠다는 잔인한 의도를 가지고 그를 향해 창을 던졌다. 그러나 다윗은 사울 앞에서 두 번이나 재빠르게 몸을 피해 화를 면했다. 이렇듯 다윗을 죽이려는 일이 실패로 끝나자 사울은 하나님이 자신으로부터 돌아서시고 다윗과 함께하신다는 것을 깨달아 다윗이 두려워지기 시작했다.

이때부터 사울은 우울증에 시달린다. 다윗의 아름다운 음악 연주도 사울을 위로할 수 없었고, 불같은 시기심에 빠져 이성을 잃은 그의 공격을 막을 수도 없었다. 이때 성경은 처음으로 정신병에 대해 언급한다. 또한 당시에 극도로 긴장된 신경을 가라앉히는 치료법으로서 음악이 이용되었다는 것을 보여준다.

사울은 다윗이 블레셋 사람들과의 전쟁에서 죽기를 바라는 마음으로 그를 전쟁터로 보냈다. 하지만 다윗은 크게 승리하여 살아 돌아왔고, 사울은 이에 두려움을 느꼈다. 성경에는 '온 이스라엘과 유다는 전쟁에 앞장서 출전한 다윗을 칭송했다'고 기록되어 있다.

사울은 계획을 바꾸어 자신의 큰딸인 메랍Merab을 다윗과 결혼시키기로 하고는 그에게 자신의 전사가 되어 '주님의 전쟁'을 치러달라고 명령했다. 그러나 다윗은 이에 대해 "제가 누구이며, 이스라엘에서 제 아버지의 씨족이 무엇이기에 감히 왕의 사위가 되겠습니까?"라며 왕의 제안을 거절했다. 다윗이 자신의 제안을 거절하자 사울 왕은 갑자기 마음을 바꾸어 메랍을 다른 남자와 결혼시켰다.

성경은 '사울 왕의 어린 딸 미갈은 다윗을 사랑했다'며, 처음으로 사랑에 빠진 여자에 대해 언급한다. 미갈은 사울 왕의 딸, 즉 공주의 신분이었기에 자신의 의지대로 남편을 선택할 수 있었지만, 당시 대부분의 여성들은 배우자를 선택함에 있어 그들의 감정을 제대로 표현할 수 없었다. 다윗이 미갈에 대해 어떻게 생각하고 있었는지는 성경에 기록되어 있지 않지만, 당시의 시대적 상황으로 보아 미갈에 비해 신분이 낮은 다윗의 감정은 혼인하는 데 있어 그다지 중요하게 고려되지 않았을지도 모른다. 이를 통해 미갈과 다윗의 관계가 불안하게 시작되었음을 알 수 있다.

다윗에 대한 미갈의 사랑은 사울 왕의 계획을 실현하기 위해 적절한 요소였으며, 다윗의 입장에서도 자신의 앞날을 위한 이상적인 조건이었다. 사울 왕은 미갈을 다윗에게 아내로 주어, 그것을 미끼 삼아 블레셋 사람의 손으로 그를 치게 하리라는 계획을 세웠다. 반면 다윗은 미갈을 사랑하지도 원하지도 않았지만, 2백여 명의 블레셋 사람들을 죽인 후에 왕의 딸과 결혼하여 왕족이 된다면 정치적 권력을 얻을 수 있을 것이라고 계산했다. 더불어 언젠가는 왕의 자리까지 차지할 수 있을지도 모르는 일이었다. 그리하여 다윗은 자신의 신분이 비천하다는 이유로 왕의 사위가 될 수 없을 것이라는 생각을 떨쳐버리고 미갈 공주와의 결혼을 기꺼운 마음으로 받아들였다.

다윗이 자신의 제안을 받아들였음에도 불구하고 사울은 불안한 마음을 감추지 못했다. 주님께서 다윗과 함께 계시고, 자신의 딸마저 그를 사랑한다는 사실이 그를 더욱 두렵게 했다. 그리하여 자신의 아들 요나단Jonathan과 모든 신하들, 지역 정보원들과 함께 다윗을 죽이기 위한 계획을 짰다. 하지만 그러던 중 요나단은 다윗과 친구가 되었고, 둘은 비밀 동지 관계를 유지했다.

마침내 다윗과 미갈은 결혼했다. 다윗은 명성을 쌓고 정치적 권력을 얻기 위해 노력했지만 장인인 사울 왕이 보낸 암살자의 공격을 받는 일을 여러 차례나 당했다. 예전에는 미처 정치적인 목적을 위해 결혼하려는 생각은 해본 적 없던 다윗에게 미갈 공주와의 결혼이란 단지 '사치'일 뿐이었다. 그러나 다윗을 사랑하고 있던 미갈 공주에게는 그와의 결혼이란 곧 꿈의 실현이었다. 서로 다른 생각과 계획으로 이루어진 미갈과 다윗의 결혼 생활은 이렇게 시작되었다.

블레셋 사람들과의 전쟁이 일어났다. 다윗은 싸움터에 나갔고, 결국 그들을 크게 무찔러 그 앞에서 적들이 도망쳤다. 그러나 그 뒤에는 음모가 도사리고 있었다. 사울 왕이 암살자들을 다윗의 집으로 보내 몰래 지켜보고 있다가 아침이 되면 그를 죽여버리라고 명하였던 것이다. 미갈은 며칠 전부터 아버지의 행동이 이상하다는 것을 느끼고 걱정에 휩싸인 상태였다. 그녀는 자신의 아버지가 어떤 인물이며, 노여움에 빠져 이성을 잃으면 얼마나 끔찍한 일을 저지를 수 있는 사람인지를 잘 알고 있었다. 그래서 미갈은 아버지를 배신하기로 마음먹었다. 그것은 다윗에 대한 자신의 사랑이 얼마나 깊은가를 증명해 보일 수 있는 기회이기도 했다.

미갈은 자신의 아버지가 꾸민 음모를 알아내 다윗에게 전해 주었고, 이에 다윗은 창문을 통해 빠져나가 가까스로 목숨을 구할 수 있었다. 다윗은 본래 언변이 뛰어난 사람이었음에도 미갈에 대한 자신의 감정을 단 한 번도 표현하지 않았다. 그는 끝까지 아내 미갈에게 고맙다는 말도, 잘 있으라는 작별 인사도, 언제 돌아오겠다는 기약도 없이 발길을 돌려 길을 떠났다. 달콤한 입맞춤이나 포옹도 없었다. 그에게는 미갈의 안전보다 자신의 생존이 더 중요했다.

아버지가 보낸 암살자들을 속이기 위해 미갈은 수호신을 가져다가 침상에 뉘여 놓고, 염소 털로 짠 망으로 머리를 씌운 다음 옷으로 덮어놓았다. 마침내 암살자들과 사울이 도착했을 때 미갈은 남편이 아파 누워 있다고 했다. 사울이 다윗을 직접 확인하기 위해 침실로 들어가 보았는데, 침상에는 염소 털로 짠 망으로 머리를 씌운 수호신이 누워 있었다. 화가 난 사울이 호통쳤다.

"어쩌자고 네가 나를 속여서 내 원수를 빼돌리고 목숨을 살리려 하였느냐!"

이에 미갈은 다윗이 자신을 협박하였다는 거짓말을 했다. 비록 미갈은 거짓말을 하였지만, 이는 다윗을 재빨리 피신시키기 위한 방법이었다. 자신의 이러한 행동이 남편과 아버지와의 관계를 악화시키고 결국 자신도 위험에 빠질 수 있다는 사실은 그녀 또한 예상한 바였다. 다윗이 창문을 통해 빠져나갈 수 있도록 미갈이 도와주었을 때, 그는 분명 그녀를 신뢰했다. 하지만 정작 그녀는 자신이 배신한 아버지 곁에서 기약 없이 남편을 기다려야 하는 기막힌 운명에 놓였다.

다윗과 미갈의 이별은 무덤덤하기 짝이 없다. 그것은 이해하기 힘

들 정도로 건조한 이별 장면이었다. 미갈은 다윗을 사랑했지만, 그에 대한 자신의 사랑을 오래도록 지킬 자신이 없었다. 그녀는 아무 조건 없이, 오직 믿음 하나로만 미지의 세계로 떠나는 아브라함과 동행했던 사라와는 달랐다. 미갈은 다윗과의 결혼 초기에 유대감과 친밀감을 형성할 기회를 놓쳤다. 다윗을 따라 함께 길을 나섰더라면 미갈은 아마도 힘겨운 시간을 보냈을 것이지만, 어쩌면 행복할 수도 있었다. 하지만 미갈은 다윗이 도망치던 그 순간 그와 함께할 미래가 고될 것이라고 판단하고는 따라나서지 않았다. 그녀는 현재의 안락한 생활을 포기할 수 없었던 것이다.

미갈과 헤어진 후, 다윗은 수백 명의 추종자를 모아 군대를 만들었고, 이 군대는 사막과 산에 숨어 지내며 사울의 군인들과 싸웠다.

결혼 생활이란 부부가 함께 살면서 모든 것을 공유하고, 서로에 대한 친밀감을 쌓아가는 과정이다. 만약 미갈이 다윗을 따라가 함께 살았더라면, 어쩌면 그들은 행복한 결혼 생활을 누릴 수도 있었을 것이다. 비록 화려한 궁전의 삶을 포기한 채 육체적으로는 힘든 생활을 해야 했겠지만, 미갈이 진정 그의 사랑을 얻고 싶었다면 남편을 따라갔어야 했다.

사울은 다윗이 자신의 왕국을 넘보고 있는 위협적인 존재라고 생각했다. 이러한 상황에서 미갈은 어려운 결정을 내려야만 했다. 아버지의 뜻에 복종해 편안한 삶을 살든지, 아니면 사랑하는 남편을 따라 혹독한 결혼 생활을 해야 했다. 사랑과 안락함, 이 두 가지를 모두 소유할 수는 없었다.

함께 잠들고 눈을 뜨던 그들의 침대 위에는 이제 다윗 대신 우상이 누워 있었다. 염소 털로 만든 망을 쓴 우상은 생기 있고 따뜻한 피가 흐르는 다윗을 대신할 수 없었다. 미갈이 다윗 대신 우상을 침상에 갖다 놓은 장면으로부터 라헬이 아버지의 집을 나오며 집에 있던 우상을 들고 나온 것을 연상할 수 있다. 이들에게 있어 우상이란 아버지에 대한 반항의 상징이다. 우상은 엄격한 이미지의 '아버지'이며, 비이성적인 원칙을 남용하는 아버지들에게 둘째 딸들이 던지는 조롱이라고 볼 수 있다.

남편을 살리기 위해 아버지를 배신했던 미갈은 아버지의 보호가 필요한 나약한 딸의 모습으로 다시 돌아온다. 하지만 그녀의 아버지 사울에게 있어 미갈은 다윗을 죽이기 위한 '미끼'였고, 다윗에게 있어서는 정치적 권력을 쟁취하기에 편리한 '도구'였을 뿐이다. 아마 미갈 또한 이 사실을 알고 있었을 것이다.

사울은 다윗이 왕의 사위라는 위치를 이용해 왕권을 주장할 수 있는 그 어떤 구실도 주지 않기로 마음먹었다. 그래서 다윗이 도망친 후 미갈을 자신의 종족인 베냐민 부족인과 결혼시키기로 했다. 이는 자신을 배신한 딸 미갈과 다윗에 대한 복수의 표출이라 볼 수 있다.

그는 기어코 다윗이 돌아오기만을 기다리는 미갈을 갈림Gallim 출신인 라이스Laish의 아들, 발디엘Paltiel과 결혼시켰다. 미갈의 의견은 묻지도 않은 채 강제로 이루어진 혼인이었다. 미갈에 대한 사울 왕의 독단적인 권력은 자신의 두 딸, 라헬과 레아에 대한 라반의 권력과 유사하다.

발디엘이 어떤 사람이었는지는 성경에 정확히 나와 있지 않지만, 그가 이스라엘 왕족과 연관이 있다는 것을 어렴풋이 알 수 있다. 하지만 미갈이 새 남편과의 결혼 생활에 대해 어떤 감정을 느끼고 있었는지는 성경에 나와 있지 않다.

다윗과 미갈의 배신으로 인해 분노에 휩싸인 사울은 이혼의 절차를 제대로 밟지 않은 여자는 다시 결혼할 수 없다는 법률마저 어겼다. 현대와 마찬가지로 당시의 시대적 상황 또한 부부가 이혼을 할 시 그 진행 절차에 남편과 아내, 모두가 참여해야 했지만 그는 다윗이 미갈을 버렸다고 생각할 수밖에 없었다. 함무라비 법전에 따르면, 만약 남편이 오랜 기간 동안 나타나지 않을 경우 그 부인은 다른 남자와 재혼할 수 있었으나, 전남편이 돌아오면 다시 그에게로 돌아가야만 했다.

그렇게 다윗으로부터의 소식 한 통 없이 시간은 흘렀고, 훗날 다윗이 아내 두 명을 새로이 맞이했다는 말을 들은 미갈은 충격을 받는다. 다윗은 이스르엘Jezreel 출신의 아히노암Ahinoam과 과부인 아비가일Abigail을 아내로 맞았다. 일부다처제를 당연시했던 시대라고 해도 자신의 목숨을 구해 준 미갈을 버리고 다른 여자들과 결혼한 다윗의 행동은 미갈에게 배신으로 여겨졌다.

이스라엘과 블레셋의 전쟁이 다시 시작되었다. 블레셋이 이스라엘을 공격하는 바람에 많은 사람들이 길보아Gilboa 산에서 죽었다. 사울과 그의 세 아들 또한 이 전쟁터에서 죽음을 맞이하였는데, 그

중에는 다윗의 절친한 친구이자 미갈의 오빠인 요나단도 포함되어 있었다. 요나단의 전사 소식을 전해 들은 다윗뿐만 아니라 당시 그와 함께 있던 사람들 모두는 자신의 옷을 잡아 찢었다. 그들은 사울과 그의 아들 요나단, 그리고 주님의 백성과 이스라엘 집안이 칼에 맞아 쓰러진 것을 애도하며 슬피 울었고, 날이 저물 때까지 단식하였다.

시인이자 음악가였던 다윗은 사울과 그의 아들 요나단의 죽음을 슬퍼하며 다음과 같이 노래했다.

이스라엘아, 네 영광이
살해되어 언덕 위에 누워 있구나.
어쩌다 용사들이 쓰러졌는가!
사울과 요나단은 살아 있을 때에도
서로 사랑하며 다정하더니
죽어서도 떨어지지 않았구나.
그들은 독수리보다 날쌔고
사자보다 힘이 세었지.
어쩌다 용사들이 쓰러지고
무기들이 사라졌는가!

다윗은 산 속에 있는 동굴에서 여러 해를 지내다가 사울의 부하들을 구하기 위해 산에서 내려와 블레셋 도시로 쳐들어가는데, 이때 다시 미갈이 등장한다. 다윗은 정치적인 명목으로서 당시 미갈이 필요했다. 이스라엘의 진정한 왕이 된 다윗은 미갈에게 자신에게로 다시 돌아오라는 요구를 한다.

결국 미갈은 다윗에게 돌아가기로 했고, 다윗의 신하인 아브넬Abner이 그녀를 남편 발디엘에게서 데리고 나올 때 발디엘은 울면서 바후림Bahurim까지 따라왔다. 아브넬이 그에게 그만 돌아가라는 말을 하고서야 그는 겨우 발길을 돌렸다. 성경은 이 일화에서 처음이자 마지막으로 발디엘에 대해 언급했는데, 이 짧은 등장에서 그는 가엾은 패배자의 모습으로만 묘사되었다. 다윗이 미갈을 발디엘에게서 빼앗아 온 것은 왕권을 강화하기 위한 목적이었다. 미갈이 이에 대해 어떻게 생각했는지는 알 수 없다. 그렇다면 미갈은 과연 발디엘을 진정으로 사랑했던 걸까? 분명한 것은 발디엘은 미갈을 진정 사랑했지만, 그에게는 그녀를 지킬 수 있는 힘이 없었다는 사실이다.

이렇게 미갈은 다윗에게 다시 돌아갔다. 하지만 미갈은 더 이상 순진하기만 한 어린 신부가 아니었다. 다윗이 자신을 떠난 후 자존심에 상처를 입은 그녀의 마음속에서는 이미 후회와 분노가 자라나고 있었다.

다윗에게는 이미 여섯 명의 아내가 있었고, 첩들은 셀 수도 없이 많았다. 이러한 현실 앞에서 미갈은 다윗과의 행복하고도 달콤한 결혼 생활을 포기할 수밖에 없었다. 다윗은 미갈과 함께 밤을 보내는 날보다 다른 여자들과 지내는 날이 더 많았다. 오랜 시간 떨어져 지내는 동안 다윗과 미갈은 감정적으로도 멀어진 상태였으며, 임신을 할 수 없던 미갈은 다윗의 첫 아내로서의 위치를 당당히 지킬 수 없었다.

다윗은 시온Zion 산성을 점령하였다. 그곳이 바로 다윗 성City of David이다. 그리고 그는 예루살렘에서 후궁과 아내들을 더 얻었는데, 그 여인들은 더욱더 많은 자손을 다윗에게 안겨주었다.

왕이 된 다윗은 이스라엘의 그 어떤 부족에게도 속하지 않는 중립 지역인 예루살렘을 새로운 왕국의 수도로 정했다. 또한 블레셋에 빼앗겼던 '신의 궤The Ark of the Lord' 또한 되찾았다. 이스라엘인들에게 있어 이 나무로 만든 상자는 신의 존재를 증명하는 상징물이었다. 이 안에는 모세가 이집트에서 탈출할 때 신께 받은 십계명을 적어놓은 두 개의 상자가 보관되어 있었다. 이 상자가 블레셋 사람들에게 속해 있을 당시, 그들은 이것이 시련을 가져다주리라곤 상상조차 하지 못했다. 다윗이 새로운 왕국을 만들면서 3천 명의 군사를 보내 이것을 되찾아 왔던 것이다. 그는 이 궤를 찾아옴으로써 예루살렘을 새로운 왕국의 수도로 정한 자신의 결정이 신의 신성한 허락임을 국민들이 믿기를 바랐다.

정치적 야심이 컸던 다윗은 성대한 축제를 열어 자신의 승리를 축하했다. 그는 모시linen 에봇ephod을 입고는 온 힘을 다하여 주님 앞에서 춤을 추었으며, 함성을 지르고 나팔을 불며 주님의 궤를 모시고 올라갔다. 그런데 이 축제에 참가하지 않은 유일한 이가 있었으니, 그것은 미갈이었다. 그녀는 남편 다윗의 뒤를 따르며 환호하는 군중을 바라보기만 할 뿐, 다윗의 승리를 진정으로 축하하지 않았다. 주님 앞에서 뛰며 춤추는 다윗을 창문으로 내려다보며 속으로 그를 비웃을 뿐이었다.

이스라엘 역사에서 가장 극적인 장면 중 하나인 이 모습을 성경은 이렇게 묘사하고 있다.

「주님의 궤를 메고 들어가서 다윗이 그것을 위하여 친 장막 가운데 그 준비한 자리에 그것을 두매, 다윗이 번제와 화목제를 주님 앞에 드리니라. 다윗이 번제와 화목제 드리기를 마치고 만군의 주님의 이름으로 백성에게 축복하고, 모든 백성, 곧 온 이스라엘 무리에게 남녀를 막론하고 떡 한 개와 고기 한 조각과 건포도 떡 한 덩이씩을 나누어 주매 모든 백성이 각기 집으로 돌아가니라」

시기심과 불안감으로 인해 자기 통제력을 잃은 미갈은 가슴속에 쌓여 있던 실망감, 상처, 혐오, 질투심을 한꺼번에 폭발시키기에 이른다. 승리의 축제가 끝난 후, 집안 식구들을 축복하기 위해 돌아온 다윗을 향해 그녀는 억눌린 감정을 터뜨리고 만다.

"오늘 이스라엘의 왕이 건달패 가운데 하나가 알몸을 드러내듯, 자기 여종들이 보는 앞에서 벗고 나서던 그 모습이 참 볼 만하더군요!"

그러자 다윗도 참지 않고 모진 말을 내뱉는다.

"주님께서는 당신 아버지와 그 집안 대신 나를 택하시고, 나를 주님의 백성 이스라엘의 영도자로 세우셨소. 바로 그 주님 앞에서 흥겨워한 것이오. 나는 이보다 더 나 자신을 낮출 것이고, 내가 보기에도 천하게 보일 행동을 할 것이오. 그러나 당신이 말하는 저 여종들에게는 존경을 받게 될 것이오."

이 사건 이후, 미갈은 더욱 불행하고도 고독한 삶을 살게 된다. 성경은 다윗과 미갈이 더 이상 성관계를 맺지 않았음을 다음과 같이 조심스럽게 표현한다.

「그러므로 사울의 딸 미갈이 죽는 날까지 그에게 자식이 없으니라」

미갈이 보기에 다윗은 왕이라는 신분임에도 평민들과 다를 바 없이 천박하게 행동했다. 그는 종종 거의 나체이다시피 한 채로 춤을 추었고, 여자들은 그런 그의 모습을 넋 놓고 바라보았다. 미갈은 군중 앞에서 춤추는 다윗의 모습이 그의 천한 신분을 드러내는 행동이라고 여겼다.

그녀는 다윗과의 신혼 생활을 떠올려 보았다. 다윗에게 헌신적이었고, 늘 그의 미래만을 염려했던 미갈은 그의 목숨이 위태롭던 순간에 창문을 통해 피신시켜 암살의 위험에서 벗어나도록 도왔다. '창문'을 통해 다윗을 보호했던 미갈은 이제 홀로 남아 '창문' 너머로 남편의 모습을 보고 있었다. 이렇듯 미갈과 다윗, 둘의 사이에는 항상 '창문'과 같은 공허함이 존재했다. 성경은 창문을 통해, 그리고 먼 곳에서 남편을 바라보는 미갈의 모습을 반복적으로 그리고 있다.

계급 차이에서 오는 미갈과 다윗의 갈등은 점차 심화되어 화해할 수 없는 지경에까지 이른다. 미갈을 사랑한 적 없고, 공주인 그녀를 단 한 번도 제대로 존중해 주지 않은 다윗은 '주님의 궤'가 이스라엘로 돌아오던 날의 축하연에서 옷도 제대로 걸치지 않은 채 천박하게 춤을 추었다. 하지만 미갈에게 있어 이 축제는 그저 서커스에 지나지 않았고, 다윗은 단지 왕의 역할을 맡고 있는 광대처럼 보였다.

미갈은 많은 사람들이 보는 앞에서 남편에게 모욕을 주었고, 이로 인해 그녀의 결혼 생활은 더 이상 회복될 수 없을 만큼 악화되었다. 다윗에 대한 그녀의 신랄한 비판은 그와의 관계를 최악의 상황으로 몰아갔던 것이다. 이때부터 미갈은 다윗에게 있어 그저 이름뿐인 아내였다. 그녀의 침실과 자궁은 텅 빈 채로 남겨졌으며, 다윗은 그의 권력을 이용해 그녀를 모질게 다루었다. 비록 다윗의 행동이 다소 거칠었지만, 미갈 또한 남편에게 공개적으로 모욕을 줌으로써 결혼 생활에서 지켜야 할 마지막 선을 넘었다. 성경에도 분명히 나타나 있듯 말이란 다른 사람에게 상처를 줄 수도, 상처를 치유할 수도 있는 신의 선물이다. 따라서 말을 할 때는 최대한 조심하고 주의를 기울여야 한다.

그렇다면 이 부부의 관계는 어디서부터 잘못된 것일까? 또한 이들의 고통스런 결혼 생활로부터 우리가 깨달아야 할 교훈은 무엇일까?

다윗과 미갈은 처음부터 서로 다른 신분이었다. 비록 다윗이 골리앗을 물리치고 온 백성의 영웅이 되긴 하였지만, 그는 비천한 양치기 신분이었던 것이다. 반면 미갈 공주는 사람들의 존경과 복종을 당연시 여기며 자랐다. 뿐만 아니라 미갈과 다윗은 서로 다른 마음가짐을 가지고 결혼 생활을 시작했다. 미갈은 다윗을 사랑하여 그의 진정한 동반자가 되고 싶었지만, 다윗은 명성과 권력에 대한 남다른 야망으로써 그녀와의 결혼을 택했던 것이다.

다윗은 왕국의 국경을 지키며 신분 상승을 꿈꾸었고, 이처럼 원대한 야망을 품고 있던 그에게 미갈을 돌볼 만한 여유는 없었다. 결혼 초기부터 다윗은 미갈에게 매력을 느끼지 못했다. 그저 그녀를 자신의 정치적 야심을 위한 사다리로 생각할 뿐이었다. 하지만 미갈은 자신의 아버지 사울 왕이 다윗을 살해하려는 계획을 알고 대담하게 남편을 도왔다. 그녀가 뛰어난 기지를 발휘하여 암살범을 속이는 데 성공하였기에 다윗은 무사히 탈출할 수 있었다. 하지만 미갈은 그 후 그로부터 어떠한 소식도 들을 수 없었고, 이에 그녀는 외로움 속에서 점점 자신감을 잃어갔다.

남편의 야심과 아버지의 분노 사이에서 혼란의 시간을 보낸 미갈은 정신적으로 많은 상처를 받았다. 오랜 시간이 흐른 후 다시 다윗의 아내가 되었지만, 막상 새로운 환경에 적응하기란 힘이 들었다. 왕이 된 다윗은 이제 자신보다 훨씬 막강한 권력을 지닌 사람이었기에 자신의 의견을 피력하기조차 어려웠기 때문이다.

역사 속에서는 신분 상승을 위해, 그리고 권력의 성취를 위해 배우자의 부정을 참고 견디는 이들의 모습이 등장한다. 이들은 갈등 초기에는 서로 이해하는 마음으로 함께 미래를 준비하고 계획하려 하지만, 고통과 수치심을 누르지 못하여 끝내는 좌절 속에 헤어지고 만다. 이삭에게 다소 실망감을 느껴도 끝까지 그의 옆 자리를 지켰던 리브가와는 달리, 미갈은 자신이 사랑했던 남편을 현실적으로 바라보지 못했다. 그녀는 아마도 다윗에게서 받은 상처를 끝내 치유하지 못했을 것이다.

사실 행복해지려면 미갈은 당시의 사회 구조를 잘 파악하고, 이를 이용해 자신의 위치를 지켜야 했다. 현실적인 태도와 이성적인 판단이 없다면 그 어떤 결혼 생활도 성공적으로 지속할 수 없기 마련이다. 미갈의 불행은 그녀가 너무나 다재다능한 사람과 사랑에 빠졌다는 데서 비롯되었다고도 볼 수 있다. 전사, 시인, 음악가, 정치인이었던 다윗은 잘생기고 매력적이었으며, 그는 신이 항상 자신과 함께 있음을 굳게 믿었다. 이에 비해 미갈은 야심에 차고 카리스마 넘치는 남편을 능수능란하게 다룰 만한 지혜와 성숙함이 부족했다. 다윗은 예전과 변함없는 영웅의 모습이었지만, 미갈은 그의 장점을 발견하기는커녕 오로지 단점만을 끄집어 내 비난을 퍼붓는 실수를 함으로써 그와의 관계를 파국으로 몰고 갔다.

파라오의 하렘에 들어가 아브라함을 구한 사라를 제외하고, 성경에 나오는 대부분의 여성들은 남편의 생명을 구하는 것과 같은 극적이면서도 영웅적인 일은 해내지 못했다. 그러나 그들은 모두 가정, 부족, 나라를 건설하는 데 없어서는 안 될 중요한 존재로서, 자신의 남편을 적극적으로 지지하였다. 하지만 이들과 달리 미갈은 다윗의 풍파 많은 거친 인생에 함께 들어서기를 거부하였고, 그가 위험에 처했을 때에는 곁에 있어주지도 않았다. 그리고 다윗이 이루어 놓은 업적을 같이 축하해 주기는커녕 은근한 비난과 질투로 그와의 관계를 악화시킬 뿐이었다.

왕의 딸로 곱게만 자랐던 미갈은 다윗과 함께 도망쳐 힘겨운 삶을 나눌 준비가 되어 있지 않았다. 다윗을 깊이 사랑했던 그 순간에도 그를 위해 희생하려는 마음보다는 그가 자신을 위해 '보내진 사람'이라고 생각하는 마음이 더 컸을 것이다. 뿐만 아니라 공주인 자신은 그 누구도 무시하거나 거부할 수 없는 특별한 사람이라고 여겼을 것이다. 이처럼 귀하게 자란 데다 나이도 어렸던 미갈은 자만심으로 가득했기에 자신의 존재가 다윗에게 있어 한낱 정치적 도구였음을 깨닫지 못했다.

성경에 나오는 여성들은 모두 자신의 의견과 생각을 솔직하게 피력했다. 그들은 가슴속의 분노와 좌절감을 숨기지 않았으며, 분출하는 감정을 스스로 다스릴 줄도 알았다. 아비가일, 밧세바Bathsheba, 다말, 에스더 여왕Queen Esther은 모두 뛰어난 기지를 발휘했고, 의견이 다른 상대방을 자신들의 뜻대로 돌리기 위해 적절한 말로 지혜롭게 설득하였다. 또한 그들은 자신이 남편으로부터 존중받고 사랑받고 있다는 것을 확신했다.

미갈이 그녀의 괴팍한 아버지로부터 진정으로 사랑받았는지는 알 수 없다. 미갈에게 다윗은 첫사랑이었고 유일한 연인이었지만, 정작 다윗은 그녀의 사랑에 무관심했다. 오늘날의 표현으로 본다면 미갈은 '애정 결핍'에 시달리고 있었던 것으로 분석할 수 있다. 일부 성경학자들은 다윗이 처음부터 사울의 딸인 미갈에게 반감을 갖고 있었다고도 말한다. 둘 사이의 계급 차이가 어쩌면 처음부터 다윗의 심경을 거슬리게 했고, 그것이 분노를 일으키는 갈등의 원인이었을

지도 모른다.

성경은 다윗과 미갈의 심리 상태를 균형적으로 다루고 있다. 그렇기 때문에 성경을 읽는 독자들은 그들의 분노에 대해 공감할 수 있다. 사람들은 수년 동안 남편에게 무시당한 미갈의 심정을 이해하고, 이에 대해 연민을 느낀다. 하지만 결정적으로 미갈은 '어떤 말을 할 것인가' 못지않게 '언제 그 말을 할 것인가' 또한 중요함을 알지 못했다. 아무리 중요한 말이라도 그 말을 내뱉는 '시점'을 적절히 찾을 수 있어야 한다. 미갈은 가장 적절치 못한 순간에 다윗을 무시하는 발언을 하는 실수를 저질렀다. 다윗이 '신의 궤'를 예루살렘으로 되찾아 온 것을 축복하는 자리에서, 그것도 많은 사람들 앞에서 그녀는 남편을 신랄하게 비난했던 것이다. 미갈이 다윗과의 관계를 망가뜨리는 데 결정적으로 기여한 이 '실수'는 이로부터 3천 년이 흐른 지금의 현대인들 또한 똑같이 되풀이하며 살아가고 있다.

미갈의 행동에 대한 다윗의 반응 또한 잔인했고 비열했다. 다윗은 자신이 생각할 수 있는 말 중 미갈에게 가장 큰 상처가 될 수 있는 말을 골라 퍼부었다. 그렇게 함으로써 그는 결국 자신의 옹색함을 드러냈던 것이다. 그것은 현명한 처사가 아니었다. 다윗은 당시 정치적 권력과 함께 주님의 영광을 한 몸에 받는 위치에 걸맞게 관대함을 베풀었어야 했다.

미갈은 다윗보다 열등한 위치에 있었음에도 불구하고 그를 있는 그대로 받아들이지 못했고, 그가 바뀌지 않을 것이라는 사실을 인정하지 못했다. 다윗은 그녀에게 가족 내에서의 확고한 위치를 보장해

줄 수 있었고, 그녀로 하여금 아이를 낳게 해줄 수도 있었다. 그러나 미갈은 일부다처제의 사회였음에도 불구하고 다윗이 자신에게만 순종적이거나 충실할 수 있으리라는 어리석은 믿음을 갖고 있었던 것이다.

다윗이 권력의 최고 자리에 오르던 순간에도, 그리고 그 자리에서 무너지던 중요한 순간에도 미갈은 남편의 곁을 지키지 않았다. 다윗이 사울 왕의 분노를 피해 사막으로 도망쳐 힘든 시기를 보낼 때에도, '신의 궤'를 예루살렘에 가져옴으로써 더욱 위대한 영웅의 자리에 올라섰을 때에도 그녀는 그의 곁에서 함께하지 않았다. 다윗은 국민들과 함께 있었고, 국민들은 그를 사랑했으나, 미갈은 그가 전쟁에서 승리를 거둘 때조차 이를 무시했다.

성경에 나오는 부부 중 가장 불행한 결혼 생활을 한 이들이 바로 다윗과 미갈이다. 성경에는 이들의 불행한 결혼 생활이 여과 없이 묘사되어 있다. 이를 통한 교훈은 3천 년이 지난 오늘날의 남녀 관계에도 적용할 수 있다. 행복한 결혼 생활을 누리려면 상대 배우자의 감정을 대수롭지 않게 생각해서는 안 된다. 상대가 왜 그런 감정을 갖고 있는지에 대해 관심을 기울여야 한다.

오늘날의 이혼 사유에 가장 큰 비중을 차지하는 문제는 '배우자와 다투었다'는 사실이 아니라 '어떻게 다투었는가', 다시 말해 '갈등을 마무리한 방법'에 있다. 결혼 생활에서 중요한 것은 상대에 대한 '존중'이다. 언어폭력, 험담, 인신공격 등은 상대를 모욕하는 동시에 자신의 품격도 함께 떨어뜨린다. 이런 행동은 인간으로서의 존엄성과 자기 통제력을 동시에 버리는 결과를 낳으며, 결국 제대로된 의사소통을 불가능하게 만든다. 따라서 상대를 존중하고 예의를 지킨다는 것은 자기 절제력의 소유 여부를 증명하는 것임을 잊지 말아야 한다.

부적절한 행동과 말은 상대방에게 큰 상처를 줄 수 있다. 어떤 말을 내뱉기에 앞서 자신을 먼저 바라볼 줄 알아야 하며, 스스로의 행동에 항상 주의를 기울여야 한다. '존중'은 상대와 조화를 이루기 위한 전제 조건이다. '존중'이 없다면 남녀 관계는 더욱 멀어지고 삭막해질 따름이다. 3천 년 전이나 지금이나 부부 관계에서 서로가 갖는 '존중'의 중요성은 변함없이 크다. 함께 성장하지 못하는 부부는 결국 이별로 귀결되고 만다는 말이 있듯 슬픔과 기쁨, 실패와 성공 등, 이 모든 것을 함께 나누는 것이 무엇보다 중요함을 잊지 말아야 한다.

제8장
다윗의 천생연분, 아비가일

　다윗이 아름다운 아비가일을 처음 만났을 때 그는 사울 왕을 피해 도망 다니던 신세였다. 다윗은 자신을 따르던 6백여 명의 추종자들과 함께 왕의 군대를 피해 파란Paran 황야에서 숨어 지냈고, 매 끼니를 구하기 위해 여기저기로 돌아다녀야 했다.

　이스라엘 사람들은 자신들을 위해 블레셋 사람들과 싸우는 다윗을 사랑했다. 다윗이 왕이 되어야 한다고 생각하는 사람들도 있었고, 신께서 사울 대신 다윗을 왕으로 택했다는 소문도 돌았다. 성경에는 '주님께서 다윗과 함께 계시지만 사울에게서는 떠나셨다'고 적혀 있다.

　성경은 다윗과 그의 평생 배필이 될 아비가일의 첫 만남을 이렇게 그리고 있다.

「마온Maon이라는 곳에 한 사람이 있었는데, 그의 기업은 가르멜Carmel에 있었다. 그는 양이 3천 마리, 염소가 천 마리나 되는 큰 부자였다. 그는 가르멜에서 양털을 깎고 있었는데, 그의 이름은 나발Nabal이요, 아내의 이름은 아비가일Abigail이었다. 아비가일은 재색을 겸비한 여자였으나 그 남편은 갈렉 가문 출신으로서 인색하고 거친 사람이었다」

다윗과 그의 추종자들은 지주들의 땅과 재산을 지켜주고 그 대가로 돈이나 음식을 받으며 지냈다. 어느덧 양털 깎는 시기가 다가오자 다윗은 나발에게 열 명의 젊은이를 보냈다. 그는 열 명의 젊은이를 통해 자신이 이새의 아들 '다윗'이라는 것을 먼저 밝힌 다음, 나발 집안의 평안과 모든 재산의 안전을 빌며 다음 해에도 풍년을 맞길 기원한다는 말을 정중하게 전했다. 그리고 이렇게 덧붙였다.

"우리가 댁의 목자들과 함께 있는 동안 우리는 그들을 괴롭힌 적이 없습니다. 카르멜에 있는 내내 그들은 아무것도 잃지 않았습니다."

다윗은 자신과 추종자들이 나발의 목자들을 보호해 주었다는 사실을 상기시키며, 나발에게 열 명의 젊은이를 보낸 이유를 다음과 같이 밝혔다.

"부디 댁의 종들과 댁의 아들 다윗에게 무엇이든 좋으니 보내주십시오."

자신을 따르는 사람들이 워낙 많았기에 다윗은 권력이 세고 부유한 지주들을 상대할 때에도 항상 당당했다. 또한 자신과 추종자들에게 절대적으로 필요한 음식을 그들에게 요구하는 것 또한 당연히 여겼다. 그러나 나발은 그 요구를 무시하고 다윗이 보낸 사람들에게 이렇게 말했다.

"도대체 다윗이 누구이며, 이새의 아들은 또 누구이냐? 요즘은 주인에게서 도망쳐 나온 종들이 득실거리는 판이다. 그러니 내가 어찌 털을 깎는 내 일꾼들에게 주려고 준비한 빵과 물, 고기들을 어디서 왔는지도 모르는 자들에게 주겠느냐?"

그렇게 나발은 식량이 넘쳐나는 풍족한 창고에서 토끼 한 마리도 내어주지 않은 채 다윗이 보낸 사람들을 돌려보냈고, 이를 전해 들은 다윗은 분노에 치를 떨었다. 다윗은 다음 날 아침에 나발의 일꾼들을 모조리 없애리라고 맹세하였고, 나발과 그 가족들에게 따끔한 교훈을 주겠다고 마음먹었다.

한편, 나발의 일꾼들은 주인의 포악한 성질이 결국 큰 화를 불러올 것을 예감했다. 그들은 성질 급한 다윗을 건드린 대가가 엄청날 것이라 확신하여 나발의 아내인 아비가일에게 달려갔다. 나발의 일꾼들은 아비가일이 현명하게 처신하여 다윗과 나발의 문제를 해결할 수 있으리라 믿었다. 아비가일에게 말을 전하러 온 젊은 일꾼은 나발에 대하여 "성미가 고약한 분이시라 그분께는 말씀을 드릴 수가 없었습니다."라고 했다.

일꾼들에게서 '나발과 그 가족들이 큰 위험에 빠질 수 있는 일'에 대해 다 듣고 난 아비가일은 어떻게 해야 할지 신중히 생각했고, 이를 지체 없이 행동으로 옮겼다. 다말이 창녀의 복장을 했듯, 리브가가 야곱을 맏아들 대신 들여보내 아버지의 축복을 받게 했듯, 아비가일은 그녀의 모든 지혜를 떠올려 눈앞의 문제를 풀어갔다.

아비가일은 그녀가 구할 수 있는 음식물을 전부 모았다. 빵 이백 덩이, 술 두 부대, 요리한 양 다섯 마리, 볶은 밀 다섯 스아, 건포도 백 뭉치, 말린 무화과 과자 이백 개를 서둘러 마련해 나귀에 실었다. 그리고 다윗과 그의 추종자들이 숨어 있는 산으로 향했다. 그녀는 남편 나발에게 이러한 사실에 대하여 언질도 주지 않았다. 지금껏 이어 온 성경 이야기 중 가장 대담한 외교 작전이 시작되는 순간이었다.

아비가일은 나귀를 타고 산굽이를 돌아가다가 다윗을 비롯한 부하들과 마주쳤다. 다윗은 부하들을 이끌고 나발의 집으로 가는 중이었다. 그는 아비가일을 보자 나발에 대한 맹렬한 비난을 쏟아냈다.

"나는 광야에서 나발에게 속한 것 가운데 아무것도 잃지 않도록 지켜주었다. 그런데 모두 헛일이었다. 그자는 나의 선의를 악으로 갚았다!"

다윗의 비난은 여기서 멈추지 않았다. 그는 신의 이름으로 '그 배은망덕한 자'를 처단하겠다고 맹세하였고, 만일 이를 실패한다면 신으로부터 벌을 받아도 좋다고 했다.

"내일 아침까지 그자가 거느리는 사람 가운데 단 하나의 사내놈이라도 살려둔다면 하나님께서 나에게 벌을 내리실 것이고, 설사 그렇다 하여도 난 전혀 두렵지 않다!"

하지만 아비가일은 끓어오르는 분노를 누르지 못한 채 복수의 칼날을 다지는 눈앞의 젊은이들을 침착하고 단호한 태도로 대했다. 그녀는 그 젊은이들에게 한 치의 두려움도 보이지 않고 당당하게 말했

다. 또한 남편 나발에 대한 다윗의 행동이 폭도와 같았을지언정, 왕족을 대하듯 정중하게 행동했다. 그녀는 얼른 나귀에서 내려 땅바닥에 엎드렸다. 그렇게 땅에 시선을 꽂은 채로 얼굴은 들지 않고 다윗에게 절대적으로 복종하는 태도를 보였다. 그리고 자신을 '여종'이라 낮춰 불렀으며, 다윗과 남편 간의 오해가 모두 자신의 탓이라고 말했다.

"나리, 죄는 바로 저에게 있습니다."

아비가일은 다윗이 굉장히 화가 나 있고 자신의 가족에게 반감을 갖고 있다는 사실을 잘 알고 있었다. 따라서 다윗의 폭력적인 행동을 비난하기보다는 모든 문제의 책임을 자신에게 돌려 이 긴장 상태를 해소하고자 했던 것이다. 한편 아비가일이 자신을 비난할 것으로 예상했던 다윗은 그녀의 예기치 않은 행동에 놀랐다.

이처럼 아비가일은 갈등을 해소하기 위해 여성이 할 수 있는 일은 '설득'이라는 점을 인식하고 있었다. 무자비한 폭력을 막는 일은 비난이 아니라 협조를 구하는 것이라는 것 또한 그녀는 알고 있었다. 그래서 똑같이 화를 내며 맞서기보다는 자신을 낮추었고, 다윗의 분노와 적개심을 풀기 위해 노력했다. 동시에 그가 처한 상황에 동정심을 보였고, 자신이 다윗의 전령을 만나지 못했음을 알리며 조심스럽게 나발의 잘못 또한 지적했다.

"그는 나발이라는 이름만큼이나 어리석은 사람입니다."

나발은 히브리어로 '무식하고 거친 야만인boor'이란 뜻이다. 이렇듯 그녀는 나발을 은근히 비난하며 자신은 나발과는 다른 사람임을 은연중에 강조하였고, 나발 밑에서 일하는 불쌍한 일꾼들의 처지를 고려해 달라는 부탁 또한 잊지 않았다. 결국, 나발의 일꾼들에 대한 그녀의 변론은 효과가 있었다. 아비가일의 말을 듣고 난 다윗의 분노는 한층 누그러졌다.

아비가일은 이에 이어서 다윗을 '주님'과 비교하며 자신의 주장을 펼쳤다. 이는 다윗의 손이 피로 더럽혀져서는 안 된다는 간단한 논리였다. 주인 혹은 나리lord라는 단어는 '주님Lord'과 같은 철자로 이루어져 있다. 그녀는 이를 이용해 다윗을 '주인'이라고 부름으로써 그를 신과 동일시했던 것이다.

"주님Lord께서는 나리lord께서 손에 피를 묻히면서까지 손수 복수하시는 일을 막아주셨습니다. 그러니 이제 나리의 원수들과 나리께 해를 끼치려고 하는 자들은 나발처럼 되기를 바랍니다. 나리께서는 주님의 전쟁을 치르고 계시니, 주님께서는 분명 나리께 튼튼한 집안을 세워주실 것입니다. 이제 주님께서는 나리께 약속하신 복을 그대로 이루어 주시어 나리를 이스라엘의 영도자로 세우실 터인데, 지금 정당한 이유 없이 피를 흘리며 몸소 복수하시다가 나리께서 후회하시거나 양심의 가책을 받으시는 일이 없기를 바랍니다."

그녀는 다윗으로 하여금 자신이 거머쥔 행운이 주님의 보호와 관대함 아래서 이루어졌음을 떠올리도록 하였다. 그리고는 성스러운 주님the Lord과 인간으로서의 주인my lord을 번갈아 칭함으로써 시인이자 용맹한 전사인 다윗의 얼굴에 미소가 절로 떠오르게끔 만들었다. 다윗은 여전히 아비가일의 남편 나발과 그의 일꾼들을 향해 날

카로운 칼끝을 겨누고 있었지만, 그녀는 다윗이 스스로의 손에 피를 묻히며 복수하는 것을 주님이 막아주실 것임을 믿었다. 그녀는 자신의 변호가 다윗에게 있어 마치 신의 계시처럼 느껴지도록 하였다. 이를 위해 신이 다윗을 미래의 이스라엘 영도자로서 선택하였음을 알렸고, 다윗이 주님의 전쟁을 치르고 있음 또한 언급했다. 그녀는 그가 나발을 처단할 수 있는 것은 물론이고, '주님의 적' 또한 처단할 수 있으리라 말하며 다윗을 치켜세웠다. 또한 다윗의 삶에는 그어떤 나쁜 일도 일어나지 않을 것이라는 축복과 함께 그의 왕국이 영원하리라는 예견을 덧붙였다. 앞으로 다윗이 성취할 일을 그가 예전에 단 하나의 돌멩이로 골리앗을 처단했던 용감한 행동에 비유하기도 했다.

"나리를 쫓아다니며 목숨을 노리는 이가 있다 하더라도, 하나님 앞에서 나리의 목숨은 성스러운 생명의 보자기에 감싸일 것입니다."

아비가일의 말에는 신학적인 논리와 함께 이성적인 논리, 도덕적 의로움과 정치적 이익을 결합한 뛰어난 설득력이 있었다. 또한 그녀는 자신과 다윗이 같은 유산을 물려받고 같은 신앙을 가진 한 민족이라는 사실을 상기시키기 위해 자신이 우상을 섬기는 이웃 부족 사람이 아니라 유일신을 믿는 이스라엘 민족임을 계속해서 일깨웠다.

이스라엘 민족은 '살인하지 말라'는 계명을 지켜야 한다. 그녀는 이유 없는 살상의 결과가 얼마나 무서운 것인지 다윗도 잘 알고 있으리라 생각했다. 아비가일은 그들이 같은 신앙을 믿는 동족임을 일깨우는 동시에, 같은 민족 사이의 친밀감을 다윗에게 호소했다. 그녀는 섬세하고, 교묘하고, 신념에 찬 언어를 이용하면서 끌어낼 수 있는 모든 능력을 발휘했다. 설득, 정치적 충고, 종교적 윤리성, 심지어 아첨까지 곁들였다. 마침내 긴 호소를 마친 그녀는 개인적인 소망 또한 전했다.

"주님께서 나리께 복을 내려주실 때, 당신의 여종을 기억하여 주십시오."

그녀는 정치·종교적인 권력을 갖게 될 사람과의 만남이 앞으로 자신에게 도움이 될 것임을 예감하였다. 다윗은 아비가일의 말과 그녀의 간접적인 초대를 파악하고 있었지만, 신중한 지도자로서의 위엄을 갖추며 그녀의 간청에 어떠한 약속도 하지 않았다. 아비가일은 자신이 준비해 온 음식이 다윗에게 복종하는 굶주린 젊은이들에게 '축복'이자 '선물'이 될 것이라고 말했다.

성경은 아비가일의 호소를 그대로 인용하고 있는데, 이는 성경에 등장하는 여성들이 하는 말 중 가장 길다. 다윗의 화를 진정시키기 위해 세심한 주의를 기울여 내뱉은 아비가일의 말은 상대를 진정시키기 위해 문명사회에서 사용하는 가장 오래된 수단 중 하나인 '아첨'의 극치를 보여준다.

다윗은 아비가일의 말을 듣고 난 후, 자신의 복수심이 분노의 표출이었음을 깨닫는다. 사실 그는 나발이 자신의 부탁을 거절했다는 사실을 알고도 아무런 반응을 보이지 않으면 비겁해 보일까 봐 우려하는 마음도 있었다. 하지만 아비가일의 말을 모두 듣고 난 후에는 그 우려를 깨끗이 씻어낼 수 있었다. 이로써 아비가일의 승리였다.

다윗은 피의 복수를 포기했다. 한편으로는 아비가일의 외교술과 그녀가 준비한 맛있는 음식들이 그에게 불어 닥칠 수 있는 화를 면하게 해주었다고 볼 수도 있다. 만약 다윗이 나발과 그의 일꾼들을 죽였다면, 그것은 그의 정치적·도덕적 명성에 큰 흠을 남기는 수치로 남았을 것이다. 결국 아비가일이 이러한 불행을 방지해 준 셈이었다.

다윗도 '주님'의 이름으로 아비가일에게 축복을 내렸다.

"오늘 그대를 보내시어 이렇게 만나게 해주셨으니, 주 이스라엘의 하나님을 찬미할 뿐이오. 오늘 내가 사람의 피를 묻히며 내 손으로 직접 복수하는 일을 그대가 막아주었으니, 그대와 그대의 분별력에 축복을 드리오."

그는 십계명 중 '살인하지 말라'는 여섯 번째 계명을 거론하며 이스라엘 민족들에게 친숙한 말로 아비가일을 칭찬했다. 하지만 다윗은 나발과 그의 일꾼을 죽이려 했다는 위협을 완전히 거두지는 않았다. 그리고 아비가일 역시 그 죽음의 위험에 가까이 있었다는 사실을 일러주며 자신의 권력을 과시했다. 다윗은 경건하거나 겸손한 사람이 아니었기 때문이다.

"그대를 해치지 않도록 나를 막아주신, 살아 계신 주 이스라엘의 하나님을 두고 분명히 맹세하지만, 그대가 급히 와서 나를 만나지 않았더라면 나발에게는 살아 있는 자가 단 하나도 없을 뻔했소. 하지만 내가 그대의 말에 귀 기울여 그대의 청을 들어주었소."

그는 아비가일의 말이 자신의 마음을 바꾸었다는 사실을 다시 한 번 강조하며 아무런 힘없이 자기 앞에 머리를 조아린 여인의 앞에서 자신의 강력한 힘을 증명하려 했다. 남성우월사상이 팽배했던 사회에서 힘없는 여자의 말에 도움을 얻었다는 것은 결국 자신이 약하다는 것을 의미할 수도 있었다. 따라서 다윗은 자신의 권력과 힘을 과장하며 남성으로서의 위신을 세우려고 했던 것이다. 그러나 아비가일은 다윗에게 평생 잊지 못할 교훈을 남겼다. 충동적인 복수를 감행하기에 앞서, 그 행동의 결과에 대해서도 반드시 생각해야 한다는 점이었다.

다윗은 아비가일에게 작별 인사를 고했다.

"그럼 평안히 집으로 돌아가시오."

이들의 대화 속에는 아비가일과 다윗이 서로 성적 매력을 느꼈다는 언급이 전혀 없다. 그러나 독자들은 격식을 갖춘 이들의 대화를 통해, 이들 사이에 로맨틱한 감정이 미묘하게 흐르고 있었음을 감지할 수 있다. 아비가일의 자비로움, 아부, 간청의 말, 그리고 그들의 만남에서 느껴지는 비밀스럽고 은근한 분위기는 후에 이들의 관계가 연인으로 발전할 수 있음을 암시한다. 거친 남성들과 함께 황야에서 오랜 시간을 생활한 다윗은 아비가일이 아름다운 자태와 깊은 이해력을 지닌 매력적인 여인이라는 것을 단번에 알아챘을 것이다.

다윗이 아비가일에게 매력을 느끼면서도 자신의 감정을 절제한 이유는 그가 20대 초반의 젊은이였기 때문이다. 아비가일의 말이나 행동, 결혼 생활 등으로 추정해 보았을 때 그녀는 다윗보다 나이가 훨씬 많았거나, 그보다 훨씬 성숙한 여인임이 분명했다.

아비가일은 다음에 다시 만나자는 제안이나 그들의 관계가 발전할 수도 있다는 암시 같은 것은 전혀 주지 않은 채 다윗을 뒤로하고 집으로 돌아간다. 이를 마지막으로, 성경에는 그들의 관계가 어떻게 발전되었는지에 대해 언급되어 있지 않다. 그러나 그 후 흥미로운 반전이 일어난다.

다윗에게 음식을 가져다준 후 집으로 돌아온 아비가일은 술에 잔뜩 취해 있는 나발을 발견한다. 나발은 양털 깎는 계절이 온 것을 축하하는 자리에서 술을 너무 많이 마셔 만취 상태였던지라 아비가일에게 어떤 일이 있었는지 들을 만한 상태가 아니었다. 아비가일은 다음 날 나발이 술이 깬 후에 모든 이야기를 털어놓기로 결심했다.

이튿날 아침, 지난밤 아비가일이 한 일을 전해 들은 나발은 갑자기 심장마비(혹은 뇌졸중)를 일으킨다. 성경은 담담한 어조로 나발의 죽음을 알리고 있다.

「아침에 나발이 포도주에서 깬 후에 그의 아내가 그에게 이 일을 말하매 그가 낙담하여 몸이 돌과 같이 되었더니, 한 열흘 후에 주님께서 나발을 치시매 그가 죽으니라」

도대체 아비가일은 나발에게 어떤 말을 했던 걸까? 혹은 그녀가 나발에게 하지 않은 말이라도 있던 걸까? 다윗과 아비가일이 만난 일을 전해 듣고 왜 나발의 심장이 돌처럼 굳었던 걸까? 성경은 이에 대해 설명하지 않고, 독자들의 상상력에 그 답을 맡길 뿐이다.

나발이 죽었다는 소식을 들은 다윗은 신이 자신의 적을 처단했다고 확신했다. 그리고 이렇게 말했다.

"주님께서는 찬미 받으소서! 주님께서는 제가 나발에게서 받은 모욕을 갚아주셨고, 당신의 종이 악을 저지르지 못하도록 막아주셨습니다. 주님께서는 나발이 악행의 대가를 받게 하셨습니다."

다윗은 곧 아비가일에게 청혼의 메시지를 전달한다. 다윗의 청혼을 받은 아비가일은 그 말을 듣자마자 얼굴을 땅에 대고 엎드려 절한 다음, "이 종은 나리 부하들의 발을 씻겨드리는 계집종입니다."라고 말했다. 그런 다음 서둘러 일어나 나귀에 올랐고, 아비가일의 시종 다섯도 그 뒤를 따라나섰다. 그렇게 신속하고도 현명한 결단을 내린 아비가일은 결국 다윗의 아내가 되었다.

아비가일에게 있어 남편 나발의 죽음은 또 다른 기회였다. 다윗이 한 마을에 있을 때, 그리고 다윗이 아비가일에게서 묘한 매력을 느끼고 있을 때 그녀의 남편이 죽었다. 아비가일이 과부가 되었다는 소식을 들은 다윗은 즉시 그녀에게 청혼하였고, 이에 아비가일은 편안한 마음으로 다윗을 찾아가 자신의 인생을 그에게 맡겼다.

다윗이 사울 왕을 피해 파란의 황야를 떠나 블레셋의 도시인 가드Gath로 향할 때 아비가일은 그와 동행했다. 이스라엘 민족 중 다윗의 원수였던 아말렉족Amalekites이 남쪽에서 쳐들어와 아비가일을 포로로 데려갔을 때에도 다윗의 병사들은 이들을 치고 아비가일을 구해냈다.

사울 왕이 세상을 뜨자 다윗과 아비가일은 헤브론으로 갔고, 다윗은 기름 부음 받은anointed 이스라엘의 왕이 되었다. 그 후 아비가일은 아들 길르압Chileab을 낳았다.

분노에 찬 추방자였던 다윗과의 첫 대면에서 아비가일은 자신의 생명과 가족들의 생명을 지켜야 하는 중요한 임무를 띠었다. 무력한 여인의 삶은 다윗의 손에 달려 있었지만, 아비가일의 식솔들의 목숨은 그녀의 손에 달려 있었다. 아비가일은 뛰어난 말솜씨와 기지를 발휘하여 폭력적인 전사에게 도전장을 내밀었다. 결국 고집스러운 두 남자, 남편 나발과 다윗 사이의 격렬한 갈등을 교묘하게 해결한 아비가일은 식솔들의 생명뿐만 아니라 다윗의 미래도 구하였다. 이들의 갈등을 해결한 아비가일의 수단은 바로 '언어'였다. 에덴동산에서 아담에게 주었던 신의 선물인 '언어'를 이용하여 아비가일은 다윗에게 청원하고, 아첨하였으며, 그를 이성적으로 설득했다.

다윗에 대한 아비가일의 아첨은 자기보존을 위한 성공적인 전략이었다. 또한 상대를 기분 좋게 하는 말로 다윗을 진정시킴으로써, 미래의 왕으로서 흠이 될 수 있는 도덕적 결점과 무례한 행동을 막아주었다. 죽음을 각오하고 다윗을 대면한 아비가일. 그녀는 그 이외에 다른 선택의 여지가 있었을까? 현대의 여성들과 달리 아비가일은 남편과 헤어질 수도, 다른 도시로 이사를 갈 수도 없었다. 만약 그녀가 다윗을 직접 상대하지 않았더라면 그녀의 남편과 일꾼들은 모두 죽음을 면할 수 없었을 것이다. 그리고 한 부족의 지도자였던 남편이 죽은 후 아비가일은 위험한 상황에 놓였을 것이다. 어쨌든 아비가일은 여성 특유의 기교를 이용해 두 남자의 갈등을 해소했고, 무자비한 폭력만이 두 사람, 두 부족 간의 적대 관계를 해결할 수 있는 유일한 방법이 아님을 몸소 보여주었다.

다윗 또한 아비가일과 마찬가지로 그녀와 마주했을 때 자신의 지혜로움과 예리한 직관을 드러냈다. 아비가일이 다윗의 야심과 자아를 알아보았듯, 그도 그녀의 강인함을 알아보았던 것이다. 다윗은 그녀의 외적 아름다움에 대한 찬사가 아닌 그녀의 지혜로움과 결단력에 대해 칭송했고, 아비가일도 진부하거나 의례적인 말이 아닌 진심 어린 말로 다윗을 찬양했다. 다윗은 아비가일과 대화를 나누며 점차 진정한 영웅이자 왕으로서의 위엄을 갖추어 갔다. 그는 살인에 대한 충동을 억제함으로써 지도자가 되기 위한 시험에 통과했던 것이다.

다윗은 여성의 용기와 직관력을 알아보고, 이를 진심으로 귀히 여겼다. 여기에 다윗의 위대함이 숨겨져 있다. 아비가일과 다윗은 모두 죽음의 위협에서 살아남은 생존자이다. 다윗은 자신의 정치적인 기지를 이용하여 "내가 그대의 말에 귀 기울여 그대의 청을 들어주었다"고 정중히 말했다. 다윗은 "당신의 여종을 기억해 주십시오."라던 아비가일의 청을 무시할 수도, 잊어버릴 수도 있었다. 그러나 나발이 죽었을 때 다윗은 그녀를 받아들여 안식처를 제공했으며, 험한 현실로부터 그녀를 보호했다.

그 당시의 과부란 참으로 무력한 존재였다. 아비가일이 다윗을 직접 찾아갔던 이유 중 하나는 어쩌면 불행한 결혼 생활에서 벗어날 기회를 찾기 위해서였는지도 모른다. 그러나 다윗과 아비가일이 결혼한 후 그 둘이 어떻게 살았는지에 대해서는 알 길이 없다. 성경에는 아비가일에 대한 기록이 많이 나타나 있지 않다. 다윗이 이스라엘의 왕이 되기 전, 그의 행동을 바꾼 사건을 중심으로만 기록하고 있을 뿐이다. 다만 세월이 지나면서 다윗은 아비가일의 충고를 귀담아 들었을 것이며, 그녀가 다윗의 충실한 고문 역할을 했으리라는 추측을 해볼 뿐이다.

다윗이 왕위에 오르기 위해 행했던 피비린내 나는 드라마 속에서의 아비가일의 역할은 간과할 수 없다. 실패한 왕 사울과 영웅적인 다윗의 이야기를 담고 있는 『사무엘상』에서 아비가일의 이름은 간간이 등장한다. 아비가일은 설득의 미학을 발휘하여 왕이 될 다윗이 모든 국민들에게 사랑과 존경을 받으며 이스라엘 민족의 왕으로 등극할 수 있도록 도왔다. 그리고 다윗의 삶에서 '충동적인 살인'이라는 불명예를 입는 일을 막아주었다.

젊고 잘생긴 다윗은 모든 여성들의 선망의 대상이었다. 그는 용맹스럽고 재치 있는 영웅이며 전사였고, 타고난 지도자였다. 그러나 다윗에게 여인들과의 로맨스란 존재하지 않았다. 그는 자신을 사랑한 여인들과 아내들에게 어떠한 약속도 하지 않았다. 그저 손짓만 하면 여인들이 몰려드는 상황과 일부다처제라는 그 시대의 제도를 거리낌 없이 이용할 뿐이었다.

아비가일에 대해 자세하게 설명하고 있는 『사무엘상』 25장은 여성에 의해 기록된 것으로 보인다. 당시의 시대적 상황으로 보아 여성이 히브리어로 성경을 썼다는 것도 매우 특이한 일이지만, 아비가일 역시 성경에 기록된 여성들 가운데 무척이나 독특한 인물이었다.

아비가일은 자신감과 능력, 재치, 설득력, 그리고 용감함을 모두 갖춘 여성이었다. 또한 여성 특유의 기질을 발휘해 폭력이 아닌 '언어'로 갈등을 해결하는 지혜로운 여인이었다. 강력한 권력을 가진 사람에게 여성적 감수성을 최대한 이용해 자기를 기억해 달라는 말을 남기면서도 그녀는 두려움이나 수치감 따위는 느끼지 않았다. 이처럼 아비가일에게 있어 '여성스러움' 혹은 자신이 '여성'이란 사실은 결코 약점이 아니었다.

제9장
다윗과 밧세바: 욕정에서 사랑으로

　3천 년 전, 다윗의 권세는 하늘을 찌를 듯 최고조에 달했다. 다윗은 남과 북에 있는 백성들을 모아 하나의 왕국으로 통합하였고, 예루살렘Jerusalem을 영원한 종교적·정치적 수도로 선포했다. 공식적으로 알려진 바로는 다윗 왕의 성품은 유순했으나 내면에는 불안정성이 잠재되어 있었다고 전해진다. 그는 어느 나른한 오후, 아름다운 유부녀를 우연히 발견하고는 그녀를 탐하게 된다.

　이 일화는 왕권의 남용을 비난하는 한편 억눌린 결혼 생활 속에서 불만을 느끼던 다윗의 내면을 여실히 드러낸다. 그는 정치적 동맹을 더욱 견고히 하기 위해 정략적으로 결혼했고, 왕권을 상속하기 위해 자식을 낳았다. 원하기만 한다면 부인이 아닌 다른 여자들을 마음대로 선택할 수도 있었다. 이러한 결혼 생활이었기에 그에게 있어 사

랑이라는 감정은 낯선 것일 수밖에 없었다.

해가 바뀌어 출정할 때가 되었다. 그해 봄날, 베테랑 군인 다윗은 처음으로 전장에 나가지 않기로 하고 홀로 예루살렘Jerusalem에 머물렀다. 저녁 즈음, 잠자리에서 일어나 왕궁의 옥상을 거닐던 다윗은 우연히 한 여인이 목욕하는 광경을 내려다보게 되었다. 그 여인은 매우 아름다웠다. 다윗은 사람을 보내 그 여인이 누구인지 알아보았다. 그녀는 엘리암Eliam의 딸 밧세바Bathsheba로, 헷Hittite 사람인 우리야Uriah의 아내였다. 고고학자들에 따르면 다윗의 왕궁은 산허리의 고지에 위치해 있어서 그는 곧잘 왕궁 뒤로 펼쳐지는 전경을 구경했다고 한다. 알몸으로 목욕을 하고 있던 밧세바를 슬쩍 바라본 다윗은 그 모습에 매료되어 강한 욕망을 느꼈으며, 결국 자신의 욕망을 행동으로 옮기기에 이른다.

막강한 권력을 가진 다윗은 밀사를 보내 밧세바를 왕궁으로 불러들였다. 당시 밧세바의 남편은 군인이어서 전쟁터에 출장하였기에 부재중이었다. 그렇게 왕의 부름에 응해 다윗과 동침한 밧세바는 후에 아이를 갖게 되었고, 다윗에게 그 사실을 알린다.

밧세바가 이날 다윗의 궁전에 들어간 것에 대해 대부분의 사람들은 '어쩔 수 없는 선택'이었을 것이라고 추측한다. 평민이 어찌 왕의 명령을 거절할 수 있었겠는가. 그 당시 왕은 절대적인 권력을 가지고 있었으며, 자신의 사생활에 대해서 아무런 책임을 느낄 필요가 없었다. 오늘날에도 정치인, 운동선수, 유명 영화배우 등 권력을 가진 사람들이 자신의 권력을 남용하고, 자신보다 열등하다고 생각되는 사람들에게 무모한 짓을 저지르는 일이 속속 일어나고 있다. 현대에는 여성이 이러한 일에 대하여 법적 보호를 받지만, 밧세바가 살던 때는 이러한 보호를 상상조차 할 수 없던 시대였다.

한편 이런 의문을 던져보는 자도 있다. 밧세바는 왜, 낮은 언덕에 있는 집 지붕 위에서 목욕을 하고 있던 걸까? 그녀는 자신의 목욕하는 모습을 누군가에게 들킬 수도 있다는 것을 정말 몰랐던 걸까? 무슨 생각으로 그런 행동을 했을까?

성경에 기록된 다윗과 밧세바 사이의 불륜 장면을 읽고 성적으로 자극받는 사람은 없을 것이다. 성경에서는 이들의 행동을 무덤덤하게 그릴 뿐, 밧세바가 다윗과 정사를 나누며 어떤 감정을 느꼈는지는 기록하고 있지 않다. 이 이야기는 자신의 권력과 지위를 이용하여 이기적인 욕망을 채우려는 사람들에게 따끔한 일침을 가한다. 그래서 다윗과 밧세바의 '욕망' 보다는 이 사건에서 파생된 '결과' 에 초점을 맞추는 것이다.

성경에서 묘사하는 다윗은 음악가이자 시인이다. 그는 '사랑받는 주님은 나의 목자' 를 포함한 수백 개의 성가를 작곡하여 많은 사람들을 찬미했다. 이처럼 그는 여러 가지 면에서 뛰어난 재능을 보였다. 하지만 이토록 훌륭한 다윗도 한순간 무분별한 실수를 저지르는 한낱 불완전한 인간에 불과하다는 것을 성경은 말하고 있다.

다윗은 밧세바의 매력에 흠뻑 빠졌지만 그녀를 남편에게서 빼앗아 올 생각은 없었다. 임신 사실을 안 밧세바가 다윗에게 전한 "제가 임신하였습니다." 라는 말 속에는 '앞으로 어찌하실 생각입니까?' 라는 속뜻이 숨겨져 있었다. 이 간결한 구절은 밧세바의 강하고 도전적인 성격을 보여준다. 밧세바의 말을 전해 들은 다윗은 그녀가 간단하게 물러서지 않으리란 것을 알아챘다.

한편 밧세바는 왕과 동침해 임신했다는 사실을 숨기지도, '경멸받는 여인'의 역할을 억지로 떠맡지도 않겠다고 결심했다. 그녀는 자신의 연인이자 왕이자 절대 권력자인 다윗이 자신과 배 속의 아기를 위험한 상황에서 구해 줄 것이라고 믿었다. 그녀에게 다른 방법이란 없었다. 그 당시 사회법상 간음한 여인은 돌에 맞아 죽는 처벌을 받아야 했다. 혹여 다윗이 그녀를 도와주지 않으면 밧세바와 배 속의 아기는 끔찍한 고통을 당하며 공개적으로 처형을 당할 것이 뻔했다. 하지만 그녀는 결코 비굴하게 애원하거나 빌며 호소하지 않았다. 그녀의 당당한 말투에는 아무런 감정이 실려 있지 않았다.

밧세바의 임신 사실은 머지않아 드러날 것이기 때문에 다윗은 이 사태를 하루빨리 해결해야 했다. 그는 결국 배 속에 있는 아기가 왕의 핏줄이란 사실을 숨기기로 결심한다. 그리고는 자신이 가장 믿는 부하, 요압Joab을 불러 헷Hittite 사람인 우리야Uriah를 데려오도록 했다.

우리야를 만난 다윗은 요압과 군사들의 안부와 전선의 상황에 대해 묻고는 집으로 내려가 발을 씻으라고 명령하였다. 다윗은 그에게 많은 선물을 베풀었고, 집에서 부인과 좋은 시간을 보내라며 음식과 술을 억지로 권했다. 이는 결국 밧세바의 배 속에 있는 아이가 우리야의 아들처럼 보이게 하기 위한 다윗의 술책이었던 것이다. 다른 동료 장군들보다 월등한 대우를 받은 우리야는 그 제의를 듣고 잠깐 솔깃했지만 곧 거절했다. 그는 주군의 모든 부하들과 어울려 왕궁 문간에서 자고 끝끝내 집으로 내려가지 않았다. 다윗이 우리야에게 "먼 길에서 돌아왔는데 어찌하여 집으로 내려가지 않느냐"고 묻자 그가 답했다.

"궤Ark와 이스라엘과 유다Judah가 초막에 머무르고, 제 상관 요압Joab과 장군님과 저의 주군이신 왕의 신하들이 땅바닥에서 야영하고 있는데 제가 어찌 집에 내려가 먹고 마시며 아내와 함께 편안한 시간을 보낼 수 있겠습니까? 살아 계신 왕을 두고, 왕의 목숨을 두고 맹세하건대, 저는 결코 그런 행동은 하지 않겠습니다."

그의 마지막 말은 다른 군인들과 함께 전쟁에 참여하여 자신의 의무를 저버리지 않겠다는 확고한 결심을 말해 준다. 그는 이미 군인으로서의 의리와 책임을 다할 것을 맹세한 바 있었다.

이후 다윗의 행동은 주목할 만하다. 앞서 말했듯 그는 자신의 불륜 사실을 숨길 작정이었다. 성경에 기록된 다른 사례를 고려한다면, 비록 다윗이 왕일지라도 법적·윤리적 책임을 회피하지는 못했을 것이라는 사실을 추측할 수 있다. 또한 아무리 사소한 일일지라도 일단 도덕적으로 한 번 어긋나기 시작하면 그 결과는 걷잡을 수 없이 악화되는 경우가 많다. 다윗의 행동과 계략은 결국 재앙과 불행에 한 발짝 더 다가가는 결과를 낳을 뿐이었다.

다음 날 밤 다윗은 우리야를 다시 불러들이고는 계속해서 술을 권했다. 술에 취해 잠깐 잠이 든 우리야는 저녁이 되자 다시 밖으로 나가 다윗 왕의 부하들과 잠을 잤다. 이번에도 그는 자신의 집으로 내려가지 않았던 것이다.

우리야는 속을 알 수 없는 수수께끼 같은 인물이었다. 그는 군인으로서의 명예를 고집스럽게 지켰고, 동료 군인들과 떨어져 지내는 것을 달갑지 않게 여겼다. 성경을 읽는 사람들은 우리야의 이 같은 강직한 성품을 존경해 마지않는다. 그는 오랜 전쟁 기간 동안 금욕적인 생활을 해왔음에도 불구하고 아름다운 아내와 시간을 보낼 수 있는 기회와 다윗 왕이 내리는 선물을 거절했다. 어쩌면 이것은 그가 욕망을 절제할 줄 알아서라기보다 원체 냉정한 성격이거나, 성적으로 둔감하거나, 혹은 아내와의 잠자리에 흥미가 없었기에 가능했던 것일지도 모른다.

우리야는 과연 부인과 함께 시간을 보내기를 원치 않았던 걸까? 아니면 아내가 다윗 왕과의 부정을 저질렀다는 말이 전쟁터에까지 전해진 것일까? 한창 전쟁 중에 있는 상황에서 자신에게 그런 친절을 베푸는 다윗 왕을 의심했던 것은 아닐까? 성경은 우리야의 생각에 대해 어떠한 해석도 하지 않았다. 그저 절대적인 왕의 명령을 거절할 만큼 고집이 센 사람으로 그를 그려놓았을 뿐이다.

다음 날 아침, 다윗은 요압에게 편지를 써서 우리야의 손에 들려 보냈다. 편지의 내용은 이러했다.

「우리야를 전투가 가장 치열한 곳, 제일 앞에 배치했다가 그만 홀로 남겨두고 후퇴하여 칼에 맞아 죽게 하여라」

우리야로부터 편지를 전해 받은 요압은 왕의 명령에 그대로 복종하였고, 결국 다윗 왕이 기다리는 대답을 가지고 돌아왔다.

"군사들 가운데 다윗의 부하 몇 명이 쓰러졌고, 그 가운데 헷 사람인 우리야도 죽었습니다."

요압이 우리야의 죽음에 대해 장황하게 설명하려 하자 다윗이 그의 말을 끊으며 말했다.

"칼이란 이쪽도 저쪽도 삼켜버릴 수 있는 것이니, 이 일을 그리 나쁘게 여기지 마라."

다윗은 밧세바의 남편을 죽인 것에 대해 양심의 가책을 느끼지 않았다. 만일 우리야가 살아 있을 때 밧세바가 다른 남자와 내통해서 생긴 아이를 낳는다면 그녀는 공개적으로 돌에 맞아 죽게 될 것이었다. 다윗은 밧세바와 우리야, 둘 중 하나를 선택해야 했고, 결국 우리야를 버리는 쪽을 택했던 것이다.

밧세바는 이 일화에서 없어서는 안 될 가장 중요한 인물이지만, 정작 그녀가 이 일에 관해 한 말은 성경에 기록되어 있지 않다. 그래서 자신과 왕의 밀회로 인해 남편이 죽었다는 사실을 알고 밧세바가 얼마나 충격을 받았는지, 혹은 이 모든 사실을 전혀 몰랐던 건지 알 수 없다. 그러나 이후에라도 이들에 대한 소문은 예루살렘에까지 분명히 퍼졌을 것이고, 밧세바의 귀에 들어갔음은 당연한 일이다. 사람들은 밧세바의 남편이 살아 있는 한 다윗과 밧세바의 결혼은 불가능하다고 생각했다. 그러나 우리야가 세상을 떠나자 그녀의 미래는 불확실해졌다. 성경은 그에 대해 다음과 같이 전한다.

「우리야의 아내는 그 남편 우리야가 죽었음을 듣고 그의 남편을 위하여 소리 내어 우니라. 그 장례를 마치매 다윗이 사람을 보내 그를 왕궁으로 데려오니, 그가 그의 아내가 되어 그에게 아들을 낳으니라」

그리하여 밧세바는 궁에 들어가 다윗에게 아들을 낳아주었고, 그 아이는 다윗과 그의 새로운 아내, 밧세바의 사이에서 자라났다.

다윗은 자신이 저지른 불륜과 악행을 모두 잊고 아무 일도 없었던 듯 다시 일상적인 생활로 돌아갔다. 그러나 성경의 한 구절에는 모든 것이 순조롭지만은 않을 것이라는 경고가 담겨 있다.

「다윗이 행한 그 일이 주님 보시기에 악하였더라」

어느 날 예고도 없이 예언자 나단Nathan이 다윗을 찾아왔다. 성경의 다른 예언자들과 마찬가지로 나단 또한 사회의 잘못을 엄격하게 비판했다. 그의 메시지에는 사회의 정의를 지키려는 열정이 담겨 있었다. 일반적으로 예언자들의 행동에는 어떤 정치적인 목적이나 개인적인 야망이 없었다. 그들은 단지 주님의 말씀을 전하는 전달자일 뿐이었다.

나단은 다윗에게 한 가지 이야기를 들려주었다.

"한 성읍에 두 사람이 살고 있었습니다. 한 사람은 부유했고, 다른 한 사람은 가난했습니다. 부자에게는 양과 염소가 매우 많았으나, 가난한 이에게는 자신이 산 작은 암양 한 마리밖에는 없었지요. 어느 날 부자에게 길손이 찾아왔습니다. 부자는 나그네를 대접하기 위해 자신의 양이나 소를 잡는 것이 싫었습니다. 그래서 가난한 사람의 암양을 잡아 자신을 찾아온 사람에게 대접하였습니다."

나단으로부터 탐욕과 절도에 관한 이 이야기를 들은 다윗은 분노하며 말했다.

"주님께서 살아 계시는 한 그런 짓을 한 자는 죽어 마땅하다!"

그러자 나단이 손가락으로 다윗을 가리키며 말했다.

"그 사람이 바로 왕이십니다."

나단은 계속해서 이스라엘의 유일신, 주님의 말을 인용하여 다음과 같이 꾸짖었다.

"그런데 어찌하여 왕께서는 주님의 말씀을 무시하고, 주님이 보기에 악하다 할 만한 일을 저지르셨습니까? 왕께서는 헷 사람인 우리야를 칼로 쳐 죽이시고, 그의 아내를 당신의 아내로 삼으셨습니다. 왕께서는 그를 암몬 자손들Ammonites의 칼로 죽이셨습니다. 그러므로 이제 왕의 집안에서는 칼부림이 영원히 그치지 않을 것입니다. 이제 제가 왕을 거슬러 왕의 집안에서 재앙이 일어나게 할 것입니다!"

나단의 말은 그때까지 자신이 저지른 행동을 뉘우치지 않고 자만에만 빠져 있던 다윗에게 큰 충격을 안겨주었다.

우리야의 죽음에 대해 다윗은 오만하게도 "칼이란 이쪽도 저쪽도 삼켜버릴 수 있다"고 말했었다. 그러나 이제 이 말은 "칼은 절대로 너의 집안과 떨어지지 않을 것이다(네 집안에서는 칼부림이 영원히 그치지 않을 것이다)."라는 주님의 명령으로 현실화되기에 이른다.

마침내 다윗은 자신의 잘못된 행동이 주님에게는 큰 죄악으로 보였다는 사실을 깨닫고는 나단에게 자신의 죄를 시인했다. 그러자 나단이 대답했다.

"주님께서 왕의 죄를 용서하셨으니, 왕께서 죽음을 맞이하는 일은 없을 것입니다."

그러나 주님이 다윗을 완전히 용서한 것은 아니었다. 그렇다고 즉시 벌을 내리지도 않았다. 다음은 다윗에게 곧 주님의 처벌이 내려질 것임을 예고하는 대목이다.

「우리야의 아내가 다윗에게 낳은 아이를 주님께서 치시매 심히 앓는지라」

다윗은 그 아들을 살려달라고 하나님께 호소하며 단식과 기도로 온 하루를 보냈고, 아이의 병상 옆 바닥에 누워 밤을 지새웠다. 하지만 결국 아이는 죽고 말았다.

다윗은 주님의 처벌을 면할 힘이 없었다. 그는 죄책감과 슬픔으로 고통스러웠다. 이스라엘 선조로서 경솔하게 살인을 저지르고, 다른 사람의 아내와 불륜까지 저지른 대가로서 한 아이가 숭고한 생명을 잃은 것이었다. 다윗은 자신의 죄를 뉘우치며 주님이 자신에게 내리신 고통을 순순히 받아들였다. 만일 그가 육체적 욕망에 굴복하지 않았더라면 비극은 없었을 것이다.

아들이 죽고 난 후, 다윗은 갑자기 아무렇지도 않은 듯 행동했다. 이런 다윗의 모습을 본 신하들은 어리둥절했다. 이에 대해 성경은 다음과 같이 설명하고 있다.

「그러자 다윗은 땅바닥에서 일어나 목욕을 하고, 몸에 기름을 바르고, 옷을 갈아입은 뒤, 성전으로 들어가서 주께 경배하였다. 그는 왕궁으로 돌아오자 음식을 차려 오게 하여서 먹었다. 신하들이 다윗에게 물었다. "왕자가 살아 계실 때에는 왕께서 식음을 전폐하고 슬퍼하시더니, 이제 왕자가 돌아가시자 왕께서 일어나셔서 음식을 드시니, 이것이 어떻게 된 일이십니까?" 다윗이 대답하였다. "아이가 살아 있을 때에 내가 금식하면서 운 것은 혹시 주께서 나를 불쌍히 여기셔서 그 아이를 살려주실지도 모른다고 생각하였기 때문이오. 그러나 이제는 그 아이가 죽었는데 무엇 때문에 내가 계속 금식하겠소? 내가 그를 다시 돌아오게 할 수가 있겠소? 나는 그에게로 갈 수 있지만, 그는 나에게로 올 수가 없소."」

신앙이 두터웠던 다윗은 아이가 생명을 잃은 것 자체는 자신이 저지른 죄악에 대한 벌이 아니라는 것을 알았다. 아이가 죽은 것은 신의 뜻이었고, 그로 인해 자신이 겪게 되는 슬픔이 바로 그에게 내린 신의 처벌이었다. 이를 통해 다윗은 앞으로 자신이 달라져야 한다는 사실을 깨달았다.

『시편』51편에 다윗이 신께 용서를 청하는 부분이 나온다.

저의 죄로부터 저를 말끔히 씻어주시고
저의 잘못으로부터 저를 깨끗이 하소서.
저의 죄악을 제가 알고 있으며
저의 잘못이 늘 제 앞에 있습니다.

다윗은 자신이 전능하신 하나님의 벌을 받아 마땅함을 인정했다. 신의 뜻을 이해하고 고통을 받아들이며, 그는 다시 왕으로서의 임무를 수행할 수 있게 되었다. 그는 신념과 양심을 되찾은 것에 대해 신께 감사드렸고, 자신에게 일어난 비극을 겸허히 받아들였다. 그러나 아이의 어머니인 밧세바는 그럴 수 없었다. 다윗은 아내 밧세바를 위로하고 그녀와 잠자리를 하였다. 후에 밧세바가 다시 아들을 낳자, 다윗은 그의 이름을 솔로몬Solomon이라 지었다.

밧세바는 살인을 저지르고 거짓말을 했던 다윗을 따뜻한 애정으로 감싸며 위로해 주었고, 다윗은 그런 밧세바에게 점점 빠져들었다. 밧세바 또한 다윗의 위로를 받으면서 기력을 되찾았고, 그의 강인함과 이해심에 의지하며 살아갔다. 보통 남자들은 성관계로 아내를 위로하려 하지만, 다윗은 아이를 잃은 여인이 근본적으로 무엇을 필요로 하는지 잘 알고 있었다. 성경에 의하면 다윗은 아이를 잃고 슬픔에 빠져 있는 밧세바를 따뜻하게 위로해 주었고, 그녀의 기분이 풀어진 후에야 육체관계를 맺었다는 점을 강조한다.

밧세바와 다윗은 서로의 욕망을 채워주기 위한 성관계는 맺지 않았다. 부부 관계가 오래 지속되는 데 있어서 단순한 육체적 관계는 아무런 도움이 되지 않는다. 서로에 대한 따뜻한 배려, 관심, 애정이 그 무엇보다 중요하기 때문이다. 다윗은 다른 아내들과의 관계에서는 없었던 강한 감정적 유대감으로 아내 밧세바와 함께 슬픔을 나누었다. 역설적으로 들리겠지만, 아이의 죽음을 계기로 다윗과 밧세바는 성숙한 부부 관계를 평생 동안 지속할 수 있었다.

250

안타깝게도 오늘날의 현실에서도 이와 같은 상황이 자주 일어난다. 그러나 오늘날의 많은 부부는 다윗과 밧세바처럼 그 상황을 이겨내지 않는다. 아이를 잃고 난 후 남편과 아내는 슬픔을 함께 나누기보다 각자의 고통을 스스로 달래려 한다. 그로 인해 아이를 잃은 후 부부 관계마저 깨지는 경우가 종종 발생한다. 남자와 여자가 서로 원하는 육체적·감정적인 요구가 같지 않다는 것을 우리는 잘 알고 있다. 따라서 한쪽에서 감정을 표현하려고 하면 다른 쪽은 그 감정을 억누르려 하고, 아이를 잃은 비극이 상대방에 대한 비난으로 표출되기도 한다. 그것을 조율하지 못하면 부부간의 관계는 죄의식과 비난으로 얼룩져 서로 상처를 입고 입히는 결과로 치닫고 만다.

솔로몬Solomon을 낳은 이후로 밧세바와 다윗의 관계는 더욱 깊어졌다. 그러나 주님의 벌은 아직 끝난 것이 아니었다. 다음 세대에 이르러 다윗의 아들들은 아버지에게 반항하고 반란을 일으킨다. 주님의 벌은 다윗의 아들 압살롬Absalom에게까지 이어져 반란을 일으킨 압살롬 왕자는 결국 죽음을 맞게 된다.

압살롬이 처형당하자 다윗은 슬픔에 잠긴다. 비록 반란을 일으킨 아들이라 해도 다윗에게 있어 그는 사랑하는 자식이기 때문이다. 자식이 어떤 불효를 저지른다 해도 부모들은 자식에게 헌신적인 사랑을 베풀기 마련이다. 이러한 부모로서의 모습은 다윗이라고 해서 다르지 않았다. 다윗은 성문 누각 위로 올라가 참았던 눈물을 한꺼번에 쏟아냈다. 올라가는 동안에도 "내 아들, 압살롬아! 내 아들아, 내

아들, 압살롬아! 너 대신 차라리 내가 죽어야 하는 것을……. 압살
롬아, 내 아들아!” 하고 비통하게 울부짖었다.

　성경 속 다윗과 밧세바의 정사는 오랜 세월이 지난 현대의 삶 속
에서도 공공연하게 일어나고 있다. 이들의 이야기는 권력과 욕망,
기만, 그리고 죄에 대한 의문을 불러일으킨다. 남녀 간의 불륜과 정
사는 이제 흔한 이야깃거리에 속하지만, 이에 대한 사람들의 의견과
해석은 아직도 분분하다.
　다윗의 이야기는 권력이 한 개인을 변화시키고 타락하게 만들 수
있다는 교훈을 준다. 이에 관해 19세기 영국의 역사가 액튼 경Lord
Acton은 ‘권력은 부패하고, 절대 권력은 절대적으로 부패한다’는 유
명한 말을 남겼다. ‘욕망’이라는 감정 하나만 놓고 본다면 이것은
매혹적인 인간의 본성임에 틀림없다. 그러나 욕망은 남녀 관계의 시
작일 뿐, 결국에는 사라져 버린다. 욕망이라는 이름으로 상대방을
기만하고 속인다면 당장은 만족할지 몰라도 결국 불신을 낳고 더욱
큰 혼란을 초래할 것이다.
　‘죄악’이란, 우리 가슴속에 있는 양심과 싸우면서 마주치게 되는
‘자신에 의한 고통’이다. 삶의 가치와 이상을 지키며 사는 일에 실
패하고, 다른 사람을 다치게 했다는 사실을 알았을 때 우리는 죄책
감에 빠진다. 다윗은 자신의 행동이 가난한 자의 양을 빼앗아 간 탐
욕스런 부자와 같다는 것을 깨달았을 때 극심한 고뇌에 빠졌고, 가
슴 쓰린 통증을 느꼈다. 죄책감에 사로잡힌 다윗 왕은 자신이 저지

른 범죄에 대한 마땅한 대가로서 어린 아들을 잃은 것이라고 받아들였다.

다윗의 운명에 위기가 닥친 것은 그가 저지른 살인으로부터 비롯된 것처럼 보인다. 그러나 불행의 씨앗은 그가 밧세바를 훔쳐보기 전부터 이미 싹트고 있었다. 밧세바를 만나기 이전, 그는 군대를 이끌고 전쟁터에 나가 있어야 할 시각에 홀로 집에 남아 있었다. 자신의 의무를 회피한 바로 그 순간 타락의 길은 이미 시작되었고, 마침내 살인이라는 악행에까지 이르게 된 것이었다. 왕의 말이라면 무조건 수용하는 아첨가들은 다윗에게 엄청난 용기를 주며 독려했고, 자신에게 절대 권력이 있음을 믿었던 다윗은 결국 무모한 죄악을 저지르는 수렁에 빠지고 말았다.

자신의 도덕적 신념을 완전히 무너뜨리는 일을 저지르고 난 후, 그는 '밧세바가 나를 타락의 길로 이끌었다'는 변명 따위로 그녀를 비난하지는 않았다. 오히려 모든 책임이 자신에게 있다고 인정했다. 이것이 에덴동산에서 주님의 말씀을 어긴 후 이브를 비난하였던 아담과 다윗의 다른 점이다. 주님이 다윗을 용서하고 계속 왕위를 허락한 이유는 그가 자신의 죄와 그 죄에 대한 책임을 받아들였기 때문이다.

다윗과 밧세바의 이야기는 '가혹한 사랑tough love'의 대표적인 예라 할 수 있다. 이는 오늘날 우리의 생활과 밀접한 관련을 맺는다. 즉, 성경은 유혹에 넘어가기 쉽고 오류에 빠지기 쉬운 인간의 특성을 지적한다. 그와 동시에 우리가 스스로의 행동에 책임질 수 있는 용기를 갖도록 이끈다. 또한 성적 욕망은 도덕과 윤리적 신념을 바탕으로 존재해야 한다는 것을 일깨워 준다. 성적 욕망이 인간의 본성인 것은 사실이지만, 욕망에서 기인된 범죄를 감추려는 것은 죄악임을 성경은 분명히 보여준다.

다윗은 규율을 어기고 무시한 대가로 아들을 잃는 커다란 불행을 겪고, 극심한 고통 속에 빨려 들어갔다. 자녀의 죽음이란 부모들의 삶에서 가장 혹독한 비극이며, 그 어떤 벌보다 가혹한 것이다.

이스라엘 사람들이 지키는 십계명은 열 가지 명령이란 뜻으로, 일상생활의 지침이다. 즉, 이는 윤리적 · 종교적 규범을 말한다. 고대에는 일곱 번째 계명인 '간음하지 말라'는 법을 위반한 자에게는 돌로 쳐 죽이는 형벌이 내려졌다. 오늘날이라면 아마도 결혼 상담이나 이혼, 둘 중 하나를 선택해야 할 것이다. 이 계명은 '부부간의 믿음을 깨뜨리며 부부와 그들의 자식, 그들의 조부모를 포함한 모든 세대의 행복을 위협하는 죄악'이 곧 간음이라는 경고를 담고 있다.

하지만 우리에게는 에덴동산의 아담과 이브처럼 너무나 많은 호기심이 있고, 우리 주위에는 너무나 많은 유혹이 도사리고 있다. 유혹은 대부분 아주 일상적인 상황으로부터 발생한다. 수천 년 전에 쓰인 『잠언Proverb』의 한 구절을 보면, 아내와 남편이 오랜 기간 떨어져 있을 때 벌어질 수 있는 일을 아주 생생하게 기록하고 있다.

「그녀는 젊은 남자에게 입 맞추고, 뻔뻔스러운 얼굴로 말한다. "내 침상에 덮개를 깔았는데, 화려한 이집트산 아마포랍니다. 잠자리에 몰약과 침향과 육계향도 뿌렸어요. 자, 아침까지 나와 사랑에 취해 봐요. 사랑을 즐겨 봐요. 남편은 집에 없어요. 멀리 길을 떠났 거든요. 자루도 가져갔으니 보름날에나 돌아올 거예요."」

수 세기 이전에 쓰인 『탈무드Talmud』는 간음에 대해 다음과 같이 노골적으로 조언한다.

「만일 너에게 그런 급한 상황이 닥친다면, 시내 가까이에 가서 옷을 갈아입어 변장을 하고, 네가 꼭 처리해야만 하는 일을 하여라. 그리고 가능하면 빨리 집으로 돌아가라」

종교적으로 권위를 인정받은 책에서 이런 충고를 했다는 사실이 충격적으로 다가올 수도 있다. 하지만 이 책, 『탈무드』는 인간의 욕망을 인정하고, 간통에 대처하는 현실적인 방안을 제시한다. 이에 대한 논쟁은 지금까지도 계속되고 있다. 그러나 『탈무드』에서 이런 조언을 한 이유는 인간이 성 본능을 지혜롭게 다스려야 한다는 사실을 알리기 위함이다. 성적·감정적인 희열은 인간이 가지고 있는 강한 본능적 욕구이기에 인간은 스스로의 본능을 다스릴 수 있어야 하고, 욕망과 싸워 이겨내야 한다.

우리는 불완전한 세계에 살고 있는 불완전한 존재이다. 하지만 그렇다고 해서 인간이 욕망을 제어하지 못해 벌어진 죄(간통)가 용서받아 마땅한 건 아니다. 다윗과 밧세바의 일화는 우리에게 그 무엇보다 중요한 것은 바로 '가정'이라는 교훈을 준다. 이와 마찬가지로 『탈무드』 또한 욕망을 만족시키는 행동보다 가정을 지키려는 노력을 항상 우선시해야 함을 명백하게 밝힌다.

우리는 남을 배려하는 사려 깊은 행동을 취해야 하고, 다른 사람에게 고통을 주는 일은 피해야 한다. 가족 관계를 지키는 것은 최고의 즐거움과 보람을 가져다준다. 또한 부부 중 어느 한쪽이 불륜을 저질렀다는 증거를 들이대며 상대방을 모욕하거나 굴욕감으로 몰아넣는 것 역시 현명한 행동이 아니다. 공개적으로 모욕을 주는 것은 더더욱 옳지 못하다. 『탈무드』의 경고는 당시의 남자들에게만 해당되던 것이었다. 그러나 여성들의 사회 활동이 활발한 오늘날에는 남자들과 똑같이 여자들에게도 적용된다.

이 세상은 매력적이고 유혹적인 남자와 여자들로 가득 차 있다. 그러나 당신이 누군가의 배우자라면 그 수많은 매력적인 이성을 다른 시선으로 바라봐야 한다. 즉, 성적 대상으로서만 보아서는 안 된다는 뜻이다. 누군가에게 '배우자'로 선택된 사람들은 서로에 대한 굳은 신뢰와 이해를 바탕으로 인생의 여정을 함께 걸어가야 한다. 인생의 동반자로서 서로에게 매력을 느끼고, 서로의 욕망을 만족시키며, 일생을 함께 살아 나가야 하는 것이다. 영원한 동반자란, 서로가 비슷한 가치와 목표를 갖고 자식을 기르며 함께 늙어가는 협력 관계를 말한다.

결혼과 가족의 유대감은 하루하루 일어나는 단편적인 일과 장기적인 계획을 모두 포함하여 너무나 많은 부분의 현실과 연결되어 있다. 따라서 결혼 생활이란 연애 기간보다 그 관계가 훨씬 더 복잡하다. 부부는 서로 일상적인 일을 함께 나누며 친구, 친척들과 함께 시간을 보내고, 휴일과 휴가도 함께 지낸다. 또한 아플 때에는 서로를 돌봐주어야 한다. 부부가 서로에게 충실하다는 것은 한 사람의 '배

우자'라는 생각을 항상 품고 이에 적합한 행동을 하는 것을 의미한
다. 그러나 우리는 일상생활 속에서 결혼의 맹세가 깨지는 순간을
자주 목격한다.

거듭 말하지만, 다윗과 밧세바의 이야기가 우리에게 주는 교훈은
한순간의 덧없는 쾌락이나 순간적인 희열 때문에 결혼 생활과 가정
을 파탄으로 몰고 가선 안 된다는 것이다. 결혼에는 많은 책임이 따
른다. 그러나 결혼은 그 자체가 보상이다. 프랭크 피트만Frank Pittman
박사는 자신의 저서 『은밀한 거짓말Private Lies』에서 다음과 같이 경
고했다.

「우리의 세계에서 일부일처제는 이상적인 제도이다. 그리고 간음
은 결혼 생활에서 가장 큰 위협이다. 그것은 사기이다. 사실을 은폐
하기 위해 둘러대는 거짓말은 배신당한 배우자와 화해하는 데 가장
큰 걸림돌이 된다」

성경은 밧세바와 다윗이 부부로서 어려움을 함께 이겨내고 살아
가기 시작한 지 약 20년 후의 이야기를 들려준다. 밧세바는 정치적
인 위협, 사회적 위기 그리고 다윗 왕의 복잡한 가족 문제를 견뎌내
며 살았다. 다윗과 밧세바의 연애 사건과 그 뒤를 잇는 여러 가지 이
야기는 호사가들의 입방아에 수없이 오르내리며 알려졌을 것이고,
다윗의 다른 아내들 또한 밧세바를 끊임없이 화제의 주인공으로 삼
았을 것이다.

왕의 복잡한 가정사에 합류해 생활하게 된 밧세바는 오늘날로 치

면 '내연의 처' 혹은 '두 번째 부인'과 다를 바 없다. 일부다처제의 가족에서는 한 남편이 많은 아내들과 부부 관계를 유지하기 어려우므로 시간이 지날수록 그 관계는 소원해지기 마련이다. 그러나 밧세바는 다윗 왕과 가깝게 지냈다. 그녀는 다윗 왕이 늙고 권력이 쇠퇴할 무렵, 더 이상 예전과 같은 영웅이 아닐 때에도 그에게 위로와 안식을 준 유일한 여인이었다.

다윗은 어느덧 시종들이 이불을 두껍게 덮어주어도 몸의 체온이 유지되지 않을 정도로 늙었다. 혈액순환이 원활하지 않았던 다윗은 추운 예루살렘의 밤을 따뜻하게 지낼 수가 없었다. 신하들이 그에게 말했다.

"주군이신 왕께 젊은 처녀 하나를 구해 드려 왕을 시중들고 모시게 하였으면 좋겠습니다. 그 처녀를 품에 안고 주무시면 주군이신 왕의 몸이 따뜻해지실 것입니다."

그리하여 신하들은 이스라엘 온 지역에서 아름답고 젊은 여자를 수소문해 수넴Shunem 출신의 아비삭Abishag이란 처녀를 찾아내어 왕께 데려왔고, 그녀는 몸종이 되어 왕을 보필했다.

성경은 다윗이 노령의 나이에 접어들어 쇠약해진 모습을 있는 그대로 묘사하였는데, 이는 아무리 기세등등한 천하의 왕일지라도 세월의 힘은 피해 갈 수 없다는 뜻을 내포하고 있다. 신하들은 젊은 여자의 원기가 늙은 왕에게 전해지기 바라는 마음에서 매력적인 여인들을 데려다 옆에서 시중들도록 했다. 그러나 왕의 남성적인 힘(정력)은 이미 사라지고 없었다. 왕은 그 여자들이 자신의 정력을 회복시킬 수 없다는 것을 알고 있었기에 그 여인들과 동침하려 들지 않았다.

다윗의 궁전은 아내들과 첩들로 가득했을 것이다. 그러나 정작 왕이 병들어 누웠을 때 그의 곁에는 아무도 없었다. 노년이 되면 누구나 그렇듯 다윗 왕 또한 그 어느 때보다 사람의 손길을 그리워했을 것이다. 하지만 오로지 신하들만이 그의 곁을 맴돌며 존경심과 위로를 표할 뿐이었다. 그는 언제나 고독했고, 주위의 모든 것들이 무의미하게 느껴졌다.

우리는 밧세바와 다윗이 나눈 대화 가운데 "제가 임신하였습니다."라는 말을 기억하고 있다. 이 짧은 말 한마디는 온 왕국을 들썩이는 결과를 가져왔고, 다윗의 인생과 그의 미래를 한꺼번에 바꿔놓았다. 이제 밧세바도 어느덧 나이가 들었다. 그러나 그녀는 젊은 시절에 그랬던 것처럼 아들 솔로몬에 대한 기대로 자신감에 차 있었다.

권력이 사라질 무렵, 다윗은 왕위 계승에 대해 아무런 언급도 하지 않았다. 이 때문에 그의 많은 아들들은 왕위를 놓고 쟁탈전을 벌이기 시작했다. 하깃Haggith의 아들 아도니야Adonijah는 아버지 다윗이 살아 있음에도 불구하고 자신은 이미 왕이라고 선언했다. 그러자 밧세바는 침전으로 다윗을 찾아갔다. 그곳에서는 수넴 여인 아비삭이 왕의 시중을 들고 있었다. 밧세바는 무릎을 꿇고 절을 올렸다. 다윗이 무슨 일이냐고 묻자 그녀가 말했다.

"저의 왕이시여, 왕께서는 주 왕의 하나님을 두고 이 여종에게

'너의 아들 솔로몬이 내 뒤를 이어 왕이 되고, 내 왕좌에 앉을 것이다.' 라고 맹세하셨습니다."

밧세바는 과연 '요람을 흔드는 손이 세계를 지배한다' 는 속담에 꼭 맞는 여인이었다. 이 일이 있고 나서 밧세바는 왕과 더욱 가깝게 지낼 수 있었다. 그녀는 왕의 침실에 들어가 다윗의 인생에서 자신의 위치를 확고히 했다. 그녀에게는 아비삭도 위협적인 존재가 아니었다. 밧세바는 다윗에 대한 존경심을 표하면서 그와 대화했으며, 다윗 왕도 그녀에게 친절히 답했다. 다윗과 밧세바가 늙고 쇠약해질수록 그들 관계의 주도권은 밧세바가 쥐기 시작했다. 이는 이삭이 늙어 리브가가 결정권을 가진 것과 비슷한 경우이다.

밧세바는 의연하고 열정적인 여인이었다. 젊은 시절에 그러했듯이 그녀는 위험을 감수하고 자신의 아들 솔로몬을 위해 용기를 냈다. 그녀는 아들 솔로몬이 왕좌를 물려받기를 원했다. 다윗이 죽고 나면 자신과 솔로몬이 다른 아들에게 위협당할 것을 알았기에 솔로몬이 하루빨리 후계자로서 인정받기를 바랐던 것이다.

구약에서 권력의 이양에 관한 문제는 계속 등장한다. 대부분의 사회에서처럼 고대 이스라엘에서도 장자가 모든 것을 상속받았다. 그러나 꼭 그런 것만도 아니었다. 성경에서는 야곱, 에서, 요셉과 그의 형제들처럼 맏아들이 아닌 경우에도 후계자로 지목된 경우가 있다. 다윗도 주님의 선택으로 왕이 되었을 뿐, 그는 당시의 왕이던 사울의 아들이 아니었고, 그렇다고 한 집안의 맏아들도 아니었다.

다윗이 첫 아이를 잃었던 당시 슬픔에 몸부림치던 아내에게 '다음에 태어나는 아이에게 왕위를 물려주겠다'는 약속을 한 것은 어쩌면 밧세바를 위로하기 위한 말뿐이었는지도 모른다. 자신의 혼란을 감추기 위해, 그리고 아내를 위로하기 위해 가장 듣기 좋은 말을 고른 것일지도 모른다. 하지만 그런 이유가 아니더라도 다윗은 솔로몬이 자란 이후에 똑같은 약속을 했을 것이다. 솔로몬은 자라나면서 모든 자식들 중 가장 뛰어난 학식과 총명한 지혜를 보였기 때문이다. 다윗은 점차 솔로몬이 훌륭한 왕으로서의 자질을 지녔다고 확신했다.

결국 다윗은 솔로몬을 미래의 왕으로 지명하여 본격적인 권력 이양을 시작하였고, 그 후 솔로몬은 다윗이 살아 있을 때부터 직접 이스라엘을 통치하기 시작하였다. 이로써 다윗은 밧세바에게 한 약속을 지킨 셈이다.

"내가 주 이스라엘의 하나님을 두고 그대에게 그대 아들 솔로몬이 내 뒤를 이어 왕이 되게 하고, 내 대신 왕좌에 앉힐 것이라고 맹세하였으니, 오늘 그 맹세를 그대로 시행하겠소."

죽는 날이 다가오자 다윗은 가장 먼저 처단해야 할 원수의 이름과 자신에게 호의를 베푼 추종자의 이름 등 중요한 목록을 적어 솔로몬에게 넘겨주었다. 모든 이스라엘 민족에게 사랑과 존경을 받았던 다윗은 아들 솔로몬에게 남기는 유언을 한 편의 시로 적었다.

「주 너의 하나님의 명령을 지켜 그분의 길을 걸으며, 모세Moses 법에 기록된 대로 하나님의 규정과 계명, 법규와 증언을 지켜라. 그러면 네가 무엇을 하든지, 어디로 가든지 성공에 이를 것이다. 네 자손들이 제 길을 지켜 내 앞에서 마음과 정성을 다하여 성실히 걸으면 네 자손 가운데에서 이스라엘의 왕좌에 오를 사람이 끊이지 않을 것이다!」

축복받은 자, 다윗은 평화롭게 죽었다.

솔로몬은 왕위에 오른 후 어머니에 대한 존경과 감사의 마음을 정중히 표했다. 밧세바가 새로운 왕 솔로몬의 침소에 다가가자 왕은 일어나 어머니를 맞으며 절하고 왕좌에 앉았다. 그리고 어머니의 의자를 가져오게 하여 자신의 오른쪽에 앉도록 하였다.

성경은 단 하룻밤 사이에 일어난 불륜으로부터 파생된 살인, 비탄, 후회, 고통, 결혼, 안정, 그리고 솔로몬 왕의 즉위로 이어진 다윗 왕의 긴 인생 이야기를 우리에게 들려준다. 이를 통해 우리는 한 왕국의 왕권 변화뿐만 아니라 한 인간의 인생이 변화되는 과정을 보았다.

다윗의 이야기가 시작될 때만 해도 다윗에게 충성을 맹세한 한 장군의 아내였던 밧세바는 그의 욕망의 대상이었을 뿐이다. 그녀의 운명은 전적으로 다윗의 손에 달려 있었다. 그러나 밧세바는 다윗의 성적 노리개로 끝날 운명에서 왕의 동반자라는 위치로 훌쩍 뛰어오르는 변신을 성공적으로 이루었다. 다윗은 대부분 정치적인 야심을 채우려는 의도로 여자들과 결혼했지만 밧세바는 달랐다. 다윗이 후에 솔로몬을 자신의 후계자로 지목한 점을 고려한다면 그는 밧세바의 교육 방식과 능력을 존중하고 인정했음이 틀림없다.

다윗 왕에 대한 밧세바의 영향력이 점점 커짐에 따라 그녀는 왕실에서 자신의 목소리를 키워 나갈 수 있었다. 그녀는 다윗의 보호에 의존하는 나약한 존재에서 왕의 아내라는 위치를 견고히 굳혀 나갔다. 그녀가 왕의 침실에서 아비삭을 보았을 때, 그녀는 아비삭이 자신의 위치를 흔들어 놓을 어떠한 위협도 가하지 못할 존재라는 것을 확신했음이 분명하다. 그랬기에 아비삭에게 다윗의 간호를 마음 놓고 부탁할 수 있었던 것이다.

신하들은 단지 왕을 보좌하는 사람들이었을 뿐, 그를 사랑하는 사람은 아니었다. 아비삭 또한 마찬가지로 다윗 왕에게 개인적인 친밀감을 느끼지는 않았다. 그녀는 왕의 '허물없는 친구'가 아니라 '고용된 사람'일 뿐이었다. 그러한 이유로 다윗의 개인적인 삶은 고통과 실망으로 가득 차 있었고, 그런 그에게 있어 밧세바와의 지속적인 관계는 유일한 위로로 작용했을 것이다.

삼각관계에 빠진 당사자들은 서로가 하는 행동의 의도를 의심하고, 상대방의 감정을 추측하기에 바쁘다. 집착과 충성심, 이기주의는 삼각관계에서 절대 풀리지 않은 실타래와 같다. 다윗과 밧세바의 이야기는 폭력, 권력, 성적 매력이 얽힌 삼각관계에 대한 경고와 우려를 함께 보여준다.

우리야는 당장 가정으로 돌아가 남편 노릇을 하라고 제안하는 다윗의 말을 매번 거절하였고, 결국 전쟁터에서 목숨을 잃었다. 이로 말미암아 밧세바는 남편의 죽음이 자신 때문이라 여기고는 평생 동안 죄책감을 안고 살았다. 다윗 또한 '네 집안에서는 칼부림이 영원히 그치지 않을 것이다.'라는 저주를 안고 평생을 살아야만 했다. 이

후 그 저주가 실현되기라도 하듯, 다윗의 딸 다말Tamar이 이복 오빠인 암논Amnon에게 강간당하였고, 다말의 오빠 압살롬Absalom은 동생의 복수를 위해 암논을 죽이고 만다. 이때부터 압살롬과 다윗의 사이는 나빠졌고, 그 관계가 악화되자 압살롬은 자신의 군대를 이끌고 아버지에게 대항했다. 결국 다윗의 충실한 장군 요압Joab은 다윗의 명령을 받고 압살롬을 처단하기에 이른다.

밧세바에 대한 다윗의 욕망은 단편적으로 볼 때 '낭만적'으로 비춰지기도 한다. 그가 보이는 열정이 그의 정치적 야심보다 더 강해 보이기 때문이다. 다윗이 지닌 정치적인 힘이 쇠퇴하기 시작하였을 때에도 다윗에 대한 밧세바의 열정은 식지 않았고, 그녀는 그에게 있어 여전히 매력적인 여인이었다. 실질적인 도움을 주는 지혜와 정서적 지지를 아낌없이 베푼 밧세바는 쇠약해져 가는 다윗에게 큰 힘이 되었을 것이라 짐작된다.

성경에 기록된 다윗의 세 아내 중 가장 중요한 역할을 한 자는 오직 두 명이었다. 이 두 사람은 모두 다윗을 만나기 전 이미 한 번씩 결혼을 했었다. 첫 번째 여인은 그녀의 남편과 가족들에게 피의 복수를 하려던 다윗을 멈춘 아비가일이었고, 두 번째는 지붕에서 목욕을 하던 모습을 다윗 왕에게 들켜 결국 이스라엘의 역사를 바꾸어 놓은 밧세바이다. 그녀는 다윗 왕을 설득해 자신의 아들 솔로몬을 후계자로 만드는 데 성공했다.

밧세바와 아비가일은 모두 자신감과 용기를 갖춘 여인들이었다. 이들은 처음 다윗 왕을 만났을 때부터 위험한 상황에 놓여 있었음에도 불구하고 자신에게 주어진 운명을 수동적으로만 받아들이지는 않았다. 그 대신 지혜로운 방법으로 자신의 의지와 의도를 의연하고도 정확하게 표현했다. 그랬기에 다윗은 이들의 이야기를 진지하게 경청하였고, 이들에 대한 존경심마저 가질 수 있었던 것이다.

제10장
다말 이야기: 강간 그리고 복수

　다윗의 아들 압살롬에게는 다말Tamar이라는 이름의 아름다운 누이가 있었는데, 다윗의 또 다른 아들 암논이 그녀를 사랑했다. 암논은 누이 다말을 향한 열망에 휩싸인 나머지 결국 병이 들고 말았다. 다말은 처녀였던지라 그녀에게 어떤 행동을 시도한다는 것은 불가능했기 때문이다.

　암논의 사촌인 여호나답Jehonadab은 다윗 왕의 신하로서, 성경은 그를 '매우 영리한 자'라고 기록해 놓았다.

　「어느 날, 여호나답이 암논에게 물었다. "왕자님, 무슨 일로 그렇게 나날이 야위어 가십니까? 그 까닭을 말씀해 주실 수 없겠습니까?" 그러자 암논이 대답했다. "나는 내 동생 압살롬의 누이, 다말을 사랑한다네." 이 말을 듣고 여호나답이 한 가지 방법을 일러주었

266

다. "왕자님께서 침상에 누워 아픈 척하십시오. 그러면 부왕께서 왕자님을 보러 오실 것입니다. 그때 그분께 '누이 다말을 들여보내시어 저에게 음식을 먹이게 해주십시오. 제가 볼 수 있도록 그 애가 제 눈앞에서 음식을 만들고, 그 애 손으로 제게 음식을 먹이도록 해주십시오.' 하고 부탁하십시오." 암논은 그가 말한 대로 계획을 실행에 옮기기로 했다. 암논이 앓는 체하며 누워 있자 왕이 아들을 찾아왔다. 암논이 왕에게 청했다. "누이 다말을 들여보내시어 그 애가 제 눈앞에서 과자를 만들고, 그 애가 제게 과자를 먹일 수 있도록 해주십시오." 다윗은 집으로 사람을 보내어 다말에게 일렀다. "네 오라비 암논의 집으로 가서 음식을 만들어 주어라." 다말이 오빠 암논의 집에 도착했을 때, 그는 침대에 누워 있었다. 다말은 밀가루를 가져다가 반죽해 그의 눈앞에서 과자를 구웠다. 그리고 번철을 들고 가 암논의 눈앞에 구운 과자를 내놓자 그는 먹기를 거부했다. 암논은 "사람들을 모두 물러가게 하여라." 하고 명하고는, "음식을 방 안으로 가져와 네가 직접 먹여다오."라고 다말에게 부탁했다」

성경에는 다말이 암논의 집으로 가는 동안 어떤 마음이었는지에 대해서는 설명되어 있지 않다. 다말의 아버지인 다윗 왕이 그녀에게 암논을 위한 음식을 만들어 주라며 보냈을 때 그녀는 이를 거절하지 않았다. 그러나 과연 그녀는 암논의 속셈을 전혀 눈치 채지 못했던 걸까? 그녀는 가족들이 모여 있을 때, 혹은 축제가 있을 때 암논의 욕정 어린 시선을 느끼지 못했을까? 그렇다면 그녀의 아버지인 다윗은 다말에게 어떤 위험이 생길지도 모른다고 의심해 보지는 않았던 걸까? 다말도 자신이 위험한 상황에 빠질지 모른다는 생각을 단한 번도 해보지 않았던 걸까? 우리는 이에 대해 자세히 알 수 없다. 아버지가 왕이 아니었다 하더라도 다말은 아버지의 명령을 따르지 않을 수 없었으리라.

다말은 천천히 음식을 준비했다. 그 모습이 암논에게는 마치 성행위의 전희처럼 자극적으로 보였을지도, 혹은 그가 그녀의 순수한 모습을 발견했을지도 모른다. 다말은 빵을 굽기 전에 먼저 밀가루를 반죽했다. 암논은 침대에 누워 그녀의 동작 하나하나를 좇으며 욕정에 불타는 눈으로 바라보았다. 다른 하인들은 모두 내보내고 이제 단둘만 방 안에 남아 있었다. 그곳에서 어떤 일이 벌어졌는지를 생각하면 끔찍할 뿐이다.

다말은 손수 만든 과자를 들고 암논 오빠의 방으로 가져갔다. 다말이 암논에게 먹을 것을 가까이 가져가니 그가 다말을 끌어안으며 말했다.

"누이야, 이리 와서 나와 함께 눕자."

그러자 다말이 강경하게 말했다.

"오라버니, 안 됩니다! 저를 욕보이지 마십시오. 이스라엘에서 이런 짓을 해서는 안 됩니다. 이런 추한 짓을 저지르지 마십시오. 제가 이 수치를 안게 되면 앞으로 어찌 살아가겠습니까? 그러니 제발 왕께 먼저 청하십시오. 그분께서는 오라버니에게 저를 맡기는 일을 거절하지 않으실 것입니다."

그러나 암논은 다말의 말을 들으려 하지 않고 힘으로 그녀를 제압해 강제로 범하고야 말았다.

이런 곤경에 처한 대부분의 여자들이 그렇듯, 다말 또한 자신을 무자비하게 억눌러 범하려는 남성의 힘 앞에 속수무책이었다. 다말은 그를 설득하려 했다. 잘 설득하면 암논이 마음을 바꿀지도 모른다고 생각했다. 그녀는 간청하고 애원하며 자신이 그의 누이라는 사실을 일깨우려 했고, 그를 '오라버니 brother'라고 부르면서 자신들이 가족임을 강조했다. 또한 이스라엘 민족에게는 엄격한 도덕적 전통이 있음을 알렸다. 그녀는 이렇게 말했다.

"이스라엘에서 이런 짓을 해서는 안 됩니다."

그리고 '이스라엘의 악인'이 되지 말라고 간곡히 설득했다. 또한 자신을 진정으로 원한다면 아버지 다윗 왕에게 부탁해 정식으로 결혼식을 올리자고 말했다. 성경이 정한 법률에 따르면 남매끼리는 결혼을 할 수 없었으나 당시의 풍습상 남매간이라도 이들의 어머니가 다르다면 부모의 허락 하에 결혼할 수 있었다. 그 예로 이집트 Egypt 의 여왕 클레오파트라 Cleopatra 는 오빠인 프톨레미 14세 Ptolemy X와 결혼했고, 그 후 남편이 죽자 자신의 남동생과 결혼했다.

다말은 암논의 행동을 막기 위해 필사적으로 저항했다. 하지만 남자인 암논의 완력을 당해 낼 길이 없었고, 결국 돌이킬 수 없는 죄악이 벌어졌다. 암논은 무자비한 폭력을 사용해 자신의 여동생을 강간했다. 그것은 곧 신의 심판이 기다리는 끔찍하고도 명백한 죄였다. 강간을 당한 후, 다말은 제발 자신을 버리지 말아달라며 암논에게 애원했다. 당시 자신을 강간한 자에게 버림받은 여자는 누구라도 결혼을 꺼리는 대상이었기 때문이다. 그래서 성경에는 강간을 당한 사람이 강간을 한 사람과 결혼을 해야 한다는 암시가 있다. 이것은 강간 희생자에 대한 '보상' 차원으로 간주된다.

하지만 암논은 다말의 애원을 무시한 채 추악한 인간의 본성을 드러냈다. 그는 다말이 지독히 미워지기 시작했고, 이윽고 그 마음이 그녀를 사랑하던 열정보다 더욱 커지기에 이르렀다. 암논이 다말에게 당장 일어나 나가라고 매정하게 말하자 그녀가 애원했다.

"안 됩니다! 저를 내치시는 것은 조금 전에 저에게 하신 행동보다 더 악한 것입니다."

하지만 암논은 다말의 말을 들으려 하지 않았다. 그는 끝내 시중드는 이를 불러 소리쳤다.

"내 앞에서 이 여자를 밖으로 내쫓고, 문을 걸어 잠가라!"

암논의 시종은 다말을 밖으로 내보내고 황급히 문을 걸어 잠갔다. 이후부터 성경에는 암논의 이야기가 언급되지 않는다. 그는 한순간의 욕구를 위해 본능이 시키는 대로 행동하여 만족감을 얻었고, 더이상 다말로부터 원하는 것은 없었다. 결국 다말에 대한 암논의 마음은 사랑도 열정도 아니었다.

그렇다면 어째서 다말에 대한 암논의 욕망은 그토록 빨리 식어버린 걸까? 그는 자신이 저지른 악행에 대한 대가로서 언젠가는 신의 처벌을 받을 것이라고 진작부터 예감했을지도 모른다. 또한 그녀를 보고 있으면 자신이 저지른 일이 떠올라 그 죄책감에 참을 수 없을 만큼 괴로웠을지도 모른다. 그는 다말을 볼 때마다 자신에 대한 혐

오감과 함께 극도의 불쾌감을 느꼈을 것이다. 더 나아가 암논은 다말을 '원래 그런 여자'라고 무시하며 그녀에게 모든 책임을 전가하려 했는지도 모른다. 그렇게 피해자인 다말은 가해자인 암논에게 있어 불쾌한 존재로 전락해 버렸던 것이다.

　암논이 아버지 다윗 왕에게 다말을 집으로 보내달라고 부탁했을 때부터 그는 사실 다말을 정복할 계획을 세우고 있었다. 그렇다면 그는 도대체 왜 그런 죄를 저질렀던 걸까? 과연 그의 마음속 무엇이 그를 충동질했던 걸까? 암논은 왜 보통의 남자들처럼 머릿속 열망을 그저 환상으로만 두지 않고 통제력을 잃어버렸던 걸까?
　처음에 그는 누이 다말에 대한 욕정으로 인해 몹시 괴로운 나날을 보냈다. 오빠가 여동생의 처녀성을 탐한다는 것은 상상도 할 수 없는 일이었기 때문이다. 아마도 이러한 '금기'가 암논의 성욕을 더욱 부채질했을 것으로 짐작된다. 암논에게 있어 그의 누이 다말은 '가족'이라는 단단한 성벽에 둘러싸여 철저히 금지된 대상이었고, 그 대상을 '정복'하는 것에 대한 그의 환상과 욕망은 병적으로 발전했다. 암논에게 여러 가지 제안을 했던 그의 친구인 여호나답조차도 사실 그가 정말 누이를 강간하리라고는 예상치 못했다. 암논의 머릿속은 온통 욕정으로 가득 차 그 외의 것들은 이성적으로 판단할 수 없었던 것이다.
　암논은 다윗 왕의 맏아들이었기에 사람들은 모두 암논이 다윗의 뒤를 이어 왕이 될 것이라 믿고 있었다. 그러나 암논에게는 '보장

된' 왕의 자리보다 '가질 수 없는 대상'인 아름다운 이복동생이 더욱 매력적이었다. 태어나면서부터 갖고 싶은 모든 것을 언제나 쉽게 얻을 수 있었던 암논에게 있어 다말은 유일하게 마음대로 '가질 수 없는' 존재였기 때문이다.

암논으로부터 강간당한 후 문밖으로 쫓겨난 다말은 재를 뒤집어 쓰고 머리에 손을 얹은 채로 울부짖으며 걸었다. 그녀는 한순간에 모든 것을 잃어버렸다는 생각에 몹시 비참해졌다. 만일 임신이라도 했다면, 그리고 사생아를 낳기라도 한다면 자신의 인생에 지울 수 없는 오점이 생길 것이며, 그 아이에게도 평생 지워지지 않는 치욕이 따라다닐 것이었다. 설사 그녀가 임신하지 않았다 하더라도 자신이 강간당한 이상 어떤 남자도 그녀와 결혼하려 하지 않을 것이며, 모든 사람들이 자신을 '타락한 여자'로 여길 것임을 그녀는 알고 있었다.

집으로 돌아가는 다말의 모습은 공주의 신분답게 기품이 넘쳤지만, 몸은 이미 만신창이가 된 상태였다. 그녀는 처녀의 피가 묻어 있는 화려한 겉옷을 찢었고, 그와 함께 자신의 마음도 찢어지는 고통을 느꼈다.

다말이 집에 도착하자 압살롬은 그녀의 깊은 시름을 눈치 채고 고민을 털어놓게 했다. 압살롬은 동생의 고통을 조금이라도 덜어주고 싶었지만, "어쨌든 그는 네 오빠이니 이 일을 마음에 두지 말라"고 다독일 뿐이었다. 그러나 침착한 겉과는 달리 압살롬은 속으로 몹시 분개했다. 상황은 겉으로 드러나는 것보다 훨씬 복잡했기에 그의 마음은 천금같이 무거웠다. 그는 결국 복수를 계획하기 시작했다. 지금은 일단 입을 다물고 있으라는 그의 말에 앞으로 벌어질 불길한 징조가 담겨 있다.

한편 다말에게 압살롬의 그러한 말은 위로가 되지 못했다. 그녀는 눈앞에 닥친 불행한 미래를 애통해 하며 쓸쓸히 오빠의 집에 앉아 있는 것 말고는 아무것도 할 수 없었다. 후에 다말의 아버지인 다윗 왕이 자신의 딸에게 벌어진 일을 알게 되었을 때 그의 분노는 극에 달하지만 다윗은 이 문제를 해결하기 위한 어떤 조치도 취하지 않는다.

그렇다면 다윗을 가장 큰 충격에 빠뜨린 것은 무엇이었을까? 딸이 강간당했다는 사실이었을까, 아니면 그 강간범이 자신의 아들이라는 사실이었을까? 혹은 딸의 인생을 망쳐버린 장본인이 바로 자신이라는 죄책감이 들었던 걸까? 과연 다윗 왕은 자신의 가족에게 불행과 위험, 불신과 폭력이 끊임없이 일어날 것임을 미리 예감하지는 못했을까?

무엇보다 다윗의 마음을 무겁게 짓누른 것은 근친상간과 강간의 죄를 저지른 아들이 바로 왕위를 이어받을 후계자라는 사실이었다. 하지만 그는 결국 침묵을 지키기로 결정한다. 그러나 다윗의 생각과는 달리 그의 가족은 이미 엄청난 재난을 향해 소리 없이 질주하는 중이었다.

그 후 2년이 흘렀다. 에브라임 Ephraim 근처의 바알하솔 Baal-hazor에는 압살롬의 양털을 깎는 일꾼이 있었다. 압살롬은 왕자들을 모두 이곳에 초대한 후, 다윗 왕에게 가서 말했다.

"이번에 왕의 이 종이 사람들을 불러 양털을 깎게 되었는데, 왕께서도 신하들을 거느리시고 이 종과 함께 내려와 주십시오."

다윗은 압살롬의 청을 거절했다.

"아니다. 아들아. 우리가 모두 내려가 너에게 짐이 되어서야 하겠느냐?"

압살롬이 거듭 간청하였지만 왕은 결국 그의 청 대신 복을 빌어줄 뿐이었다. 그러자 압살롬이 말했다.

"그러면 암논 형만이라도 저희와 함께 내려가게 해주십시오."

어찌하여 암논과 함께 가려 하느냐고 다윗이 묻자 압살롬은 이에 대답하지 않고 계속해서 간청했다. 왕은 결국 암논과 모든 왕자들을 압살롬과 함께 떠나보냈다.

다윗 왕은 분명 어떤 사건이 일어나리란 것을 감지하고 있었으나, 가족들에게 닥친 불행에 대한 죄의식에 너무 사로잡힌 나머지 자식들에게 어떠한 지시도 내릴 수 없었다. 따라서 압살롬에게 무언가를 지시하는 대신 그저 순순히 그의 청을 들어줄 뿐이었다. 다말을 강간했던 암논에 대해서도 벌을 내릴 것인지, 자비롭게 용서할 것인지 그는 아무런 언급도 하지 않았다. 그렇다면 다윗 왕에게 있어서는 다말의 명예를 회복하고 암논을 벌하는 것보다 가족 간의 평화와 유대가 더 중요했던 걸까? 아니면 다말을 위험 속에 방치한 자신의 실수를 부정하고 싶었던 것일까? 다윗의 이러한 태도는 일시적으로 암논을 보호했을지 몰라도 결국은 암논과 다말, 둘 모두를 보호하지 못한 결과를 낳게 된다.

압살롬은 부하들에게 "암논을 지켜보고 있다가 그가 술에 취해 무방비 상태로 늘어져 있을 때 처치하라"고 명령했다. 덧붙여 부하들에게 그를 처단하는 것에 대해 겁내지 말라며 용기를 북돋웠다.

"내가 너희에게 명령하는 것이니 힘을 내어 용사답게 행동하여라."

결국 그의 부하들은 압살롬의 명령대로 암논을 처형했다. 이 일에 대해 성경은 다음과 같이 쓰고 있다.

「압살롬의 부하들은 시키는 대로 암논을 해치웠다. 그러자 다른 왕자들은 자리를 박차고 일어나 저마다 노새를 타고 달아나 버렸다. 왕자들이 도착하기도 전에 압살롬이 왕자들을 모조리 쳐 죽였다는 소문이 다윗의 귀에 들어갔다. 왕은 자리에서 일어나 옷을 찢고 땅에 쓰러졌다. 곁에서 모시고 섰던 신하들도 다 옷을 찢었다」

다말 사건에 제일 처음 개입했던 여호나답이 또다시 이 일에 끼어들었다. 여호나답은 다윗 왕에게 단어 하나하나를 신중하게 골라가며 진지한 어조로 말했다.

"이는 암논 왕자님이 누이 다말을 욕보이시던 날부터 이미 압살롬 왕자님이 작정하셨던 일입니다. 그러하오니 저의 주군이신 왕께서는 왕자들이 모두 죽었다고 생각하지 마십시오. 돌아가신 왕자님은 암논 왕자님뿐입니다."

한편, 압살롬은 암논을 죽인 데 대한 왕의 분노를 피하기 위해 곧바로 도주하였고, 이야기는 다시 예루살렘에 있는 다윗의 궁전 안에서 흘러간다.

파수를 보던 병사가 눈을 들어보니 많은 사람들이 산등성이에서 내려오고 있었다. 여호나답이 왕에게 조용히 다가가 말하였다.

"왕자님들께서 돌아오셨습니다. 이 종이 말씀드린 대로입니다."

왕자들이 도착하여 저마다 목 놓아 울었다. 이에 왕과 신하들도 몹시 슬피 울었다.

다윗이 다말의 일에 그렇게 미미하게 대응했던 이유는 분명치 않다. 어쩌면 자신의 후계자이자 맏아들인 암논을 용서해 주려 했던 건지도 모른다. 아니면 강간을 이유 삼아 그 둘을 강제로 결혼시키는 것이 왕실의 명성에 흠이 될까 봐 두려웠을 수도 있다.

하지만 다윗 왕의 마음 한편으로는 여호나답이 자신을 대신하여 암논을 처단해 주길 바라는 마음도 있었다. 이처럼 다윗은 영웅이자 군인, 능력 있는 정치인인 동시에 매우 복잡한 성격을 가진 불완전한 인간이었다. 그는 백성들에게 영감을 불어넣어 주고 한 나라를 평안히 다스릴 만큼 지혜로웠으나, 자식 교육에서 만큼은 비겁자였고, 도덕적으로 불완전한 아버지였다. 밧세바와 우리야 사건 이후, 그는 자녀들의 행동을 통제할 도덕적 권위를 상실한 듯했다. 그래서 이복동생을 강간한 암논을 벌하지도 못했고, 암살롬의 살해를 막지도 못했다. 이는 다윗이 우리야의 목숨을 빼앗았을 때 들었던, '네 집안에서는 칼부림이 영원히 그치지 않을 것이다!' 라는 나단Nathan 의 예언이 실현되었음을 뜻하는 것과도 같다.

성경은 그리스 비극과 달리 인간의 행동을 단순히 운명 탓으로 돌리지 않는다. 그리스 신화 속의 오이디푸스Oedipus는 피할 수 없는 어떤 힘에 통제되며 예견된 운명을 산다. 그리고 자신의 노력과는 별개로 미리 예견된 상황에 반드시 처한다. 그러나 구약에 나오는 인물들의 운명은 행동에 따라 결과가 달라진다. 그들은 스스로의 행동에 도덕적, 윤리적, 종교적 책임을 진다. 구약 전반에 걸쳐 나타난 정신을 보면 나단의 예언은 개인의 성격과 행동이 가져올 수 있는 결과에 대해 미리 경고한다. 이처럼 성경은 우리들이 가진 선택의 자유와 행동의 결과를 강조한다. 이는 다음과 같은 유대인의 원칙이기도 하다.

'모든 것은 이미 정해졌다. 그러나 선택의 자유는 부여받는 것이다.'

성Sex 충동을 불러일으키는 것은 무엇일까? 성은 과거로부터 전통적으로 전해 내려온 '유익한 것'이었는데, 어쩌다가 이렇게 '사악한 것'으로 전락해 버린 걸까? 인간은 상상력과 양심, 영혼이 모두 성에 사로잡힐 수 있는 요소를 가진 유일한 존재이다. 신은 종족 보존을 위해, 서로 간의 관계를 더욱 굳건히 하기 위해, 그리고 남녀 사이의 믿음을 다지기 위해 인간에게 성욕이라는 것을 주었다. 이처럼 성욕은 인간의 삶을 풍요롭고 행복하게 가꾸어 줄 수 있지만, 이를 대하는 인간의 태도에 따라 불행과 파멸로 이끌 수도 있다.

다말이 살았던 당시의 여성에게 있어 강간과 근친상간이란 오늘날의 여성들에게보다 훨씬 심각한 문제였다. 성경을 보면 알 수 있듯 강간당한 여자와 결혼해 줄 남자는 바로 그 강간범밖에 없었다.

그랬기에 다말은 강간을 당한 후 암논에게 결혼해 달라고 애원했다. 그러나 암논은 자신의 욕정을 채우고 난 뒤에는 다말의 애원을 무참히 짓밟으며 그녀를 멀리했다. 사실 암논에 대한 압살롬의 복수는 강간 자체보다도 자신이 강간한 여자와의 결혼을 거부하고 한 여자의 인생을 망가뜨린 데 대한 응징이었다.

여성들이 다말처럼 공포, 죄책감과 두려움 등 강간에 의한 정신적 외상을 입기는 예나 지금이나 마찬가지이다. 강간이 불러오는 비극은 고통, 임신, 질병 따위의 신체적 외상을 넘어 자기 자신에 대한 모욕감에까지 이르며, 이는 정신적 테러 행위라고 볼 수 있다. 또한 강간 피해자는 훗날 다른 사람과의 육체적·정신적 관계에 대해서도 극심한 공포를 느끼게 된다. 더군다나 자신이 가장 믿고 안전함을 느끼는 가족에게 강간을 당했을 때 받는 정신적 충격이란 도저히 말로는 표현할 수 없을 정도의 엄청난 파괴력을 지닌다.

성경은 근친상간을 '혐오스러운 행동'으로 표현하며 이를 명백히 금하고 있다. 부모와 자식, 형제자매들 간의 성행위는 법적으로 금지되어 있으며, 그 범위는 한쪽 혹은 양친이 같은 형제와 부모 그리고 그의 자녀들 이상으로 확대 해석된다. 근친상간에 관한 규정을 자세하게 설명하고 있는 『레위기Leviticus』는 이러한 죄(근친상간)를 범한 자는 그 사회에서 '추방한다'고 명시하고 있다. 『레위기』는 강간을 당한 피해자들에 대한 세심한 배려 또한 잊지 않는다. 성경을 기록한 작가들은 여성들의 민감성과 취약성에 대해 놀라울 만큼 세심하게 배려를 하고 있고, 여성의 성실성과 순결함을 짓밟는 사람은 누구라도 용서받지 못할 것임을 분명하게 밝히고 있다.

다말을 강간한 후, 암논이 양심 때문에 스스로 괴로워했는지의 여부에 대해서는 정확히 알 수 없다. 그는 오직 자신이 저지른 일에 대해 처벌을 받지 않을까 하여 전전긍긍할 뿐이었다. 반면, 압살롬은 법이 허용하는 한에서 자신이 할 수 있는 최대한의 방법을 동원하여 그를 처벌했다. 당시의 법률에 따르면 압살롬은 암논에게 '다말과 결혼하라'고 명령하거나, 강제로 둘을 결혼시킬 수 없었다. 그러나 다말의 오빠로서 여동생을 강간한 암논을 죽일 수는 있었다. 그것은 폭력적인 방법이었지만, 아버지 다윗 왕이 사태를 방관하였기에 자신이 직접 나서서 행동을 취했던 것이다.

그렇다면 압살롬이 암논을 죽인 진짜 이유는 과연 무엇이었을까? 그것은 과연 여동생을 강간한 자에 대한 '처벌'일 뿐이었을까, 아니면 다윗의 맏아들인 암논을 제거하고 왕위 계승 서열을 다시 재정비하고자 했던 의도에서 비롯된 걸까? 어쩌면 압살롬은 암논보다 자신이 더 적합한 '왕위 계승자'라고 생각했을지도 모른다. 그래서 여동생의 강간 사건을 암논을 '제거'할 구실이 되는 좋은 '기회'로 삼았을지도 모른다.

성경은 강간 사건 이후 다말이 어떻게 살아갔는지에 대해서는 아무런 언급을 하지 않는다. 당시의 시대적 상황으로 보아 강간을 당한 여자는 사회에서 어떠한 위치를 얻을 수 없었고, 결혼을 할 수도, 아이를 낳을 수도 없었다. 3천 년이 지난 지금까지도 이복 여동생을 강간한 암논의 이야기는 이스라엘의 가장 수치스러운 일화로 남아 있으며, 다윗 가계의 가장 '참혹한 사건'으로 기록되어 있다.

성경에는 다말의 이야기와 비슷한 다른 일화가 존재한다. 야곱과 라헬의 아들인 요셉에게는 이집트인인 보디발Potiphar 가족의 노예로 일하던 시절이 있었다. 보디발의 아내는 야곱에게 욕정을 품고는 시시때때로 그를 침실로 끌고 가기 위해 유혹했다. 어느 날, 마침 하인들이 집 안에 없던 틈을 타 이 여인이 요셉의 옷을 붙잡고는 "나와 함께 자요!"라고 말하자, 요셉은 그녀의 손에 붙들린 옷을 버려두고 밖으로 도망쳐 나왔다. 아무리 고대의 시대였다 하더라도 강간에 대한 생각은 현재와 별반 다르지 않았다. 강간이라는 말 자체처럼, 그것을 위해서는 신체적인 힘이 관건이었다. 성경에 그려진 요셉의 경우와는 달리 일반적으로 봤을 때 여자는 강간범(남자)보다 힘이 약하다.

그리스의 격언에는 '만일 달걀이 바위 위에 떨어진다면 달걀이 깨질 것이고, 바위가 달걀 위로 떨어진다 해도 달걀이 깨질 것이다.'라는 말이 있다. 여성은 신체적으로 남성보다 약하기 때문에 위험한 상황에 처했을 때 자신을 보호할 능력이 남자보다 떨어진다. 어두운 주차장이나 술 파티 등, 여자에게 있어 위험한 상황이 곳곳에 도사리고 있는 것이 현실이다. 하지만 이때, "왜 그런 곳에 있었느냐", "왜 그런 행동을 했느냐"고 모든 책임을 여자에게 떠넘기는 것은 공평치 못하다. 옳든 그르든, 어쨌든 이렇게 말하는 사람들이 존재하는 것은 사실이다. 남자가 여성들처럼 강간의 공포에 시달릴 만큼 연약해지는 날이 오지 않는 한, 이 문제는 끝없이 계속될 것이다.

제11장
세바 여왕의 신비

　남자들이 지배하던 세계에서 뛰어난 외교적 수완을 가지고 자신만의 왕국을 건립했던 강인한 세바Sheba의 여왕에 대해 누구나 한번쯤은 들어보았을 것이다. 하지만 세바 여왕이 얼마나 총명하고 아름다운 여인이었는지 알고 있는 사람은 별로 없다. 심지어 그녀의 실제 이름조차 아직까지 베일에 싸여 있다. 이것은 앞으로도 풀리지 않는 미스터리로 남아 있을 것이다.

　학자들은 수 세기 동안 세바 여왕이 통치했던 왕국이 어디에 있었는지를 두고 끝없이 논쟁해 왔다. 금과 향신료, 그리고 진귀한 원석이 풍부했던 왕국이라 한다면 아프리카의 동쪽에 있었는지, 아니면 아라비아Arabia의 서쪽에 있었는지 모호하다.

　세바 여왕의 전설이 성경으로부터 비롯되었다는 사실은 오늘날 그녀를 숭배하는 많은 이들에게 그리 널리 알려지지 않았다. 3천 년 전, 이 신비스러운 세바의 여왕은 부와 지혜로 명성이 자자한 솔로몬 왕을 찾아 먼 여정을 떠났다. 성경의 『열왕기The Book of Kings』는 이들의 흥미로운 만남을 열세 편의 시로 기록하고 있다. 성경은 이 두 사람의 만남을 역사적·신학적 의의에 중점을 두고 기록하는 것이 아니라 그들의 만남 자체에 대해 상세히 묘사하고 있다. 성경에는 이들의 만남이 두 번씩이나(열왕기와 역대기) 기록되어 있는데, 그에 대한 이유는 아직도 풀리지 않는 수수께끼로 남아 있다. 에티오피아인들은Ethiopians 세바 여왕과 자신들이 같은 민족이라 주장하고, 이스라엘 왕과 세바 여왕의 성스러운 만남을 고귀한 에티오피아 왕조의 발자취로 여기며 자랑스러워한다.

성경은 이들의 만남을 이렇게 기록하고 있다.

「세바Sheba라는 곳에 여왕이 있었는데, 솔로몬의 명성을 듣고는 그를 시험해 보려고 아주 어려운 문제를 준비하여 방문 온 일이 있었다. 여왕은 예루살렘을 방문할 때 많은 시종들을 거느리고 왔을 뿐 아니라 각종 향료와 엄청나게 많은 금과 보석을 낙타에 싣고 왔다. 여왕은 솔로몬 왕을 만나자 미리 생각하였던 문제들을 모두 물어보았다. 솔로몬은 여왕의 질문에 하나도 막히지 않고 다 대답해 주었다. 세바의 여왕은 솔로몬이 모든 지혜를 갖추고 있는 것을 알고, 또 그가 세워놓은 전을 보고는 넋을 잃을 정도로 감탄하였다.

세바의 여왕은 왕의 식탁의 음식, 조신들의 배석, 제복을 입은 시종들의 도열, 술을 따르는 시종들, 또 왕이 여호와의 전에서 드리는 번제를 보고 찬탄해 마지않으며 왕에게 말하였다. "당신과 당신의 지혜에 대한 소문은 내가 이미 우리나라에서 듣고 있었습니다만, 과연 사실이군요. 이렇게 와서 내 눈으로 직접 보기 전까지는 그 이야기가 하나도 믿어지지 않았습니다. 그러나 내가 들은 이야기는 이제 보니 사실의 절반도 못 미치는 것이었습니다. 당신의 지혜와 번영은 내가 듣던 소문보다 훨씬 더 뛰어나십니다. 당신을 모시는 부인들이야말로 행복한 여인들입니다. 언제나 당신 앞에 서서 당신의 지혜로운 말씀을 듣는 신하들이야말로 행복한 사람들입니다. 당신으로 인하여 기뻐하시어 당신을 이스라엘의 왕좌에 앉히신 당신의 하느님, 여호와께 찬미를 올립니다. 여호와께서는 이스라엘을 영원히 사랑하셔서 당신을 왕으로 삼아 법과 정의를 세우게 하셨습니다." 여왕은 금 120달란트(Talent: 고대 히브리인, 이집트인, 그리스인, 로마인이 사용한 무게 단위 - 역주)와 많은 향료와 보석을 솔로몬 왕에게 선물하였다. 솔로몬 왕은 세바의 여왕에게 선물받은 것만큼 많은 향료는 두 번 다시 받아보지 못하였다」

이 두 번째 문단은 두 통치자의 사이가 단순한 외교적인 관계를 넘어서고 있음을 암시한다.

신비스러운 세바 여왕이 예루살렘에 머무른 사건은 모든 분야의 예술가에게도 영감을 주었다. 서양 문화에서 세바의 여왕은 오페라, 발레, 그림 등에서 인기 있는 소재로 이용된다. 그녀의 관능적인 자태는 피에로 델라 프란체스카Piero della Francesca, 틴토레토Tintoretto와 보쉬Bosch의 작품 속에서 묘사되어 있다. 1959년 할리우드Hollywood

쇼, '솔로몬과 세바Solomon and Sheba'에서는 지나 롤로브리지다Gina Lollobrigida가 여왕 역을, 율 브리너Yul Brynner가 솔로몬 역을 맡아서 연기했다. 그러나 열정적인 롤로브리지다도 세바 여왕을 제대로 그려 내지 못했다는 평가를 받았었다. '마이 페어 레이디My Fair Lady'에서도 주인공 헨리 히긴스Henry Higgins가 이라이자 두리틀Eliza Doolittle에게 "나는 당신을 세바의 여왕처럼 만들어 줄 수 있소."라고 크게 외치는 장면이 나온다.

성경의 배경이 된 시대에는 상대 나라에 대한 자국의 음모가 탄로 날 것을 심히 염려했기에 이렇듯 두 정상이 직접 만난다는 것은 극히 드문 일이었다. 그럼에도 세바 여왕과 솔로몬이 직접 대면할 수 있었던 것은 세바 왕국과 이스라엘이 적대적인 관계에 놓인 적이 단 한 번도 없었기에 가능했던 일이다.

오늘날 한 국가의 원수가 다른 나라를 순방 일정에 맞춰 잠시 방문하는 것과는 달리, 세바의 여왕은 이스라엘에 무려 일 년 동안이나 머물렀다. 당시에는 다른 나라를 여행하는 데 수개월이나 걸렸던 이유도 있다. 하지만 성경에는 세바 여왕이 이스라엘에 너무 오래 머물렀다는 이유로 솔로몬의 미움을 샀다든지, 이스라엘 사람들을 불편하게 했다든지에 대한 언급이 전혀 없다.

그녀에 대한 마지막 기록은 '그리고 여왕은 신하들을 데리고 자기 나라로 돌아갔다'로 끝이 난다. 이 구절을 보면 여왕은 자신의 목적을 달성하자마자 수행원들과 함께 이스라엘을 떠났음을 알 수 있다. 등 뒤로 펼쳐진 끝없는 사막, 그 위에 피어오르는 푸른 아지랑이의 손짓을 뒤로한 채 낙타 위에 등을 펴고 꼿꼿이 앉아 있는 여왕의 모습을 상상할 수 있다.

성경은 세바 여왕이 얼마나 용기 있는 여성이었는지에 대해서도 언급하지 않는다. 하지만 여왕과 그 일행이 여행했던 사막은(아프리카에 있는 사막이건, 아라비아에 있는 것이건 간에) 아무리 굳은 마음을 먹고 출발한 여행자라도 중간에 포기하고 싶을 정도로 힘겨운 길이었음은 틀림없다. 길을 찾기도 힘들고, 향하고 있는 길에 대한 확신도 없는 가혹한 여정이었으리라.

여왕과 그 일행이 태양이 작열하는 뜨거운 여름에 여정을 시작했다면 틀림없이 한낮 사막의 이글거리는 태양을 피할 곳을 찾아다녀야 했을 것이다. 여왕 일행은 오아시스나 사막 야영지에 세운 숙소에서 더위를 피하다가 선선한 바람이 불어오기 시작하는 해 질 녘 즈음에야 다시 길을 떠났을 것이다. 사막의 길을 헤쳐 나가 솔로몬 왕의 도시, 예루살렘을 향해 한 발짝씩 나아가는 낮 동안에는 세바 일행이 지닌 보물을 빼앗으려 혈안이 된 도둑들이 사막 여기저기에 숨어 있었을 것이고, 여행자들이 쉬면서 물을 마실 수 있는 오아시스 근처에서는 엄청난 통행세를 갈취하는 사막 마적단의 공격도 적지 않았을 것이다.

세바 여왕은 오로지 솔로몬을 만나고자 하는 일념 하나로 그 힘든 여정을 감행했다. '까다로운 문제를 들고 솔로몬의 지혜를 시험하고자 했다'는 말처럼, 그녀는 왕의 지혜를 배우고 명성이 자자한 그의 부를 직접 눈으로 확인하고 싶었던 것이다. 에덴동산에서 선악을 알게 해주는 나무The Tree of Knowledge의 유혹을 뿌리칠 수 없었던 이브처럼, 여왕은 호기심을 충족시키기 위해 혹독한 여정도 마다하지 않았다.

마침내 세바 여왕과 솔로몬 왕이 대면했다. 세바 여왕에게서는 엄청난 재산과 권력으로부터 비롯되는 자신감이 자연스럽게 배어 나왔으며, 그녀의 이러한 위풍당당함은 결코 솔로몬에 뒤지지 않았다. 그녀는 여왕으로서 한 나라를 다스린 경험을 살려 이스라엘과의 정치적·경제적 동맹을 맺으려 했을 것이다. 세바 여왕은 솔로몬에 필적할 만큼 위엄 있는 존재였다. 여왕은 솔로몬의 궁전에서 구경한 것들에 대해 놀라움을 금치 못했으나, 중요한 문제들과 당면 과제들을 한시도 잊지 않았다. 여왕은 자신이 다스리는 왕국의 부유함 정도를 증명하는 동시에 왕에게 감사하는 마음을 전할 의도로 준비해 온 많은 선물을 가지고 솔로몬의 왕궁을 향해 의젓하고 당당하게 들어갔다.

여왕이 가져간 선물들은 그녀의 왕국이 가진 강력한 힘을 공공연하게 과시했다. 그녀가 가져간 120달란트의 금은 그 당시로서는 굉장한 재물이었고, 고대 사회에서 널리 유통되던 생활용품인 고무Gem와 향신료Spices의 양은 선물의 의미를 넘어서 '무역량'에 가깝다고 할 만큼 막대했다. 이 모든 선물이 세바 여왕이 다스리는 왕국에서 만들어진 것 같지는 않다. 반투명의 에메랄드는 인도에서, 청금석blue lapis lazuli은 아프가니스탄Afghanistan에서, 밝은 황금은 메카Mecca 근처에서 나는 보석이었다. 뛰어난 사업가이기도 했던 세바 여왕은 준비한 것들을 모두 솔로몬 왕에게 선물했다. 그 선물들은 대부분 솔로몬 왕국에서는 구할 수 없는 물건들이었다.

성경에서는 세바의 여왕이 솔로몬 왕국의 화려함을 보고 얼마나 강한 인상을 받았는지에 초점을 맞추어 강조하고 있지만, 진정으로 여왕을 감동시킨 것은 솔로몬 왕의 '마음'이었다. 뿐만 아니라 솔로몬 왕의 심경에도 변화가 생겼다. 그의 아내들이나 신하들은 그에게 환심을 사기 위한 아첨을 떠는 데 급급했지만, 세바의 여왕은 그에게 아첨을 떨지 않으면서도 그의 호기심을 불러일으켰다. 솔로몬은 그녀를 자신과 동등한 상대로서 대해야 한다는 것을 알았다.

'그녀는 마음에 품고 있던 모든 것을 솔로몬에게 물어보았다.'라는 성경 구절에서 볼 수 있듯이 모든 협의 사항을 제시한 사람은 솔로몬이 아닌 세바 여왕이었다. 학자들 중에는 여왕이 그 당시의 관습에 맞춰서 수수께끼 형태의 질문을 했을 것이라고 생각하는 사람도 있다. 솔로몬은 자신의 명성에 걸맞게 행동하는 왕이었다. 그리고 성경의 가외 부분에 쓰여 있는 말을 살펴보더라도 솔로몬이 왕으로서의 위엄을 갖추고 행동했다는 사실을 알 수 있다. 그들은 형식적인 대화와 질문을 생략하고 두 나라의 이익을 위해 무역 협정을 어떻게 수립할 것인가 등에 관한 문제를 의논했을 것이다.

솔로몬의 생활과 지혜를 경험한 세바 여왕의 반응에 대해 성경은 '그녀는 넋을 잃었다.'라고 표현하였다. 세바 여왕이 이처럼 과도한 반응을 보인 이유는 솔로몬 왕을 추켜세우기 위한 '아부'의 일환으로서, 그에게 가까이 접근하려는 의도된 행동이었다. 앞으로의 상황을 미리 예측하여 행동할 만큼 섬세한 판단력을 가진 세바 여왕의 모습을 쉽게 상상할 수 있다.

그녀는 간신배들의 아부처럼 화려한 미사여구를 사용하되, 과장을 섞지 않으면서 자연스럽게 솔로몬 왕의 업적을 칭송했다. 그러나 솔로몬 왕을 유혹하려고 하지는 않았다. 그녀는 아비가일처럼 외교에 능했고, 상대를 칭찬하는 기술을 습득하고 있었으며, 자신만의 기품과 우아함을 이용할 줄 알았다. 또한 진심을 다해 상대방과의 관계를 매끄럽게 풀어 나가는 정치적 수완을 발휘할 줄도 알았다.

세바 여왕의 이 같은 능력과 매력은 솔로몬의 마음을 흔들었다. 솔로몬 왕은 자신의 지혜를 배우고 이스라엘의 신을 찬양하기 위해 이렇게 멀고도 먼 길을 떠나왔다는 세바 여왕의 말에 감명을 받았다. 그녀는 솔로몬이 오해하지 않을 정도의 적당한 아부와 칭찬을 이용하여 자신의 목적을 이루었던 것이다. 그리고 사업과 사생활에는 정확한 경계선을 그었다. 그녀는 솔로몬 왕 개인에 대해서는 어떠한 언급도 하지 않았고, 오직 왕이 가진 '지혜와 부'에 대해서, 그리고 '공명정대함과 정의로 다스리는 자'를 이스라엘의 왕으로 삼으신 주님을 칭송했다.

솔로몬 왕은 명성에 걸맞게 세바 여왕을 국빈급으로 따뜻하고 관대하게 대우했다. 왕은 순금으로 씌운 상아 왕관을 쓰고 의관을 갖추어 환대함으로써 제왕다운 면모를 과시했다. 또한 금잔에 채운 음료수는 솔로몬 왕이 제공할 수 있는 가장 좋은 술이었을 것이다.

솔로몬 왕은 실로 오랜만에, 어쩌면 난생처음으로 자신과 동등한 지력과 권력을 가진 한 여인과 대화의 시간을 가졌다. 솔로몬이 둔 7백여 명의 부인들과 백 명의 첩들 중 그 어떤 여인도 세바 여왕처럼 그와 동등한 입장일 수 없었고, 그 많은 부인들과 이처럼 지적인 대화를 나누는 것은 불가능했으리라. 그러므로 솔로몬 왕은 틀림없이 세바 여왕을 한 왕국을 확고하게 다스릴 만한 유능한 통치자이자 사업가로서 인정했을 것이다.

　권력과 지력, 부, 그리고 유대감과 친밀감이 뒤엉키며 그들은 그렇게 서로의 거부할 수 없는 매력에 빠져들었을 것이다. 성경에서는 이 주제에 대해서 어떠한 언급도 하고 있지 않지만, 사막의 여왕과 도시의 왕이 서로에게서 느꼈을 법한 매력적인 분위기를 상상해 볼 수 있다. 마치 침실에서 서로를 유혹하듯, 이들은 테이블을 사이에 두고 뜨거운 눈길을 주고받았을 것이다. 그 두 정상이 서로 어떤 시간을 보냈는지, 둘 사이에 어떤 일이 있었는지에 대해서는 정확히 알지 못한다. 바로 이런 궁금증이 우리의 상상력을 더욱 자극한다.

　이 두 통치자가 왜 서로에게 감탄을 금치 못했는지, 그에 대한 정확한 이유는 알 수 없다. 이스라엘을 방문한 세바 여왕의 이야기는 구약이 완성된 후 여러 이야기들이 덧붙여지면서 많은 설화, 시, 문학 작품 속에 남아 있다. 사실 세바 여왕에 대해서는 알려진 바가 거의 없기에 이야기꾼들은 수 세기 동안 그녀의 이미지를 '강인하지만 잘 알려지지 않은 신비로운 여인'으로 그려내고 있다. 많은 전설 속에서 그녀는 '에티오피아 사람들의 기독교적 신앙의 어머니, 위대한 군주 또는 강간의 희생자'를 대변하는 인물로 탈바꿈되었다. 또 많은 이야기꾼들은 여왕과 솔로몬 왕 사이에 성관계가 있었다고도 말한다. 그러나 이를 뒷받침할 만한 증거는 찾을 수 없다.

솔로몬 왕과 세바 여왕의 이야기는 성경에 기록된 것 외에 에티오피아의 설화와 『코란Koran』에서도 발견할 수 있는데, 이들 이야기의 성격은 상이하다. 에티오피아 설화와 『코란』을 기록한 사람들은 '똑똑한 솔로몬 왕이 미지의 나라에서 온 힘 없는 여왕을 성적으로 유혹했을 것'이라는 추측을 기반으로 이들의 이야기를 전한다. 성경 시대 이후의 작가들은 세바 여왕이 솔로몬과 동등한 권력과 지력을 갖고 있었다는 사실을 인정하지 않았던 것으로 보인다. 그들은 후대의 사람들이 솔로몬 왕이 세바 여왕보다 더 많은 권력과 결정권을 가지고 있었다고 믿기를 바랐다. 따라서 이들이 그린 전설 속의 세바 여왕은 솔로몬 왕에게 감히 '난해한 질문'을 던지는 건방진 여인이자 성적으로 방탕한 여인으로 묘사되었다.

세바의 여왕을 숭배하는 나라는 에티오피아 외에는 없을 것이다. 에티오피아에서는 세바 여왕을 에티오피아 왕조 최초의 여왕이라 믿고 있다. 에티오피아 왕조는 1975년 하일레 셀리시에Haile Selassie의 죽음으로 종말을 맞았으며, 하일레 셀리시에 왕은 세바 여왕의 235대 직계 후손이다.

에티오피아의 서사시, 『케브라 네가스트Kebra Negast(왕들의 영광)』에는 세바 여왕이 처녀였다고 기록되어 있다. 이 서사시는 세바 여왕의 예루살렘 방문을 성경과는 다른 시각으로 그린다. 성경에는 솔로몬과 세바 여왕 사이에 성적인 관계가 있었음을 암시하는 부분이 있다.

「솔로몬은 마음속으로 곰곰이 생각했다. '이렇듯 눈부시게 아름다운 여인이 세상 끝에서 나를 찾아왔다니! 나는 무엇을 알고 있는 것일까? 주님이 나에게 그녀를 보내주신 걸까?'

그녀는 자신의 처녀성을 지키기로 결심하고 슬픔, 괴로움, 고난을 가슴속에 품은 채 내키지 않는 발걸음을 떼며 자신의 나라로 돌아갔다」

케브라 네가스트에 의하면 솔로몬은 여왕이 떠날 때가 되자 그녀에게 더 머물러 줄 것을 간청했으며, 심지어 그녀에게 청혼까지 하였다고 한다. 그러나 여왕은 그의 청을 거절했다. 솔로몬 왕은 이에 물러서지 않았다. 결국 그녀가 무력을 사용하여 솔로몬의 재산을 가져가지 않는 한, 왕 또한 무력으로 그녀를 취하지 않기로 서로 합의하였고, 이로써 여왕은 자신의 재산과 순결을 보장받았다.

"나는 당신의 부가 탐이 나 이리로 온 것이 아닙니다."

여왕이 솔로몬에게 말했다.

"분명히 말하지만, 나는 오직 당신의 지혜를 확인하고자 이곳에 온 것입니다."

여왕은 솔로몬의 천막에서 그와 함께 밤을 보냈다. 아라비아에서 전해지는 이야기는 그들 사이에 어떤 일이 있어났는지를 다음과 같이 전한다.

「어느 날 세바 여왕은 솔로몬 왕이 베푼 향연에서 먹은 짜고 매운 음식 때문에 한밤중에 갈증을 느껴 잠에서 깨어났다. 그녀는 물을 마시기 위해 솔로몬의 침상 옆에 있던 물병 쪽으로 가 이에 손을 댔고, 왕은 자신의 물을 취하려던 그녀의 손을 붙들었다. 세바 여왕은 솔로몬의 물을 가져감으로써 서로의 재산을 가져가지 않겠다고 한 서약을 깼고, 그녀는 그 약속을 기억하고는 왕의 손길에 기꺼이 자신을 바쳤다」

그날 밤, 솔로몬은 태양이 하늘에서부터 내려와 자신의 왕국에 얼마간 맴돌다가 마침내 에티오피아로 가버린 꿈을 꿨다. 솔로몬은 신이 선택한 나라가 놀랍게도 이스라엘이 아니라 아프리카의 천국인 에티오피아라는 사실을 깨달았다.

물병에 관한 일화의 결과는 이 두 지도자의 결혼이 아니었다. 솔로몬과 하룻밤을 보낸 뒤 세바 여왕은 자신의 나라로 돌아갔는데, 구전되는 서사시에 따르면 그녀는 솔로몬의 아들을 임신했고, '왕의 아들' 이라는 뜻의 이름을 가진 메네리크Menelik를 낳았다고 한다. 후에, 메네리크는 에티오피아 왕조의 시조가 되었다.

에티오피아의 설화에서건 할리우드식의 스토리에서건, 한 나라의 여왕이 다른 나라의 왕을 방문할 때면 그들의 만남은 전쟁 혹은 사랑으로 끝이 나기 마련이다. 많은 사람들은 이런 이야기의 결말이 군사적 충돌 혹은 아련한 로맨스로 끝나길 원한다. 세바 여왕과 솔로몬 왕의 이야기를 그린 성경은 '여왕이 가지고 싶어 하는 것을 청한다' 는 구절의 의미를 그녀가 왕의 욕망과 지배에 '정복되기를 원한다' 고 해석한다. 많은 호사가들은 두 사람 사이의 성적 결합을 통해 솔로몬 왕을 엉큼하고 저속한 약탈자로, 그리고 처녀 여왕 세바를 강력한 권력에 굴복하는 여성으로 묘사한다.

『코란』에서 솔로몬 왕은 '마법의 힘'을 가지고 있던 신비롭고 강력한 남성상으로 그려져 있다. 『코란』속에 묘사된 솔로몬 왕은 지니djinn(정령, 요정)와의 메신저 역할을 하는 신비의 새인 후투티Hoopoe를 소유한 '마술사'였다.

어느 날 후투티는 이슬람교도인 솔로몬에게 알라Allah가 아닌 태양신을 숭배하는 부유한 여왕이 서쪽의 어느 왕국에 살고 있다는 소식을 전했다. 솔로몬은 그 여왕에게 자신을 방문할 것과 자신과 자신의 신에게 복종할 것을 명했다. 하지만 그녀가 자신의 명령을 듣고 주저하자 그는 여러 가지 다양한 술책을 써서 그녀를 북쪽에 있는 자신의 나라로 오게 만들었다. 결국 그녀는 솔로몬의 왕국에 도착했고, 왕은 그녀를 유혹해 왕궁 뒤뜰에 있는 개울로 불러냈다.

사실 그 개울은 거울이었다. 세바 여왕은 솔로몬이 말한 장소로 와서 개울이라고 생각했던 그곳에 다리를 뻗고 들어간다. 개울이 거울이었다는 것을 깨달은 세바 여왕은 자신의 실수를 부끄러워하며 솔로몬과 그의 신에게 복종하겠다고 맹세한다. 세바 여왕의 발에는 물갈퀴가 달려 있었고 다리는 두꺼운 털로 덮여 있었는데, 감추고 싶던 비밀이 탄로 나자 이 사실이 퍼지는 것을 막기 위해 솔로몬 왕에게 충성을 맹세했던 것이다. 세바 여왕의 신체적 결점은 그녀가 정신적으로 패배했음을 상징적으로 나타낸다. 이 이야기는 여왕이 솔로몬에게 자신의 정신과 육체뿐만 아니라 그녀가 가지고 있던 모든 것을 바치고, 그를 자신보다 높은 존재로서 인정하는 것으로 결말을 맺는다.

성경 이외의 이야기들은 세바 여왕에 대한 솔로몬 왕의 성적인 정복에 중점을 두었던 반면, 성경은 두 통치자가 서로 동등했음을 강조한다. 성경이 언급한 이들에 관한 또 다른 이야기를 보면 솔로몬 왕은 이국적인 여왕을 환대했고, 이들의 이성적인 관계는 로맨틱한 관계로 발전되었을 것이라는 추측을 가능케 한다.

이들 사이에 정말 로맨스가 존재했다면, 이는 어떤 강압이나 속임수 때문이 아니라 서로에 대한 순수한 매력으로부터 비롯되었을 것이다. 아니면 세바 여왕은 처음부터 의도적으로 솔로몬 왕과의 결혼을 고려하고 이스라엘을 방문했을지도 모른다. 결혼을 통해서 부족들 사이의 동맹을 굳건히 했던 고대 전통에 따라, 그녀가 가져온 선물은 '교역'이나 '감사', '존경'의 의미가 아닌 결혼 지참금이었을 가능성도 있다. 혹 세바 여왕은 자신의 왕국을 이어갈 후계자의 아버지로서 지혜로운 솔로몬 왕이 적합할 것이라고 생각했을지도 모른다.

성경 원문에 의하면, 세바 여왕은 자신의 눈으로 직접 확인하기 전까지 솔로몬 왕의 부와 지혜를 믿지 않았고, 솔로몬 왕은 세바 여왕이 청하는 모든 것을 들어주었다고 한다. 성경은 솔로몬 왕의 인기에 대해 '많은 외국 여인들이 왕의 주위에 있었고, 그를 사랑했다.'라고 기록하고 있다. 이 문구에서 알 수 있듯, 대부분의 여자들이 솔로몬 왕의 매력에 쉬이 끌렸다. 솔로몬 왕은 먼 곳에서 손님이 찾아오면 예루살렘 언덕을 이리저리 거닐며 이야기를 나누었고, 이들을 극진하게 대우했다. 그렇다면 여성들은 상대방을 존중하고 동등하게 여기는 솔로몬 왕의 행동에 달콤한 말로 감사를 표하고 싶지는 않았을까? 결국 솔로몬 왕은 세바 여왕을 유혹하고, 세바 여왕은 솔로몬 왕의 매력에 끌렸던 걸까? 이후 그 둘의 관계는 어떻게 발전했을까?

성경은 세바 여왕의 재능과 성품, 피부색이나 미모, 사생활에 대한 것은 물론이고 그녀의 이름조차 거론하지 않는다. 뿐만 아니라 그녀가 셈족의 조상인 셈Shem(노아의 장남)의 자손이거나, 혹은 아프리카 흑인의 조상인 햄Ham(노아의 차남)의 자손인지 알 길이 없다. 세바라는 이름은 그녀가 속한 나라나 부족, 영토를 이르는 말일 뿐 그녀의 진짜 이름은 아니다.

이브는 에덴을 떠났고, 사라와 리브가는 약속의 땅을 향해 메소포타미아를 떠났다. 라헬, 레아, 룻 역시 모두 새로운 나라를 찾아 그들의 고향을 떠났는데, 이처럼 성경에 나오는 강인한 여인들은 기나긴 여정의 발걸음을 내딛는 데 두려움이 없었다. 이들의 여정은 자신의 정체성을 찾아 나서는 정신적인 순례였다.

그 당시 세바의 여왕은 특별한 여인이었다. 세바의 여왕과 마찬가지로 지적 탐구에 여념이 없는 오늘날의 여성들은 자신의 꿈을 성취하기 위해 대담한 도전을 감행하는 데 주저함이 없다. 세바의 모험적인 시도는 우리들에게 '자신의 꿈을 실현하라'는 강한 메시지를 남긴다. 먼 곳에서 솔로몬을 찾아온 세바 여왕은 탁월한 지도자였으며 사업가였다. 성경이 세바 여왕의 지적 능력을 솔로몬과 '동등했다'고 기록한 것은 세바 여왕에 대한 칭찬이며 찬미이다. 성경은 솔로몬의 명성에 빗대어 세바 여왕의 탁월함을 나타내고 있다. 이 두 인물은 서로 동등한 권력을 갖고 있었으며, 한 나라의 지도자로서 평화로운 만남을 가졌다.

만일 세바 여왕이 현대에 살았더라면 그녀는 당시보다 훨씬 더 위대한 업적을 이루었을 것이다. 그녀는 생동감이 넘쳤고, 육체적으로도 강인했으며, 호기심이 많았을 뿐만 아니라 다른 사람의 장점을 배우려는 열성과 지식 추구의 욕망 또한 갖추었다. 무엇보다 자신의 지적 호기심을 만족시키기 위해 아무런 망설임 없이 기나긴 여정을 떠나기도 했다. 그녀는 남성 중심의 세계에서 여성이 남성과 동등하다고 믿었고, 그들과 지식, 지혜의 대결을 벌였다. 남자들과 대화를 하는 동안에는 여성 특유의 세심함과 부드러움, 지혜와 융통성을 발휘했다. 세바 여왕도 아비가일처럼 자신이 여자라는 사실을 불리하게 여기기보다 여성적인 특성과 장점을 최대한 이용하여 탁월한 외교적·정치적 성과를 이루어 냈다.

제12장
악녀 이세벨

이스라엘의 왕 아합Ahab의 헌신적인 아내였던 이세벨Jezebel은 성경에서 가장 악독한 여인으로 알려져 있다. 이세벨과 아합은 고대 이스라엘의 전형적인 권력형 부부에 속하며, 이 부부의 이야기는 피로 얼룩진 왕권의 남용을 비롯해 끔찍한 피의 보복들로 점철되어 있다.

이세벨이 꾸며내는 잔악한 음모는 이스라엘의 도덕률에 위배된다. '살인하지 말라', '네 이웃에 대하여 거짓 증언을 하지 말라', '네 이웃의 집을 탐내지 말라' 등의 법은 왕이든 평민이든 누구에게나 동일하게 적용되는 것임에도 말이다. 그러나 왕이 그의 소유물에 대해 절대 권력을 행사하던 이교도 사회에서 태어나고 자라난 이세벨 공주에게 이러한 이스라엘의 율법은 낯설기만 했다. 성경은 이 많은 살인들에 대해 이세벨 왕비보다는 이스라엘의 왕이었던 아합을 더 강하게 비난하고 있음을 알 수 있다. 왜냐하면 아합은 앞으로 전개될 등골 서늘한 사건들에 대해 오로지 침묵으로만 일관하기 때문이다.

페니키아Phoenicia의 왕, 엣바알Ethbaal의 딸인 이세벨은 기원전 874년부터 853년까지 이스라엘을 다스렸던 아합 왕의 아내였다. 페니키아인들은 이스라엘 북쪽의 지중해 연안에 살던 민족으로서 바다를 두려워했다. 페니키아의 화려한 왕궁에 살던 이세벨은 바알Baal과 그 밖의 이교도 신을 열광적으로 숭배하였는데, 그녀는 자신에게 부여되는 권력과 권세에 큰 관심을 기울였고, 이런 면에서 아합과는 천생연분이라 할 수 있다.

다윗과 솔로몬의 왕국이 북 이스라엘과 남 유다로 갈라진 이후, 아합은 아버지 오므리Omri 왕이 페니키아인들과 동맹을 맺었던 시절에 살았다. 이스라엘의 일곱 번째 왕이었던 아합은 자연스레 페니키아의 문화, 특히 바알 숭배에 빠져들었다. 당시 바알에서는 남근 숭배 신전이 곳곳에 세워져 있었다. 성경은 이세벨이 아합의 아내로서 이스라엘에 도착하자마자 이교도 문화를 퍼뜨리려 했음을 기록하고 있다.

「이세벨이 거두어 먹이는 바알의 예언자 4백5십 명과 아세라Asherah의 예언자 4백 명이 이스라엘에서 득세했다. 또한 이세벨은 이스라엘 하나님의 예언자들을 한 명도 빠짐없이 죽이려는 계획을 세웠다」

아합은 사마리아Samaria(고대 히브리어로는 Shomron)의 수도에서 많은 아내를 취했고, 성경은 그에게 7백 명에 이르는 자손이 있었다고 기록하고 있다. 그러나 아합의 가족들 중 성경이 언급하는 사람은 권력을 쥔 이세벨뿐이다. 그런데 성경은 그녀를 한 번도 '왕비'라고 칭하지 않는다. 이 두 사람이 혼인한 후, 아합은 이세벨의 치마폭에 휘둘리면서 당대 이스라엘의 신앙에 가장 큰 적으로 대두되는 이방신, 바알을 섬긴다. 그는 바알을 위해 수도 예루살렘에 바알의 신전을 다시 세웠다. 아합의 바알 숭배는 이세벨과 이스라엘의 전설적인 영웅이자 예언자인 엘리야Elijah와의 충돌을 야기한다.

거침없는 예언자 엘리야는 이스라엘 백성들에게 이렇게 말했다.

"여러분은 언제까지 양다리를 걸치고 있을 작정입니까? 만일 여호와가 하나님이라면 그를 따르고, 바알이 하나님이라면 그를 따르시오."

이는 유일신 사상을 존속해야 한다는 그의 강력한 주장을 역설적으로 표현한 말이었다. 유일신 사상은 아브라함과 사라에 의하여 수세기 전에 시작되었다. 그 이후 이스라엘 민족은 수적으로 우세한 이웃 이교도들의 위협에도 불구하고 꿋꿋하게 유일신 사상을 지켜왔다.

아합 왕은 이세벨과 결혼하는 방법으로 현재의 레바논 땅에 있던 페니키아와의 동맹을 강화할 수 있었다. 왕으로서 아합의 치적은 사마리아 언덕의 북쪽 끝에 있는 갈릴리Galilee 동쪽에 요새를 건설한 것이다. 갈릴리는 역사적으로 이스라엘 민족들이 많은 적들과 싸운

격돌지였는데, 그는 이 지역에 있는 하조르Hazor와 이스르엘Jezreel 골짜기 근처에 므깃도Megiddo라는 전략적 요새를 세웠다.

아합은 자신의 아버지 오므리 왕처럼 사마리아의 새로운 도시를 개발했다. 히브리어로 쓰인 많은 비문에는 아합 왕이 건설한 도시의 이름들이 언급되어 있다. 그러나 아합의 업적이 아무리 훌륭하다 할지라도 이세벨과의 결혼 이후 발생한 참사를 덮어주지는 못했다. 그에게 있어 이세벨과의 결혼은 정치적 안정을 위한 목적이었지만, 결과적으로는 개인적 불행과 불명예를 가져왔다. 아합은 이세벨의 영향력에 지배된 채 자신의 믿음과 율법을 지키지 못하는 엄청난 비극을 불러온다. 성경은 아합과 이세벨의 결혼이 가져온 결과에 대한 아래와 같은 예화를 남겼다.

이스르엘 사람인 나봇Naboth은 포도밭을 가지고 있었는데, 그 포도밭은 사마리아의 왕인 아합 왕의 궁 곁에 위치해 있었다. 아합이 나봇에게 말하였다.

"그대의 포도밭을 나에게 넘겨주게. 그 포도밭이 나의 궁전 곁에 있으니, 그것을 내 정원으로 삼았으면 하네. 자네에게는 더 좋은 포도밭을 주지. 자네가 원한다면 밭 대신 돈으로 셈해 줄 수도 있네."

그러자 나봇이 아합에게 대답하였다.

"주님께서는 제가 조상들에게서 받은 상속 재산을 왕께 넘겨드리는 것을 용납하지 않으십니다."

이스라엘 율법에 따르면, 한 가문은 영원히 그 땅을 소유할 수 있었다.

아합은 나봇이 "제 조상님들의 재산을 넘겨드릴 수는 없습니다." 라고 한 말에 기분이 상해 화를 내며 궁전으로 돌아와서는 고개를 돌리고 누워 음식도 거부했다. 그러자 아내 이세벨이 다가와 물었다.

"대체 무슨 일로 그렇게 속이 상하시어 음식조차 들려고 하지 않으십니까?"

아합은 아내에게 자신의 요구를 거절한 농부와의 대화를 자세히 털어놓았다. 그 말을 들은 이세벨이 이렇게 말한다.

"이스라엘의 왕권을 행사하는 분은 바로 당신이십니다. 일어나 음식을 드시고 마음을 편히 가지십시오. 제가 이스르엘 사람 나봇의 포도밭을 꼭 당신이 가질 수 있도록 해드리겠습니다."

밖에서 돌아온 아합은 화를 억누르지 못한 채 시무룩한 아이처럼 벽을 향해 누워 있었다. 이세벨은 뭔가 중대한 일이 그를 화나게 했음을 즉시 알아차리고는 남편을 달래서 무슨 일인지 알아내고 만다. 이 시대의 평범한 아내들처럼 이세벨 역시 남편이 낙심한 이유를 알아낼 때까지 질문 공세를 퍼부었을 것이다.

남이 소유한 것을 탐하는 경향이 있던 아합은 땅 한 뙈기가 반드시 필요했던 것이 아님에도 단지 궁정 옆에 있다는 이유만으로 남의 땅을 탐냈다. 그리고 바라는 무언가를 거절당할 때, 비록 그것이 절대 내 소유가 될 수 없을지언정 가질 수 없다는 실망감을 떨쳐내지 못했다. 물론 남의 것을 원하는 것 자체가 잘못된 '욕심'이라는 것을 그 역시 잘 알고 있었지만 그는 그 사실을 애써 무시했다.

능력과 야망을 모두 갖춘 이세벨은 남편이 원하는 것을 모두 갖게

해주고 싶었다. 그녀는 자신에게 모든 일을 맡겨두라고 남편을 안심시켰다.

"마음을 편히 가지십시오. 제가 이스르엘 사람 나봇의 포도밭을 당신께 넘겨드리겠습니다."

이세벨과 아합은 깊은 애정을 주고받는 부부로서, 눈빛만 보고도 서로의 마음을 읽을 수 있었다. 그들은 상대방의 말에 마침표를 찍어줄 수 있는 부부였다. 서로의 신호를 전부 읽을 수 있었고, 상대가 어떻게 반응할지, 어떤 식으로 행동할지를 충분히 알고 있었다. 다른 여느 부부들처럼 그들 역시 서로에게서 친숙함을 느꼈고, 서로에게 부여된 역할에 편안함을 느꼈다. 아합은 모든 집안일에 수동적이었다. 이런 아합을 잘 알고 있던 이세벨은 남편의 욕심을 자신이 채워주기로 마음먹었다. 그리고 자신이 생각해 낸 폭력적인 계략을 실행에 옮기도록 남편을 충동질했다. 아합은 아내를 전적으로 신뢰했고, 이세벨은 아합의 암묵적 동의 하에 절대 권력을 행사하기에 이른다.

아합은 이세벨에게 그 고집쟁이 농부를 어떻게 다룰 것인지에 대해 물을 필요도 없었고, 이세벨 또한 남편에게 세부 사항을 일일이 설명할 필요를 느끼지 못했다. 아합은 그 포도원에 대한 자신의 욕심을 그녀가 충족시켜 주리라 믿었고, 이 문제를 해결하는 데 직접 개입하지 않음으로써 자신은 윤리적인 책임감에서 벗어나기를 원했다. 또한 이세벨이 어떤 불법적인 행동을 하더라도 이에 대한 법적·정치적 책임을 회피하기 위해 그 방안에 대해서는 일부러 묻지 않았다.

이세벨이 자라난 사회에서 왕이란 절대 권력을 지닌 존재였다. 그무엇도 왕이 원하는 바를 방해할 수는 없었다. 왕이 아무리 가치 없고 하찮은 것을 원할지라도 왕의 '소망'은 중차대한 국가적 문제였다. 이런 환경에서 자라난 이세벨에게 포도원을 얻고자 하는 아합의의지는 다른 무엇보다도 중요한 문제였다. 이를 위해 아무리 불법적인 행위를 한다 해도 그녀는 전혀 양심의 가책을 느끼지 않았다. "지금이 바로 이스라엘의 왕권을 행사하시는 분은 바로 당신임을 보여줄 절호의 시기입니다."라는 말로 오히려 그를 부추길 뿐이었다.

이세벨은 남편을 만족시키기 위해 계획을 신속히 진행했다. 그녀는 나봇이 사는 지방의 장로들과 귀족들에게 아합의 이름으로 편지를 쓰고, 봉투에 왕의 도장을 찍어 보냈다. 그 편지의 내용은 다음과같았다.

「금식을 선포하고, 나봇을 백성의 첫 자리에 앉히시오. 그런 다음불량배 두 사람을 그의 맞은쪽에 앉히고, '너는 하나님과 왕을 저주하였다'는 죄목으로 그를 고발하시오. 그 후 그자를 끌어내어 돌을마구 던져 쳐 죽이시오」

이렇게 이세벨은 거짓 증거를 만들어 살인을 부추기는 범죄를 일으켰다. 그녀의 계획은 아합이라면 절대로 생각할 수도 없을 만큼끔찍한 죄악이었으며, 이는 이스라엘 민족의 윤리적·신앙적 규범에도 어긋나는 것이었다. 아합은 앞으로 어떤 일이 벌어질지 잘 알고 있었지만 부인의 치마폭 뒤에 숨어서 그녀의 간계에 대해 아무것도 모르는 척할 뿐이었다.

나붓의 마을 사람들은 명령받은 대로 따랐고, 결국 나붓은 돌팔매에 맞아 목숨을 잃고 말았다. 힘없는 농부 나붓을 위해 변호하거나 이세벨의 명령에 맞서 싸울 만큼 용기 있는 사람은 아무도 없었다. 이 사건을 맡은 재판관과 사형 집행관 등은 모두 같은 마을 사람들이었고, 그들은 이 사건이 남편 아합 왕의 소망을 위해 이세벨 여왕이 저지른 일이란 것도 알고 있었다.

나붓은 권리를 지키기 위해 정당한 반론을 펼쳤지만, 그의 동료들은 왕의 명령을 거역하기 두려워 나붓을 변론하거나 율법에 대해 말하기를 꺼렸다. 왕을 거역한다면 자신들에게도 화살이 날아와 치명적인 결과를 맞을까 두려웠기 때문이다. 나붓이 왕의 명령을 어겨 이처럼 참담한 일을 당하듯, 자신들 또한 왕의 명령을 어긴다면 죽음을 면치 못하리란 것을 잘 알고 있었다. 보복의 두려움 때문에 어쩔 수 없이 침묵을 지키는 일은 현대인들이라고 해서 별반 다르지 않다.

이세벨은 나붓이 죽었다는 소식을 듣자마자 아합에게 달려가 그 '기쁜 소식'을 전했다.

"어서 일어나셔서 이스르엘 사람 나붓이 넘겨주기를 거부했던 그 포도밭을 차지하십시오. 나붓은 이제 이 세상 사람이 아닙니다. 그는 죽었습니다."

이세벨은 자신이 저지른 간악한 계략의 결과에 대해 양심의 가책을 전혀 느끼지 않았다. 그러나 남편의 예민한 성품을 잘 알고 있던 이세벨은 나봇의 잔혹한 죽음에 대해 자세히 묘사하지 않으려고 애썼다. 대신 그 포도원이 이제 아합의 소유라는 사실만을 강조했다. 남편을 몹시 사랑했던 이세벨은 열망하던 것을 이루어 뛸 듯이 기뻐하는 남편을 보며 행복감을 느꼈다. 이제 이 부부는 함께 편히 누워 새로 얻은 포도원에 대한 이야기꽃을 피우며 시간 가는 줄을 몰랐다. 그러나 이들에게는 다윗과 밧세바에게 닥친 불행처럼 무시무시한 결과가 기다리고 있었다.

아합이 불법적으로 취한 소유물인 포도밭 사이를 거닐고 있을 때, 몸에 털이 많고 가죽 허리띠를 두른 예언자 엘리야와 정면으로 마주치게 된다. 언제나 두려움이 없고 열정적인 엘리야는 이스라엘의 왕과 정면 대결을 펼칠 심산이었다. 이스라엘 백성의 율법에 정통한 아합은 엘리야가 무엇을 말하고 싶어 하는지 즉각 알아차렸고, 빠져나갈 구멍이 없다는 것 또한 깨달았다. 아합은 그렇게 자신을 경멸하는 눈빛과 분개한 모습을 한 예언자와 마주하고 서 있었다.

"이 원수 같으니라고. 또 나를 찾아온 것이냐!"

아합은 한 치의 뉘우침도 없이, 오직 자신의 절도 행위와 살인이 발각됐다는 것만이 안타까울 뿐이었다.

수년 전에 예언자 나단Nathan이 다윗 왕과 밧세바의 불륜, 그리고 그 남편인 우리야를 살해한 것에 대해 비난을 퍼부었던 것처럼, 엘리야는 무고하고 힘없는 농부에게 저지른 아합 부부의 만행에 대해 저주를 쏟아냈다. 성경은 다윗과 아합의 이야기를 통해 '권력을 쥔 자'와 '힘없는 자'의 관계에 대한 예리한 비판 의식을 나타낸다. 엘리야는 굳이 조심스러운 태도를 취할 것도 없이 그에게 가해질 처벌에 관한 예언을 낱낱이 고한다.

"너는 살인을 저지른 것으로 모자라 그의 땅마저 차지하려 하느냐? 개들이 나봇의 피를 핥던 바로 그 자리에서 이세벨을 뜯어 먹고, 네 피도 핥을 것이다!"

이 부부가 저지른 만행에 대한 대가는 매우 혹독했다. 아합은 시리아와의 전투에서 갑옷의 겨드랑이 부분 솔기 사이를 뚫고 들어온 화살을 맞아 전사한다. 그는 병사들에게 퇴각하라고 명령하지만, 너무 맹렬했던 전투 상황에서 정작 자신은 퇴각할 수 없었다. 아합 왕은 전차에 기대 적들과 맞서지만, 해가 질 무렵 결국 피바다 속에서 죽음을 맞이하였다. 성경은 그의 최후에 대해 이렇게 기술한다.

「왕이 이미 죽으매 그의 시체를 메어 사마리아에 이르러 왕을 사마리아에 장사하니라. 그 병거(전차)를 사마리아 못에서 씻으매 개들이 그의 피를 핥았으니 여호와께서 하신 말씀과 같이 되었더라. 거기는 창녀들이 목욕하는 곳이었더라」

아합은 결국 사마리아에 묻혔다.

아합 왕이 죽은 후, 걸출한 장수인 예후Jehu는 새로 왕위에 오른 여호람Jehoram을 살해한다. 여호람은 아하시야Ahaziah의 형제였고, 이세벨과 아합의 아들이다. 여호람을 살해한 뒤 왕위를 이어받은 예후는 이번에는 이세벨을 제거할 태세였다.

여느 때와 다름없이 거만함이 하늘을 찌르던 왕비는 자신에게 무슨 일이 벌어질지 눈치 챘지만 도망치려 하지도, 살려달라고 애걸하지도 않았다. 이세벨은 당당히 죽음을 준비하였다. 예후가 이스르엘에 이르렀을 때, 이세벨은 그 소식을 듣고는 눈 화장을 하고 머리를 꾸민 다음 창문으로 밖을 내려다보고 있었다. 여기서 미갈Michal이 다윗을 마지막으로 대면하기 전에 창문 밖을 내다봤던 장면이 떠오른다. 『판관기The Book of Judges』에 등장하는 한 가나안Canaan 장군의 어머니가 창문 밖을 내다보며 "어찌하여 아들이 탄 전차는 이리도 안 온단 말인가?"라고 궁금해 했던 것과 비교해 보라. 여성이 창문 너머를 내다보는 행위는 불행한 일이 일어날 것을 알리는 전주곡과 같다.

이세벨이 화장을 한 것은 '저항'과 '위엄'을 의미한다. 여자의 화장은 가면과 같다. 또한 자신에게 등을 돌려버린 백성들에게 자신의 감정을 들키지 않으려는 위장술이기도 하다. 왕궁에서 자라나 왕궁의 예법을 잘 알고 있던 이세벨은 자신의 방법대로, 즉 왕족처럼 당당하게 죽기로 결심했던 것이다.

예후가 문을 벌컥 열고 들어서자마자 왕비를 수행하는 내시에게 소리쳤다.

"저년을 당장 아래로 던져버려라!"

내시들이 그의 명대로 이세벨을 아래로 집어던졌고, 그 몸에서 쏟아진 핏방울이 담벼락과 온 사방에 튀었다.

예후는 이세벨을 처형한 다음 그녀의 방을 차지하고 앉아 술과 음식을 거나하게 즐겼다. 그런 다음, "저주받은 저 여자의 시신을 찾아다가 묻어주어라. 그래도 왕의 딸이 아니더냐?" 하고 말했다. 그러나 그의 신하들이 이세벨의 시신을 찾으려 하니 두개골과 발, 손바

닥 말고는 아무것도 남아 있지 않았다. 그래서 그 길로 돌아와 예후에게 보고하자 그는 이렇게 말했다.

"이는 주님께서 당신의 종인 디셉Tishbe 사람 엘리야를 통하여 하신 말씀 그대로구나."

주님께서는 다음과 같이 말씀하신 적이 있다.

"이스르엘 들판에서 개들이 이세벨의 살을 뜯어 먹고, 이세벨의 주검이 들판의 거름이 되어 아무도 그것을 그녀의 것이라고 생각지 않을 것이다."

이세벨은 간악할 뿐 아니라 야심이 많고 고집불통인 여자였다. 윤리나 도덕관 또한 저속했기에 나봇의 땅을 빼앗기 위해 저질렀던 수법과 계획 또한 간교하기 짝이 없었다. 그녀는 잔혹한 계략을 꾸미면서도 윤리나 도덕 같은 것은 염두에 두지 않았고, 이 때문에 갈등조차 하지 않았다. 한마디로 수치도 양심도 없는 여자였다. 그러나 타인에게는 그토록 잔악한 이세벨도 아합의 '아내'로서의 역할만은 재평가 받을 만하다.

아합과 이세벨은 부부로서 서로에게 충실했고, 그들은 동반자 이상의 관계를 유지했다. 아합이 수동적인 태도를 보일 때면 이세벨은 그에게 용기를 북돋워 욕망을 채우도록 지지를 아끼지 않았다. 그녀는 지혜롭지는 못해도 총명했고, 교활하고 정치적으로 무감각했지만 신념만은 충실했다. 백성들이 왕에게 기대하는 덕성이나 남편의 신앙에는 관심이 없었지만, 자신이 남편을 위해 할 수 있는 모든 일에 최선을 다했다. 이스라엘 백성들은 이러한 이세벨을 주제넘은 참견자이자, 이교도 문화를 퍼뜨리는 스파이로 여겼다.

이교도인인 이세벨은 여왕으로서 남편의 전통과 문화, 신앙과 가치 등을 배워야 했지만 그러한 노력을 게을리 했다. 그녀에게는 다른 문화에 적응한다거나, 다른 사람이 되기 위해 노력하겠다는 마음가짐 같은 것은 애초부터 없었던 것이다. 게다가 그녀의 남편인 아합 왕 역시 그녀가 새로운 문화와 관습을 익힐 수 있도록 하는 데 어떠한 도움도 주지 못했다.

나봇의 일가친척은 나봇이 죽은 후에도 이세벨이 날조한 근거 때문에 그 땅에 대한 소유를 주장할 수조차 없었다. 아합은 그 땅에 대한 나봇의 권리에 대해 잘 알고 있었다. 그는 왕으로서 부족한 자신의 한계를 느끼고 있었고, 자신이 준수해야 할 종교적 · 도덕적인 율법 또한 알고 있었다. 그러나 나봇의 땅과 관련한 일에 대해 지도자로서 어떠한 보호 조치도 취하지 않았고, 오히려 그 땅을 거닐며 성취감을 만끽했다. 예언자 나단의 응징 후 깊이 회개하던 다윗과는 달리, 아합은 백성들과 전통에 대한 의무를 이행하는 데 대한 책임감조차 거부했던 것이다.

아합은 집안일이나 개인적인 문제에서도 아내의 영향력에 휘둘리고 있었다. 모든 주도권을 이세벨에게 양도하고 그녀에게 끌려 다니기만 했던 것이다. 그는 이세벨이 원하는 모든 것을 들어주었으며, 심지어 이교도인 바알 신전을 짓는 일까지 허용하고는 그 땅에 대한 모든 권한을 그녀에게 맡겼다. 이로 인해 그는 자신의 윤리적 전통을 지킬 의무를 저버렸고, 개인적 탐욕만을 좇느라 백성의 율법과 충돌하기에 이른다.

페니키아인Phoenician으로서 갖는 이세벨의 정체성은 아합이 이스라엘 전통을 생각하는 마음보다 훨씬 강했다. 아합은 이스라엘의 신앙과 율법에 전혀 관심이 없었지만, 이세벨은 자신이 믿는 신앙에 부합한 삶을 살았다. 이스라엘의 유일신 사상과 이세벨이 믿던 다신 숭배 사상의 충돌은 오래전부터 이어져 왔던 일이다. 이것은 그 이후에도 계속되어 8세기의 로마는 유대 사상을 완전히 멸망시켜 버렸다.

두 문화 사이에서 갈등하던 아합은 어느 한쪽에도 충실하지 않았다. 그가 일관한 수동적인 태도는 결국 아내의 악행에 공범자 역할을 한 셈이었다. 성경은 아합을 '어떤 이스라엘 왕보다 더욱 주 이스라엘의 하나님을 분노케 했다'고 설명하며, 이스라엘 민족에게 혐오의 대상이었던 이세벨보다 아합이 오히려 더 큰 죄인이라고 판결한다.

이세벨은 자신과 아합을 이롭게 할 물질적인 성취감에만 관심을 쏟았다. 성경에 등장하는 다른 강인한 여성들과 달리 그녀는 가족의 존속이나 백성을 다스리는 일에는 전혀 신경을 쓰지 않았고, 이스라엘 민족의 전통조차 거부했다. 이스라엘 왕으로서 아합이 가져야 할 책임감에 대해 이세벨은 무관심으로 일관할 뿐이었다. 페니키아인으로 자란 이세벨은 자기가 원하는 것은 무엇이든 할 수 있고, 그에 대해서는 대가를 지불할 필요가 없다고 믿었다. 페니키아와 이스라엘 왕가의 목적은 결혼을 통해 동맹과 평화를 유지하는 것이었다. 아합은 평화롭게 왕국을 다스릴 수 있었고, 이세벨은 자신이 원하는 대로 왕가 내의 문제를 해결할 수 있었기에 서로 자신의 목적은 달성한 셈이었다.

그러나 이뿐만이 아니었다. 이세벨과 아합 사이에는 친밀한 유대감이 있었다. 당대의 특권층이 거의 그러했듯, 이세벨과 아합은 별다른 제약 없이 자신들의 권리를 자유롭게 행사했다. 그들의 결혼은 상호 이해와 신뢰, 충실함을 바탕으로 성립된 이상적인 부부 관계를 형성했다. 그러나 그들이 함께 추구했던 것은 순간적인 탐욕을 충족시키는 것에 불과했다. 이것이 바로 아브라함과 사라가 신과의 신성한 계약을 이행하기 위해 노력했던 것과 다른 점이다.

예후가 권력을 장악하자 이세벨은 자신의 생이 얼마 남지 않았음을 직감하였고, 왕궁의 법도에 맞게 당당히 죽음을 맞았다. 예후는 이세벨의 권력이 자신에게 방해가 될 것임을 예상하였고, 왕위에 오르기도 전에 그녀를 잔혹하게 살해했다. 그녀가 그렇게 무자비하게 살해당한 이유는 백성들이 그녀를 증오했기 때문이다. 이세벨은 백성들이 왜 자신을 그토록 미워하는지 끝까지 알지 못했으나, 아합은 백성들이 왜 자신에게 실망했는지 너무도 잘 알고 있었기에 죽기 전 아무런 변명도 하지 않았다.

이 사건을 통틀어 자신의 양심에 따라 이들을 비난했던 사람은 예언자 엘리야뿐이었다. 엘리야는 이세벨과 아합의 사악한 협조 관계, 이들의 범죄에 침묵으로 일관한 마을 사람들을 가차 없이 비난하였다. 오직 그만이 주 하나님의 이름을 거론했던 것이다. 엘리야는 권력을 가진 자든 그렇지 않은 자든 구분하지 않고 모두에게 도덕과 양심의 의무를 일깨웠다.

제13장
유혹에 관한 두 가지 이야기

　성경에는 여성의 이름으로 된 두 권의 책이 수록되어 있는데, 그 중 하나는 『룻기 The Book of Ruth』이다. 룻은 원래 이방인으로서, 남편과 그 가족을 따라 히브리Hebrew인이 되기로 결심하였던 여인이다. 다른 한 권은 『에스더 The Book of Esther』이다. 에스더는 유대인들이 페르시아로 쫓겨 와 살기 시작한 지 몇 세기가 지난 후, 유대인들을 위해 자신의 일생을 바치기로 결심하였던 여성이다. 이 두 여인의 삶에서 가장 중요한 문제는 바로 민족 '정체성'이었다.

　룻과 에스더는 모두 남성 중심의 사회에서 살아남기 위해 '유혹'이란 수단을 선택하였다. 성경은 그들이 성적인 매력을 도구로 사용하였던 것을 불공정하거나 수치스러운 일로 기록하지 않았다. 오히려 그들이 사용한 유혹의 기술을 긍정적으로 평가하고 있다. 또한 이들에 대해 깊이 공감하며 이들이 처했던 어려움에 동정심과 이해심을 유발한다.

《룻의 이야기》

성경에 나오는 유대인들의 땅은 여러 차례 기근을 겪었는데, 룻의 이야기는 그 중 어느 한 기근기에서부터 시작한다.

엘리멜렉Elimelech과 그의 아내 나오미Naomi는 고향 베들레헴Bethlehem(아이러니하게도 베들레헴은 히브리어로 '떡집'이라는 뜻이다)을 떠나 사해 동편에 있는 모압Moab으로 향한다. 그러던 중 갑자기 엘리멜렉이 나오미와 두 아들만 남겨둔 채 세상을 뜨고 만다. 훗날 두 아들은 각각 오르바Orpah와 룻이라는 이름의 모압 여인들을 아내로 맞아들인다. 그러나 두 아들 모두 자식을 낳지 못한 채 죽었고, 낙심한 나오미는 고향으로 돌아가기로 결심한다.

며느리들과 함께 여정을 시작하기로 했던 나오미는 이내 마음을 바꾸고는 그녀들에게 말했다.

"이제 너희들은 각자 친정으로 돌아가거라. 너희가 사별한 남편과 나에게 베푼 은혜처럼 주님께서 너희에게 자애를 베푸시기를 빈다. 또한 너희가 새 남편의 집에서 보금자리를 마련할 수 있도록 주님께서 배려해 주시기를 기도하겠다."

차례로 입을 맞추는 나오미에게 며느리들이 서럽게 울며 대답했다.

"아닙니다. 저희도 어머님과 함께 어머님의 나라로 돌아가렵니다."

"며느리들아, 돌아가려무나. 어쩌자고 나와 함께 가려 하느냐? 내 배 속에 아들이 있어 너희에게 다시 남편을 만들어 줄 수 있는 것도 아니거늘. 그러니 돌아가려무나, 며느리들아. 어서 돌아가거라."

나오미는 이에 덧붙여 '시어머니를 따라 불확실한 미래로 향하느니 차라리 이곳에 남는 것이 낫다'며 며느리들을 설득했다. 며느리들은 그 말을 듣자 더욱 슬피 울었다. 오르바는 시어머니에게 작별을 고하며 입을 맞추었으나, 룻은 시어머니에게 바짝 달라붙어 떨어지려 하지 않았다. 그러자 나오미가 그녀에게 말했다.

"보아라, 네 동서는 제 겨레와 신들에게로 돌아갔다. 너도 네 동서를 따라 어서 돌아가거라."

그러나 룻은 고집을 꺾지 않았다.

"어머님을 두고 돌아가라는 말은 마십시오. 어머님이 어딜 가시든 저도 따라나설 것이고, 어머님이 머무시는 곳에 저도 머물 것입니다. 어머님의 겨레가 저의 겨레요, 어머님의 하나님이 제 하나님이십니다. 어머님께서 숨을 거두시는 곳에 저도 뼈를 묻으렵니다. 저와 어머님 사이를 갈라놓을 수 있는 것은 오직 죽음뿐입니다."

룻의 헌신과 사랑은 무조건적이었다. 그녀는 조리 있고 감동적인 말솜씨로 앞으로 일어날 수 있는 모든 위험을 감수하겠다고 다짐했다.

이교도인이었던 룻은 성경에 나온 최초의 개종자라 볼 수 있다. 그녀는 나오미가 만류함에도 불구하고 유대교로 개종하기에 이르는 데, 이것은 시어머니가 따르는 자애로운 율법에 감동하여 그 종교의 신성함을 인정했기 때문이다. 룻은 자신에게 친절과 배려를 보여준 시어머니 나오미를 사랑했다. 그랬기에 남편의 신앙을 따르는 것에 그치지 않고 남편의 가족과 그들이 속한 공동체, 그 역사의 일부에 속하기로 마음먹은 것이었다. 그녀는 비정한 세상에서 아무런 생계 수단도 없이 홀로 살아가야 할 늙은 시어머니에게 친구이자 구원자가 되기로 결심했다. 이처럼 룻이 선포한 동정적이며 따뜻한 말들은 현대에서도 유대교 개종 의식에 사용되고 있다.

결국 룻은 나오미를 따라 베들레헴으로 향하였고, 성경은 그들이 도착하는 모습을 다음과 같이 기록하고 있다.

「그 두 사람은 길을 떠나서 베들레헴에 이르렀다. 그들이 베들레헴에 이르니, 온 마을이 떠들썩하였다. 아낙네들이 "이게 정말 나오미인가?" 하고 말하였다」

깊은 슬픔에 잠긴 나오미는 기쁨에 넘치는 환영 속에서도 전혀 즐겁지 못했다. 그녀는 가슴이 쓰리다는 말로 자신의 심정을 대신했다.

"나는 아쉬움 없이 떠나갔는데, 주님께서 나를 빈손으로 돌아오게 하셨답니다."

나오미는 두 아들들의 죽음으로 너무나 낙심한 나머지 죽은 남편 가족의 가장 웃어른이자 자산가인 보아스Boaz를 찾아뵐 정신적 여유도, 육체적 여력도 없었다.

나오미와 룻은 보리 추수가 시작될 무렵 베들레헴에 도착하였다. 룻은 시어머니에게 들로 나가고자 했다.

"들로 나가 저에게 호의를 베풀어 주는 사람이 있다면 그 뒤에서 이삭을 주울까 합니다."

성경에 기록된 그 지방의 풍습에 따르면 땅 주인들은 가난한 자들이 자신의 땅에 떨어진 이삭을 거두어 먹을 수 있도록 허락해야 했다. 나오미는 이를 승낙했고, 그 길로 룻은 들에 나가 추수꾼들의 뒤를 따라다녔다. 성경은 이에 대해 약간 비아냥거리는 어조로 '룻은 우연히 보아스의 밭에 이르게 되었다.'라고 전한다. 보아스가 추수하는 일꾼들을 둘러보기 위해 밭으로 나갔을 때 마침 룻이 눈에 띄었다. 보아스는 추수를 담당하는 하인에게 "저 젊은 여인은 누구인고?"라고 물었다. 하인은 "나오미와 함께 돌아온 모압 출신의 젊은 아낙입니다."라고 대답하며 한마디 더 덧붙였다.

"수확꾼들 뒤를 따라다니며 이삭을 주워 모으고 있는데, 아침부터 지금까지 거의 쉬지도 않고 계속하고 있습니다."

나오미가 누구인지 알아차린 보아스는 룻에게 다가가서 이야기한다.

"딸아, 들어라. 이삭을 주우러 다른 밭으로 가지 말고 내 곁에 있거라. 수확하는 밭에서 눈을 떼지 말고 있다가 여종들 뒤를 따라가거라. 내가 종들에게 너를 건드리지 말라고 분명하게 명령하였다. 목이 마르거든 그릇 있는 데로 가서 종들이 길어다 놓은 물을 마시거라."

성경은 룻이 '얼굴을 땅에 대고 절하며' 말했다고 하지만, 그녀의 대답은 대담했다.

"저는 이방인인데 저에게 호의를 베풀어 주시고, 이렇게까지 생각해 주시니 영문을 모르겠습니다."

칭찬을 받기를 바라는 것이었을까, 아니면 오랜 과부 생활을 해온 여인으로서 남자의 관심을 끌기를 바라는 의도였을까?

머나먼 모압 땅에서 벌어진 일에 대해 익히 알고 있던 보아스는 이렇게 말했다.

"네 남편이 죽은 후 네가 시어머니를 극진히 모신 일과 네 친정 부모와 고향을 떠나 낯선 이곳으로 온 것을 알고 있다. 주님께서 네가 행한 바를 갚아주실 것이다."

룻이 대답했다.

"저의 주인님, 저에게 친절하게도 호의를 베풀어 주시는군요."

그 순간부터 룻은 보아스의 시야에 항상 들어왔고, 보아스는 그녀를 특별하게 생각했다. 그녀는 그의 배려에 감사하고 있음을 강조하며, 그런 친절을 매우 따뜻하게 받아들였다. 재력가에게 특별한 대우를 받을 기회를 잡은 그녀는 겸손함을 보였다. 이러한 그녀의 태도에 보아스는 더욱 감동했다. 그런 한편 룻은 하고 싶은 말을 하는 데도 주저함이 없었다. 그녀는 보아스가 자신을 절대로 잊지 않길 바랐다.

보아스는 식사 시간에 룻을 불러 다른 추수꾼들과 함께 밥을 먹도록 했다. 그는 룻이 배불리 먹고 남길 정도로 많은 양의 볶은 밀알을 건네주었다. 그녀가 다시 일하러 갈 때에 보아스는 일꾼들에게 룻이 이삭을 줍는 것을 허락할 뿐 아니라, 그녀를 위해서 줄기를 뽑아두라고까지 말했다. 그렇게 보아스는 자상하고 세심하게 룻을 배려해 주었다.

룻이 저녁까지 들에서 일하다가 자신이 모은 것을 들고 시어머니에게 가져왔다. 룻이 가져온 많은 양의 이삭에 놀라며 나오미가 말했다.

"오늘 어디에서 이삭을 주웠느냐? 어디에서 일을 했느냐? 너를 생각해 준 이는 복을 받을 것이다."

룻이 주인의 이름을 말하자 나오미는 보아스를 일컬어 "그분은 우리의 일가로서, 우리 구원자 가운데 한 분이시란다."라고 설명했다. 그 순간 나오미는 보아스가 죽은 남편의 뒤를 이을 후손을 갖게 해줄 수 있으리라는 데 생각이 미쳤다. 남편과 보아스는 같은 집안 사람이었기에 룻이 보아스의 자식을 낳는다면 남편의 대를 이을 수 있을 것이라 판단했던 것이다.

나오미는 험한 인생을 살아오는 동안 많이 늙었지만, 그녀의 생존 본능은 아직 시들지 않았다. 또한 그녀는 며느리 룻을 끔찍이 아꼈다. 자신은 다시 결혼하기에 너무 늙었지만, 룻은 그렇지 않았다. 또한 부유하고 자상한 동족 사람과 결혼해 풍요롭고 안정된 삶을 새롭게 시작할 수 있었다. 나오미는 절호의 기회라고 생각했다.

"얘야, 이제라도 네가 행복해질 수 있도록 너에게 보금자리를 찾아주고 싶구나."

이렇게 말하는 나오미는 더 이상 불행 속에 빠져 있는 비참한 모습이 아니었다. 그녀는 '구원자 보아스'를 룻의 남편으로 삼기 위해 비상한 계획을 꾸몄다. 그 땅에서 얼마만큼의 곡식이 열리고, 그 수확이 어떻게 진행되는지 잘 알고 있던 그녀는 그날 밤이 타작마당에서 보리를 까부르는 날임을 알고 있었다. 나오미가 룻에게 일렀다.

"목욕하고 향유를 바른 다음 겉옷을 입고 타작마당으로 내려가거라."

이것은 시공을 초월하여 모든 여성들이 남자를 유혹할 때 행하는 행위이다. 며느리보다 세상 이치에 훨씬 밝은 나오미는 경고의 말도 잊지 않았다.

"그러나 그분이 먹고 마시기를 마칠 때까지 눈에 띄어서는 안 된다. 그분이 잠을 청하려고 누우면 그분이 잠든 자리를 알아두었다가 그리로 가서 그 발치를 들치고 누워라. 그러면 그분이 네가 해야 할 바를 알려주실 것이다."

시어머니의 경험과 지혜를 신뢰한 룻은 한 치의 머뭇거림도 없이 대답했다.

"말씀하신 대로 하겠습니다."

룻은 탈곡장으로 가서 시어머니에게 들은 대로 행동했다. 성경에는 이 장면에 대해 다음과 같이 기록되어 있다.

「보아스는 먹고 마신 후 흡족한 마음으로 보리 더미 끝에 가서 누웠다. 룻은 살며시 가서 그의 발치를 들치고 옆에 누웠다. 보아스는 한밤중에 한기가 들어 몸을 뒤척이다 잠에서 깼는데, 웬 여자가 자기 발치에 누워 있는 것을 보았다. 그가 깜짝 놀라 물었다. "너는 누구냐?" 그러자 그녀가 대답하기를, "저는 주인님의 종, 룻입니다.

어르신의 옷자락을 이 여종 위에 펼쳐주십시오. 어르신은 저의 구원자이십니다." 이미 완전한 성년인 대지주 보아스는 자신의 마을에 새로 온 여인 중 가장 결혼하기에 적합한 이의 제안이 틀림없이 반가웠을 것이다. 그는 평소 관심을 갖고 지켜보았던 젊은 여자가 자신에게 마음을 보이는 것에 감동했다. 룻을 처음 만났을 때 보아스는 자신의 딸 정도의 나이밖에 먹지 않은 그녀를 "딸아!"라고 불렀었다. 하지만 그는 이제 고백한다. "딸아, 너는 주님께 복을 받을 것이다. 네가 가난뱅이든 부자든 젊은이들을 좇아가지 않았으니, 네 효성을 전보다 더욱 극진하게 드러낸 것이다."」

보아스는 온화하고 자상한 말투로 룻에게 동트기 전까지만 그의 발아래에 누워 있으라고 말했다. 그녀의 평판을 염려한 보아스는 타작마당에 여자가 왔었다는 사실이 알려지면 안 된다고 생각했던 것이다. 그리고는 그녀에게 무엇이 필요한지를 물었고, 먹을 것을 챙겨 가라며 룻이 입었던 겉옷에 보리 여섯 되를 퍼서 담아주었다.

고대로부터 현재에 이르기까지, 음식을 나누어 주는 것은 사랑을 표현하는 일종의 방법이라 볼 수 있다. 아이들에게, 배우자에게, 그리고 친구에게 주는 음식 속에는 우리의 시간과 노력과 애정이 깃들어 있다. 이처럼 음식을 제공하는 모습은 이브와 사라, 아비가일, 에스더, 심지어 이세벨의 사랑 이야기 속에서도 반복적으로 나타난다. 성경 속의 여성들은 남자에게 위안을 주고 그들을 유혹하기 위해 음식을 제공하였다. 여기서 '음식'은 남성들의 사랑을 얻기 위해 제시하는 '현금'과도 같다.

나오미는 룻에게 보아스의 마음을 얻기 위해 해야 할 일을 말해주었는데, 보아스가 식사 후 기분이 좋아질 때까지 기다린 뒤에 다가가야 그가 룻에게 마음을 열 것이라고 충고했다. 그러나 보아스는 룻과 그녀의 시어머니에 대해 걱정하며 먹을 것을 제대로 챙겼는지를 살필 뿐이었다.

룻은 자신의 대담한 행동이 '거절'과 '수모'라는 비참한 결과를 가져올 수도 있다고 생각했다. 보아스가 그녀에게 호되게 호통을 치며 집으로 돌려보낼지도 모를 일이었다. 그럴 경우 그녀의 위신은 땅에 떨어져 다시는 고개를 들고 다니지 못했을 것이다. 그러나 나오미의 동족인 보아스는 가족과 친척의 안녕을 책임지는 사람이었다. 그 지방의 관습법과 풍습 또한 아무리 먼 친척이라도 아이 없는 과부와 결혼해 그 가족이 대를 이어갈 수 있도록 하는 것을 권장했다. 따라서 룻은 보아스가 친척으로서의 의무를 이행해 줄지도 모른다는 희망을 가지고 용기를 냈던 것이다.

룻이 보아스에게 그의 옷자락으로 자신을 덮어달라고 부탁했던 것은 청혼과 같은 의미이다. 또한 보아스가 그의 옷자락(문자 그대로 그의 겉옷의 날개)을 펼쳐 그녀를 덮어준 행위는 정식으로 결혼하여 그녀를 보호해 주겠다는 암시이다. 룻이 온기를 느끼기 위해 그에게 좀 더 가까이 다가가면서 둘 사이의 거리가 좁혀졌을 것이다. 이는 앞으로 이들이 살아가는 동안 육체의 관능적인 기쁨을 함께 즐길 수 있으리라는 것을 뜻한다.

룻과 보아스는 새로 벤 보리 더미들에 둘러싸여서는 서로의 상쾌

한 체취를 맡으며 함께 누워 있었다. 성경은 그 밤, 그들 사이에 어떤 일이 일어났는지에 관하여는 기록하지 않았지만, 알차게 익은 보릿단을 통해 '비옥함'과 '풍성함'을 상징하고 있다.

나오미의 계획은 결국 값진 결실을 맺었다. 보아스는 룻에게 율법에 따라 할 수 있는 모든 것을 제공해 주기로 결심하였던 것이다. 그 결심을 증명이라도 하듯, 그는 장로들과 마을 사람들 앞에 서서 '고인의 이름을 그의 소유지에 세워, 고인의 이름이 형제들 사이에서 그리고 그의 고을 성문에서 없어지지 않도록'이라는 말을 하였고, 이는 곧 룻을 아내로 삼겠다는 그의 의지를 뜻한다. 그리고 그 지역에 있던 나오미의 죽은 남편의 땅과 그녀의 지위를 회복시켜 주기도 했다. 이 이야기는 나오미가 룻과 보아스의 약혼식에 참석하여 그들이 서로 믿음과 사랑으로써 부부의 연을 맺는 장면을 통해 정점을 이룬다.

룻은 보아스의 아들이자 나오미의 손자를 낳는다. 그의 이름은 오벳Obed으로, 그는 장차 이스라엘의 왕이 될 다윗의 할아버지이자 이새Jesse의 아버지이다. 40년 동안이나 이스라엘을 다스린 전설적인 용사이자 시인으로 일컬어지는 다윗 왕의 증조할머니인 룻은 이스라엘 민족의 역사 속에서 용감한 여인으로 기억되고 있다.

타작마당에서 벌어진 이 계획적인 유혹은 철부지 아이들이 아닌 도덕적이고 책임감 있는 성인들 사이에서 일어난 일이다. 『시편』은 룻의 성적인 대담함과 유혹적인 행위에 대해 비난하지 않는다. 대신 인간이 갖고 있는 모든 본성을 받아들이고, 이를 유리하게 활용하여 이와 함께 더불어 살아가라고 말한다.

인간의 역사이자 도덕규범을 담고 있는 구약은 불행한 처지를 비관하고 삶을 포기하는 것이 아닌, 자신의 모든 역량을 이용해 운명을 개척해 나가는 여성들을 칭송한다. 룻은 이방인에다가 자식도 없는 과부였지만, 결국 레위 법에 따라 그 사회 내에서 영예로운 지위를 얻었다. 이 법은 『창세기』에서 시아버지 유다Judah를 꾀어내 죽은 남편의 후사를 잇게 한 다말Tamar에게 적용됐던 바로 그 법이다. 다말과 룻은 모두 개척 정신이 뛰어난 여인들이었다. 이들은 자신에게 다가온 기회를 포착해 냈고, 자신의 신념대로 행동할 수 있는 용기를 갖고 있었다.

『룻기』에 쓰인 이야기 가운데 가장 인상적인 부분은 남편과 부를 잃은 상실감 속에서도 살아남으려고 애쓰는 나오미와 룻의 *끈끈한* 정과 강인함이다. 나오미는 며느리를 구박하는 전통적인 시어머니의 모습이 아닌 자상하고 이해심 많은 여인이었다. 그녀는 지혜로왔고, 사람의 마음을 잘 간파하였으며, 위기 상황에 대처하거나 기회를 포착하는 능력이 뛰어났다. 즉, 깊은 연륜으로부터 우러나오는 지혜를 갖춘 이상적인 성인의 모습이었다. 나오미가 며느리에게 바랐던 애정 어린 소망이 한 가지 있었다면 그녀가 남편의 보호 아래에서 살아가는 것이었다. 그 소망이 이루어질 기회가 왔을 때, 나오미는 룻이 그 행복을 쟁취할 수 있도록 적절한 충고와 조언을 해주었다.

톨스토이Tolstoy의 말처럼, 여성들은 숭고하고 시적인 사랑의 감정이 비단 도덕성으로부터만 비롯되는 것이 아니라 표면적인 이유들, 예를 들어 서로 얼마나 자주 만나는지, 머리 스타일은 어떠한지, 어떤 색깔과 스타일의 옷을 입었는지 등으로부터 영향을 받는다는 사실을 아주 잘 알고 있다. 따라서 나오미는 룻에게 보아스의 마음을 얻기 위해서는 그에게 최대한 아름답게 보여야 한다고 일러주었으며, 그가 포만감에 빠져 긴장이 풀어지는 바로 그 순간에 접근하라고 말했다. 하지만 무엇보다 중요한 것은 정말 믿을 만하고 존경할 만한 남자를 만났을 경우에만 이러한 방법을 사용해야 한다는 것이다.

이 이야기는 룻의 재혼으로 결말을 맺지만, 두 여인의 사랑과 우정은 변함없이 이어진다. 룻이 나오미의 손자를 낳자 마을의 여자들은 "그대를 이토록 사랑하고 존경하는 당신의 며느리가 손자를 낳아주었다"며 나오미를 축하하고 부러워했다. 현대의 여성들과 마찬가지로 성경 시대의 여성들 또한 기쁠 때나 슬플 때 마음을 터놓을 수 있는 주변 사람들과 이를 나누었고, 위로받고 싶어 했다. 이처럼 여성들은 그들 간의 유대 관계를 통해 살아가는 데 힘과 용기를 얻는다.

룻과 나오미의 이야기는 여성들이 서로의 공로를 인정하고, 상대방의 호의와 배려에 대해 보답함을 보여주는 대표적인 예이다. 어려운 이를 불쌍히 여길 줄 아는 사람만이 그 비극적인 상실감을 위로할 수 있고, 그러한 의로운 삶을 사는 이는 신과 주변인들로부터 보상받는다. 이처럼 『룻기』는 성경의 다른 이야기들과 달리 악당의 등장이나 극심한 갈등 없이 기근에서 풍요로, 가족의 죽음에서 후손의 탄생으로 이어지며 행복한 결말을 맺는다.

《에스더 이야기》

『에스더The Book of Esther』는 기원전 4세기경, 유대인들이 페르시아에 망명하여 연약한 소수민족으로 살아갈 당시를 배경으로 하고 있다. 호색적인 페르시아의 왕, 아하수에로Ahasuerus(오늘날 크세르크세스 Xerxes 1세로 알려짐)는 에티오피아에서 인도에 이르는 127개의 주를 다스리던 절대군주로서 폭정을 펼쳤다.

페르시아어로 '별'을 뜻하는 에스더는 사촌이자 베냐민Benjamin 친지 중 한 사람인 모르드개Mordecai에게 입양되었다. 아하수에로는 자신이 다스리는 각 지방에서 아름다운 젊은 처녀들을 뽑아 오라고 명령했고, 그 중에는 에스더도 끼어 있었다. 아하수에로는 그들 중 한 명을 왕후 와스디Vashti를 대체하는 왕비로서 삼으려 했다.

와스디 왕후는 알몸으로 궁정에 나오라는 왕의 명령을 거부해 궁 밖으로 쫓겨난 여왕이었다. 당시 술에 취해 있던 아하수에로 왕은 왕비의 아름다운 용모를 온 백성과 고관들에게 보여주려는 심산이었다. 하지만 그녀는 왕의 명령을 거부하였고, 그로 인해 왕궁에서 쫓겨난 것이었다. 이 점으로 미루어 보아 와스디 왕후는 초창기의 페미니스트였다고 할 수 있다. 성경은 이 사건 이후 와스디 왕후가 더 이상 아하수에로 왕 앞에 나타나지 못했다고 전한다.

에스더는 왕을 대면하기 전까지 다른 처녀들과 함께 수산Shushan의 왕궁에 모여 외부 세계와 단절된 채 살았다. 이때 그녀의 양부 모르드개는 에스더가 잘 있는지, 그녀에게 무슨 일이 일어난 건 아닌지 알아보기 위해 후궁 뜰 앞을 서성거리고는 했다. 모르드개가 에스더에게 민족과 혈통에 대해 밝히지 말라고 당부하였기에 그녀는 자신의 신분에 대해서는 함구하였다. 모르드개는 왕에게 조언하는 궁중인으로서, 자신의 종족인 이스라엘의 이익을 위해 항상 노력하였고, 어려운 환경에서 끝까지 살아남는 지혜 또한 터득한 인물이었다.

에스더는 왕을 정식으로 알현하기 이전까지 왕궁의 법도와 첩으로서 지켜야 하는 생활 방식 등을 익혔다. 아름다운 여인인 그녀는 여섯 달 동안 몰약과 향유로, 나머지 여섯 달 동안은 발삼과 화장수로 몸을 가꾸었다. 왕을 알현하기 위해 에스더가 했던 치장은 아브라함의 아내 사라가 파라오의 후궁으로서 그의 하렘에 들어가던 장면을 연상케 한다.

처녀들은 왕을 대면하기 전까지 오랫동안 갇혀 지냈다. 환관들은 그녀들이 에스더 왕의 품에 안기기도 전에 임신을 하거나, 병이 들어 앓는 일이 없도록 관리했다. 비로소 여자들이 왕을 알현하게 되었을 때 그녀들은 저녁때 왕을 찾아갔다가 아침에 돌아왔는데, 만일 그 후에 왕으로부터 부름을 받지 못하면 더 이상 왕을 만날 수 없었다. 아하수에로의 후궁들은 아라비안나이트에 나오는 여인들에 비하면 훨씬 대우가 좋은 셈이다. 아라비안나이트의 여인들은 왕에게 처녀성을 바친 다음 날 아침 죽음을 당했고, 그날 저녁이면 또 다른 처녀가 왕에게 바쳐졌다.

아하수에로 왕이 통치를 시작한 지 7년 후에 드디어 에스더는 왕의 부름을 받았다. 그리고 그날 밤 이후 왕은 에스더에게 흠뻑 빠져 다른 어떤 여자보다도 그녀를 가까이했고, 에스더는 왕의 귀여움과 총애를 한 몸에 받는 여인이 되었다. 그렇게 왕은 에스더의 머리에 왕관을 씌우고는 그녀를 와스디 대신 왕비로 삼았다.

그즈음, 왕궁 문 앞을 거닐던 모르드개는 거대한 음모를 알게 되었다. 두 명의 환관이 왕을 시해하려는 계획을 꾸미고 있다는 것을 알았고, 그는 즉시 그 사실을 에스더 왕후에게 전했다. 왕후는 모르드개의 이름으로 그것을 다시 왕에게 알렸다. 그 결과 음모를 꾸민 두 명의 환관은 말뚝에 꿰찌르는 형을 당했다.

그 일이 일어나고 얼마 지나지 않아 왕은 하만Haman이라는 신하를 가장 높은 고관으로 임명하였다. 그리고 궁궐 대문에서 근무하는 왕의 모든 시종들이 하만 앞에서 무릎을 꿇고 절하도록 명령했다. 그런데 모르드개는 무릎을 꿇으려고도 절을 하려고도 하지 않았고, 이로 인해 하만은 분노했다. 모르드개가 유대인이란 사실을 알게 된 하만은 아하수에로 왕국 전역에 있는 유대인들을 몰살키로 작정하였고, 그 민족에 대해 알아보지도 않은 채 왕에게 다음과 같이 청하였다.

"왕의 왕국의 모든 주에는 저희끼리만 따로 떨어져 사는 민족이 하나 있습니다. 그들의 법은 다른 모든 민족들의 법과 다릅니다. 그뿐 아니라 그들은 왕의 법마저도 지키지 않습니다."

하만은 왕에게 이들에 대한 칙령을 내리도록 간구하였고, 왕은 그의 제안을 받아들여 모든 지방의 관리들에게 칙령을 내린다.

"남자와 여자, 어린이에서 노인에 이르기까지 모든 유대인들을 열두째 달인 아다르Adar 달 열 사흗날 한날에 죽여 절멸시키고, 그들의 재산을 몰수하라!"

모르드개는 재빨리 궁정에서 일어나는 상황을 파악하고는 제 옷을 갈기갈기 찢으며 애통해 했다. 왕의 분부와 어명이 도착한 곳마다 유대인들은 탄식하며 통곡하였고, 모르드개는 이 재앙을 피해 갈 방법을 궁리했다.

그는 에스더의 시중을 드는 환관을 통해 칙령의 내용을 딸에게 알리고는 '왕에게 나아가 자비를 간청하고, 너의 민족을 위하여 사정하라'는 당부의 말을 전했다. 하지만 이를 전해 받은 에스더는 매우 걱정하였다. 그녀는 자신의 아버지 모르드개에게 '왕의 부름을 받지 않은 채 왕의 궁에 들어가는 자는 누구든 죽음을 면치 못한다'는 설명의 답장을 보냈다. 누가 감히 그런 모험을 감행하고 싶겠는가. 그녀는 지난 30일 동안 왕이 자신을 부르지 않았다면서, 이제 그녀에 대한 열정이 가라앉은 건 아닌지 우려하는 속내 또한 내비쳤다. 이에 모르드개는 '왕궁에 있다 해서 모든 유대인들 가운데 왕비만 살아남으리라는 생각은 버리시오. 그대가 이런 때에 정녕 침묵을 지킨다면, 유대인을 위한 해방과 구원은 다른 곳에서 일어날 것이오. 그러나 그대와 그대의 아버지 집안은 절멸하게 될 것임을 명심하오. 누가 알겠소? 지금과 같은 때를 위하여 그대가 왕비 자리에까지 이르렀는지.'라고 전하며 단호한 뜻을 굽히지 않았다.

이 같은 말들은 디아스포라Diaspora(분산 유배)로 살아가게 될 유대인의 어려움을 암시하고 있다. 20세기 중반, 자기 자신은 어떠한 이

334

유에서든 나치의 대량 학살에서 면제될 수 있다고 믿었던 유태인들은 결국 그 생각이 틀렸다는 사실을 알게 되었다. 유태인이라면 나치의 애인들까지도 가스실에서 최후를 맞이했던 것이다.

이윽고 에스더가 모르드개에게 전해 준 서신은 그녀의 새로운 결심을 보여준다.

「가서 수산Shushan에 살고 있는 모든 유대인들을 모아 저를 위하여 함께 단식에 들어가게 해주십시오. 사흘 동안 밤이고 낮이고 먹지도, 마시지도 마십시오. 저도 마찬가지로 저의 시녀들과 함께 단식하겠습니다. 그 후, 비록 법을 거스르는 행동이긴 하지만 왕의 부름 없이도 그분께 나아가렵니다. 그러다 설령 죽게 된다 하더라도 이 몸, 기꺼이 이스라엘 민족을 위해 그 죽음을 받아들이겠습니다」

에스더는 자신의 미모와 지력을 믿었고, 자신이 가진 유일한 무기인 성적 매력과 음식 솜씨로써 그 잔혹한 명령을 중단시키기로 결심했다. 그녀는 음식과 술 그리고 여자에 대한 왕의 끝없는 탐욕을 자신에게 유리한 쪽으로 이용할 수 있을 것이라 판단했던 것이다.

여느 때보다 세심하게 공들여 치장한 에스더는 왕의 방으로 향했다. 물론 왕이 먼저 그녀를 부른 것은 아니었다. 다행히 아하수에로는 왕비를 보자 기분이 좋아졌다. 그리고 현대 심리학자들이 남근의 상징이라고 해석하는, 손에 잡고 있던 황금 홀(왕권의 상징으로 왕이 갖는 것)을 내밀어 에스더가 그 끝을 잡게 했다.

"에스더 왕비, 무슨 일이오? 그대의 소원이 무엇이오? 원한다면 왕국의 반이라도 그대에게 주겠소."

에스더는 왕과 하만을 자신이 베푸는 잔치에 초대하고 싶다고 청하였다. 포도주를 마시고 음식을 배불리 먹은 후, 왕은 다시 에스더에게 무엇을 원하는지 물어보았다. 그녀는 다시 한번 자신이 마련한 연회에 왕이 하만과 함께 행차해 주시기를 원한다고 했다. 그녀의 거듭된 청에 호기심이 발동한 아하수에로 왕은 잔치에 참석하겠다고 약속한다.

에스더는 잔치에서 왕과 하만에게 술과 음식을 부지런히 권했다. 왕은 하만이 있는 자리에서 에스더의 소원이라면 무엇이든 들어주겠다던 약속을 다시금 언급한다. 이는 위기와 기회가 교차하던 순간이었다. 이때 그녀는 지체 없이 이렇게 말한다.

"왕이시여, 왕께서 진정으로 제게 마음을 품으신다면 제 목숨을 살려주십시오. 이것이 저의 소청입니다. 아울러 제 민족 또한 살려주십시오. 이것은 저의 소원입니다. 사실 저와 제 민족은 파멸되고, 죽음을 당하고, 절멸되도록 이미 팔려 나간 몸입니다."

이로써 왕은 하만이 에스더와 그녀의 민족을 절멸시킬 계획이었다는 사실을 눈치 챘고, 이에 분노하여 하만이 모르드개를 꿰뚫어 죽이려 했던 말뚝으로 그를 찔러 죽인다. 에스더의 민족이 몰살당하기로 예정되었던 그날, 이스라엘 민족은 자신들을 죽이려 했던 장본인을 죽이고 승리를 쟁취하였다. 성경에는 '그리고 모든 주와 모든 도시, 왕의 칙령이 당도한 곳곳에서 유대인들이 기뻐하고 즐거워하였으며, 그날은 잔치와 경축의 날이 되었다.'라고 기록되어 있다.

『에스더』에는 주 하나님의 이름이 단 한 번도 언급되어 있지 않을 뿐더러 금식 이외의 유대인의 종교 행위가 전혀 그려져 있지 않다. 따라서 이 책이 과연 성경에 포함되어야 할지에 관한 논란이 분분해 왔다. 그러나 이 모든 사건들 뒤에는 하나님의 보이지 않는 손이 움직이고 있었다는 사실을 알 수 있다. 모르드개가 에스더에게 그녀가 왕비가 될 수 있었던 것은 결코 우연히 아니라고 지적했던 것처럼, 그녀는 이스라엘 민족을 구원하기 위하여 그 위치에 올랐던 것이다.

해마다 히브리 달력으로 아달Adar 월 13일째가 되면 전 세계의 유대인들은 에스더의 승리를 기념하여 부림Purim이라 불리는 명절을 즐긴다. 유대인이라면 남녀노소를 불문하고 모두 옷을 차려입고, 『에스더』가 수록된 유대의 두루마리 책인 『메길라Megillah』가 낭독되는 동안 하만의 이름이 언급될 때마다 조롱과 야유를 보낸다. 작은 소녀들은 뺨과 입술에 립스틱을 바른 채 아름다운 왕비, 에스더 역할을 얻기 위해 경쟁하고, 남자 아이들은 모르드개 혹은 아하수에로, 심지어 악당 하만 역할을 맡아 으스대며 걷는다.

이 이야기는 몇 가지 중요한 메시지를 전하고 있다. 성경은 하만이라는 인물을 통해 증오가 집착으로 변하면 하나의 민족을 학살할 수도 있는 인간의 사악한 면을 보여준다. 그는 모르드개에 대한 개인적인 불만으로 이스라엘 민족을 학살하려는 계획을 세우다 결국 자신이 말뚝에 박혔고, 이를 통해 유대인들은 비로소 자신들을 보호할 수 있는 법적 위치를 부여받았다. 그로부터 몇 세기가 지나 더 이상 그들을 구해 줄 에스더가 존재치 않던 시절, 유대인들은 또다시

대량 학살의 위기를 맞았다.

에스더 이야기는 한 명의 통치자에게 절대 권력을 쥐여주는 것이 매우 위험천만한 일임을 보여준다. 이 이야기 속의 절대 군주는 수많은 처녀를 범하였고, 자신의 어전에 초대받지 않은 채 출입하는 자라면 가리지 않고 사형에 처하였다. 하지만 그렇다고 해서 그가 특별히 악한 사람이었다고 볼 수는 없다. 오히려 그는 '권력은 부패하고, 절대 권력은 절대적으로 부패한다'는 격언을 보여주는 대표적인 인물이었다. 현대 사회에도 기원전 4세기의 아하수에로 왕보다 더 극심한 행동들을 일삼는 절대 권력자들이 가득하다.

에스더의 의부인 모르드개의 성품에 대해서는 여전히 논란의 여지가 있다. 모르드개는 에스더가 왕의 후궁으로서 쓸쓸하고 비참한 삶을 살 수 있었음에도 자신의 피와 살이 섞이지 않은 의붓딸이었기에 왕의 하렘으로 들여보냈던 걸까? 그는 진정 자신의 딸이 이스라엘 민족을 위해 목숨을 걸기를 바랐던 걸까? 아니면 자신뿐만 아니라 그의 민족 전체가 위기에 처했기 때문에 그에게는 선택의 여지가 없었던 걸까?

성경이 이러한 모든 이야기를 묶어 『에스더』라고 이름 붙인 것은 어쩌면 당연한 일이다. 에스더는 처음에 순종적이고 고분고분한 고아 소녀였다. 그녀는 광대한 페르시아 제국에 사는 힘없고 미천한 이방인에 불과했다. 왕국에 입궐한 후, 그녀는 자신의 아버지 모르드개가 이른 대로 진짜 신분을 숨긴 채 굴욕 속에 살아야만 했다. 언제나 남들에게 의지하며 순종하였고, 권력을 쥔 자들의 비위를 맞추며 살아남는 법을 배웠던 것이다.

에스더라는 인물은 자신의 생명을 유지하기 위해 납작 엎드려 눈치만 보던 연약한 여인에서 절체절명의 위기에 몰린 순간 민족의 대변인으로 돌변한다. 성경은 이를 통해 자신의 비밀과 자기 연민을 벗어던지고 자존감과 자기 신뢰로서 당당한 사람이 되는 순간 성숙한 인간으로 거듭날 수 있음을 보여준다.

에스더는 자신의 정체성을 밝힌 이후 자유로운 인간으로 다시 태어났다. 우리는 이 이야기에서 에스더가 자신의 용기, 성적 매력 그리고 정치적인 지혜를 발휘해 민족을 구원하고 정의를 회복하는 데 앞장서는 모습과 함께 가녀린 한 소녀가 당당한 여인으로 성장하기까지의 과정 또한 볼 수 있다. 이처럼 에스더 이야기는 연약한 어린 여인이 위험하고 복잡한 상황 속에 던져졌다 할지라도 도덕성과 신앙심을 간직한다면 모든 어려움을 헤쳐 나갈 수 있음을 증명한다.

수 세기 후 한 랍비가 이렇게 말했다.

"양처럼 행동하는 사람은 양처럼 잡아먹힐 수 있다."

위기에 처하면 강해져야 한다. 위험한 상황 앞에서 포기하거나 지레 겁을 먹는다면 그 상황에 결국 사로잡혀 버릴 것이다.

"이 몸, 기꺼이 이스라엘 민족을 위해 그 죽음을 받아들이겠습니다."

에스더는 이 당찬 말과 함께 이름 없던 여인에서 성경 속의 여걸로 거듭나 지금까지 우리의 기억 속에 당당한 여인으로 남아 있다.

제14장
솔로몬의 노래

　『솔로몬의 노래The Song of Songs(아가)』는 성경에 나오는 여성들의
성과 욕망을 다양한 각도로 해석하고, 남녀 사이의 열정적인 사랑과
관능을 아름답게 묘사하고 있다. 특히 성경에 나오는 여성의 바람과
열망에 초점을 맞추어 그들의 심리를 시적으로 표현하고 있다. 여성
들을 단지 한 남자의 아내나 어머니, 여동생이나 며느리로서의 전통
적인 역할에 국한시키지 않고, 불임으로 고통받는 여성의 모습만을
부각시키지 않으며, 가부장적인 사회 구조에서 여성들이 대면하는
어려움을 담고 있지 않다. 『솔로몬의 노래』는 사랑에 빠진 젊은 여
인의 감수성을 세심한 언어로 표현한다.
　여기서 화자는 술람미Shulamite로, 갓 결혼한 새색시이다. 『솔로몬
의 노래』는 다음과 같이 시작된다.

감미로운 당신과의 입맞춤을 원해요.

그것은 당신의 사랑이 포도주보다 달콤하기 때문입니다.

당신의 향긋한 그 내음.

당신의 이름은 부어놓은 향수 같아요.

아가씨들이 당신을 사랑하는 것도 이상한 일이 아니지요.

나를 빨리 데려가 주세요.

나를 당신의 침실로 데려가 주세요. 오, 왕이시여.

이 노래는 다음의 시로 끝을 맺는다.

동산에 있는 그대여,

내 친구들이 그대 목소리를 들으니 나 또한 듣게 하오.

"나의 사랑하는 이시여, 빨리 오세요.

향나무 우거진 산들을 달리는

노루나 젊은 수사슴처럼 달려오세요."

위의 시들은 누군가에 대한 궁금증과 그에 대해 알고 싶어 하는 '열망'을 담고 있다. 이 시들은 두 연인의 대화를 시작으로, 그들이 서로에게 느끼는 완전한 기쁨과 동등함에 초점을 맞추어 관능적인 사랑에 대한 염원을 노래한다. 또한 시 속 연인들이 자아를 잃어버릴 정도로 도취되는 완전하고도 자발적인 기쁨을 섬세한 언어로 표현하고 있다. 시 안에 담겨 있는 에로티시즘은 상상력을 바탕으로 하여 두 연인이 서로에게 느끼는 존경심과 너그러움을 생생하게 그려낸다. 이 연인들은 자신이 느끼는 감정과 상대에 대한 찬사를 솔직하고도 경쟁적으로 주고받으며 서로를 유혹한다.

위대한 랍비 아키바Akiva는 2천 년 전 "성경의 모든 기록은 성스럽다. 그러나 『솔로몬의 노래』는 그중 가장 성스럽다."라고 말한 바 있다. 『솔로몬의 노래』는 사랑의 시를 담아놓은 성경의 보물창고라 할 수 있다. 서른아홉 권으로 구성된 구약 중 『솔로몬의 노래』는 여덟 개의 장을 이루는데, 이는 성경 중 가장 짧은 분량이다.

『솔로몬의 노래』에 담긴 에로티시즘은 성적 이미지와 언어, 순수하고 포괄적인 감정을 담고 있으며 이는 오늘날에도 흔히 쓰이는 심상이다. 이 시들에 담겨 있는 로맨티시즘은 현대인들에게 익숙할 정도의 대담함을 갖추고 있다. 때문에 『솔로몬의 노래』는 대담한 가사와 강한 리듬을 사용하는 현대 대중음악에 익숙한 10대들마저 당황스럽게 만든다. 특히 여성의 마음을 노골적으로 비유하거나 비하하는 대목에서는 요즘 사람들도 얼굴을 붉힐 정도이다.

다음의 시는 연인에게 가까이 다가가고 싶어 하는 한 여인의 대담하고도 솔직한 소망을 그리고 있다.

나는 잠자리에서 밤새도록
내가 사랑하는 이를 찾아다녔네.

그이를 찾으려 하였건만, 결국 찾아내지 못하였다네.

나 일어나 성읍을 돌아다니리라.

거리와 광장마다 돌아다니며

내가 사랑하는 이를 찾으리라.

정녕 당신은 향기로운,

당신은 몰약이며 알로에입니다.

모든 여인들이 당신을 원하고 있죠.

내 손을 잡고 우리 함께 달려가요!

나의 연인, 나의 주인은

그의 침실로 나를 데려다 주었죠.

당신과 나는 함께 웃으며

와인보다 더 달콤한 입맞춤을 나눌 거예요.

보통 성경의 다른 내용들과 달리 『아가』에는 역사나 윤리적인 덕
목, 한 민족의 형성에 관한 이야기가 전혀 담겨 있지 않다. 이 노래들
은 있는 그대로 해석할 수도 있고, 은유적인 표현으로 볼 수도 있다.

젊은 남성은 여성을 '포도밭' 가운데 있는 '숨겨진 정원'이라고
노래한다. 이는 그들이 처음 만난 장소를 설명할 수도 있지만, 여성

의 신체에 대한 은유적인 묘사이기도 하다. 감성과 정서, 상상력을 동원하여 이 시들을 읽는다면 묘한 흥분을 느낄 수 있다. 관능적인 은유들을 하나하나 음미하다 보면 우리의 상상력은 대담하고 열정 적인 사랑의 장면에까지 미친다.

『솔로몬의 노래』는 다양한 어조로 낭독할 수 있다. 그 안에는 술 람미라는 젊은 여성의 목소리, 그녀를 걱정하는 오빠들의 노래('누가 구혼이라도 하는 날이면 우리 누이를 어떻게 해야 하나?'), 그리고 술람미의 연인의 목소리가 포함되어 있다. 또한 술람미를 놀리는 예루살렘 여 자들의 목소리 또한 들린다. 예루살렘의 딸들은 술람미를 향해 노래 한다.

여인들 중에 가장 아름다운 아가씨여,
그대 애인은 어디로 갔나요?
어디로 가셨는지
우리가 그대와 함께 그를 찾을 것입니다.

이 시는 신이 자식들에게 내려준 행복한 삶, 성의 즐거움을 증명 하는 축하의 노래이다. 물론 욕망, 성적 질투심, 사랑에 관한 이야기 는 이브, 사라, 리브가, 룻 등 많은 여인들의 일화에서도 찾아볼 수 있다. 그러나 『아가』는 성을 가장 대담하면서도 에로틱하게 그리고 있다.

『아가』에 수록된 여덟 편의 시는 만남, 이별 그리고 재결합에 이르기까지, 연인이 느낄 수 있는 모든 감정과 사건들을 기록하고 있다. 이 시들을 읽다 보면 누가 누구에게 말하고 있는지가 모호할 때가 있는데, 이는 시의 구절들이 서로 얽혀 있고, 시행의 구분이 명확하지 않기 때문이다. 연인은 '한 몸'이 되었다가 헤어지고, 또다시 한 몸이 되어 서로를 더 깊이 '알아간다'. 이 시를 읽다 보면 아담과 이브가 에덴동산에서 선악과를 나누어 먹으며 서로를 인식하는 과정을 떠올리게 된다.

이 연인의 밀회는 봄에 이루어진다. 척박한 땅에서 크로커스와 백합이 막 피어나기 시작할 무렵, 두 연인은 아름다운 자연을 찬미하며 부끄러움과 죄책감 없이 마음껏 사랑을 즐긴다. 남자는 연인을 '닫힌 정원' 혹은 '숨겨진 우물'이라고 표현하는데, 이는 누구도 접근하지 못했던 비밀스런 장소가 그에게만 허락됨을 의미한다.

아, 그대는 아름다워, 정말 아름다워!
가리개 너머 그대의 두 눈은 비둘기 같고
그대의 머리는 길르앗Gilead 비탈을 내려닫는 염소 떼 같아.

그대 입술은 홍색 실 같아.
그대 입은 아름다워라.

그대의 두 젖가슴은 새끼 사슴 한 쌍 같아.
백합화 꽃밭에서 풀을 뜯는 쌍둥이 노루 같아.

산들바람이 불고, 땅거미가 지기 전
나는 몰약 산으로, 유향 언덕으로 가리라.

나의 누이, 나의 신부여,
그대는 비밀의 동산이오.
그대는 덮어놓은 우물, 울타리를 두른 샘이오.

여자는 열정적이었다가 이내 다시 부끄러워하고, 애인을 적극적
으로 원했다가도 이러한 욕망을 스스로 자책한다. 다음의 시에서 여
자는 달아날 것처럼 애태우는 사랑의 감정, 그리고 연인을 찾아 나
서겠다는 의지를 보여준다.

내 사랑하는 자를 위하여 문을 열었으나
내 사랑하는 이는 떠나고 없네.
그가 가시다니, 내 마음이 무너지네.
내가 그를 찾았으나 찾지 못했네.
그를 불렀으나 대답이 없네.

예루살렘 아가씨들이여, 내가 부탁합니다.
혹시 내 사랑하는 님을 만나거든
내가 사랑 때문에 병이 났다고 전해 주세요.

이 젊은 여성은 자신의 연인을 묘사하는 데 강한 이미지를 사용한
다. 그는 힘이 세고, 레바논의 향백나무처럼 굳건한 모습을 지녔지
만, 부드럽고 친절하기도 하다.

그의 머리는 정금 같고
그의 머리털은 곱슬곱슬하고
검기가 까마귀 같아요.

그의 두 팔은 황옥이 박힌 황금방망이 같고
그의 몸은 청옥으로 장식한 빛나는 상아 같아요.
그의 두 다리는 정금 받침에 세운 대리석 기둥 같고
그의 모습은 레바논 같고
백향목처럼 멋지답니다.

그의 입은 달콤하기 그지없어요.
그의 모습은 정말 멋져요.
이분이 저의 애인이랍니다.
예루살렘 아가씨들이여,
이분이 저의 친구랍니다.

이 시는 사랑을 이 세상에서 가장 강력하고 열정적인 감정이라고

설명하는 마지막 부분에서 최고조를 이룬다.

> 사랑은 죽음같이 강하고,
> 그 질투는 무덤같이 끈질기니,
> 그 사랑은 불꽃처럼,
> 강력한 불길처럼 타오르네.
> 사랑은 바닷물로 끌 수 없고
> 강물로도 어림없네.

　『아가』는 사랑, 욕망, 기쁨, 남녀 간의 관계를 찬미하며 연인의 관대함과 자유로움을 놀라울 정도로 대담하게 묘사하고 있다. 그들은 서로의 사랑에 대한 의심 없이 자신의 감정을 솔직하게 표현하며, 자유롭고 진지하게 노래한다. 직접 시로 대화하기도 하고, 다른 사람들에게 자신의 연인에 대해 이야기하기도 한다. 어떤 시는 꿈에 대해 노래하고, 어떤 시는 상상과 환상의 나래를 펼친다. 그렇게 연인들은 서로에 대한 찬사와 존경의 언어를 노래로써 주고받는다. 이들의 노래에는 닳고 닳은 아첨의 말보다 젊은이들 특유의 신선한 열정과 진지함이 담겨 있다. 동등한 위치에서 자신감에 충만한 이들 연인은 서로를 밀고 당기는 놀이에 여념이 없다. 또한 이 시들은 성경의 다른 이야기들과 달리 여성적인 감수성으로 가득 차 있다.
　『아가』는 이스라엘의 초목과 동물, 친근한 장소들을 보여주며 그 땅 안에서 펼쳐지는 사랑의 이야기로 가득 차 있다. 여자는 자신을

'샤론의 장미' 라고 칭한다. 샤론의 장미는 지중해 연안의 평야에서 자라는 꽃의 이름이다. 시에는 사해 연안에 있는 아인 게디Ein Gedi와 예루살렘에 있는 다윗의 성도 나온다. "나의 연인이여, 예루살렘과 같이 아름다워요."라고 말하며 이스라엘의 수도 예루살렘을 연인의 아름다움에 비교하기도 한다. 또한 여인은 연인의 우아함을 과장된 언어로 찬미하기도 한다.

"그는 레바논과 같이 위엄 있죠."

레바논은 이스라엘 근처에서 가장 높은 산이다. 이에 대해 남자는 자연과 지리적 이미지를 이용하여 여인의 자태를 칭찬한다.

"그대의 머리는 길르앗 산에서 내려오는 염소 떼 같아."

길르앗 비탈은 이스라엘 북부에 있는 지역의 이름이다. 이스라엘에서 서식하는 대추야자와 백합, 장미, 무화과, 사이프러스, 석류, 사과, 한 쌍의 노루 등, 지중해 지역에 서식하는 영원불멸의 자연물은 종종 사랑에 비유된다. 이러한 열매들은 에덴동산에서 아담과 이브가 먹었던 열매를 연상시키는 에로틱한 상징이다. 연인들은 아열대 기후의 후텁지근한 밤하늘 아래에서 서로 사랑을 속삭인다.

『아가』에 기록된 시들은 수 세기 동안 구전되어 내려오다가 기원전 약 3세기에 글로 기록되었다고 한다. 솔로몬 왕은 『잠언The Books of Proverbs』과 『전도서Ecclesiastes』와 함께 『아가』를 복음서로 인정했다. 그는 수많은 여인들이 자신을 연인으로 생각하도록 하고, 그녀들에게 사랑을 전해 주려는 의도로 『아가』를 성경에 포함했을지도 모른다. '술람미'라는 여인의 이름은 이러한 학설을 뒷받침하는데, 술람미는 살렘Shalem, 즉 솔로몬 왕국의 수도인 예루살렘과 같은 어원에서 비롯되었기 때문이다. 예루살렘은 히브리어로 'Yerushalayim'이라고 쓰인다.

『아가』의 시 중에는 솔로몬에 대한 이야기도 언급되고 있다. 단지 '나의 왕'이라고 나타나 있지만, 술람미는 그 왕의 권력과 부에 경멸감을 나타낸다.

> 자기 재산을 전부 드려 사랑을 구한들
> 멸시만 잔뜩 받을 것 아닌가.

그러나 술람미가 무분별하게 관능적인 사랑만을 추구했던 것은 아니다. 그녀는 육체적 사랑을 나누는 데에도 최적의 타이밍이 있다고 말한다.

> 그대 왼팔에 나를 눕혀
> 오른팔로 나를 안아주네.

> 예루살렘 아가씨들이여,
> 내가 노루와 들사슴으로 당신들에게 부탁합니다.
> 제발 내 사랑이 원할 때까지 깨우지 마세요.
> 제발 내 사랑을 깨우지 마세요.

『아가』를 여성이 썼다고 주장하는 사람들도 있다. 많은 시 구절이 남성보다는 여성의 감성에 호소하고 있기 때문이다. 또한 술람미의 연인보다는 그녀의 성격과 감정에 초점이 맞춰져 있기 때문이기도 하다. 연인과의 관계를 대담하게 주도하는 것은 남자가 아닌 여성 술람미이다. 시가 묘사하고 있는 많은 꿈들은 술람미의 내면과 감정을 그린다. 시인은 술람미와 교감하며, 마치 자신의 경험인 양 친숙하게 그녀의 내면을 그린다. 이렇듯 『아가』는 여성의 목소리로 시작해 여성의 노래로 끝을 맺는다. 이 시를 기록한 사람이 여성인지 남성인지는 확실하게 알 수 없으나 그가 여성의 관능적 열망을 깊이 통찰하며 이해하고 있다는 것만은 분명하다.

『아가』에 기록된 여덟 편의 시에는 '주님'에 대한 언급이 전혀 없다. 따라서 이 사랑의 시들이 성경에 수록되어 있다는 것이 의아하게 여겨질 수도 있다. 실제로 『아가』가 성경에 수록된 것에 대해 많은 랍비 학자들은 뜨거운 논쟁을 벌였다.

위대한 랍비 아키바는 이 문제에 대해 기발한 해답을 내놓았는데, 이 시들이 묘사하고 있는 연인들의 사랑은 신과 이스라엘 민족 간의 관계를 나타내는 은유적 표현이라는 것이다. 그는 연인들이 서로를 그리워하고 원하는 것은 신의 사랑을 갈구하는 인간의 염원이라고 해석한다. 아키바는 로맨틱한 연애를 한 후, 그 연인과 함께 행복한 결혼 생활을 했다. 즉, 그는 개인적인 경험을 바탕으로 『아가』에 수록된 관능적인 시들을 종교적으로 승화시킨 것이다. 『아가』에 대한 아키바의 해석은 다른 랍비 학자들로부터 공감을 얻었고, 따라서 우리는 오늘날 성경 속에서 그 아름다운 사랑의 시를 읽을 수 있는 것이다. 초기 기독교 또한 『아가』의 시들을 예수를 향한 사랑, 그리고 교회에 대한 친근감으로 해석한다.

『아가』의 에로티시즘과 로맨스는 현대의 상업광고에서도 흔히 볼 수 있는 노골적인 성 이미지와 비교된다. 쿵쾅거리는 리듬을 배경으로 한 현대의 상업광고는 인간 행위의 모든 근원은 '성적 욕망'이라는 메시지를 던지고 있다. 이들 광고는 특정 상표의 맥주, 탈취제, 자동차 등을 사면 인간의 욕망을 충족시키고 더욱 행복감을 느낄 수 있다는 헛된 환상을 심어준다. 인터넷에는 자극적인 포르노가 범람하고, 여성을 모멸적이고 상스럽게 표현하는 이미지들이 난무한다. 어린이들이 시청하는 텔레비전 프로그램, 뮤직비디오, 비디오 게임, 영화, 음악 속에서도 성적 이미지는 너무도 강하게 묻어 나온다. 이처럼 현대의 문화는 어린이들에게 너무 일찍, 그리고 부적절하게 '성의 단면'을 보여준다. 그로 인해 신체적으로 성관계가 가능한 시점에 들어서자마자 사춘기에 겪어야 할 단계를 모두 건너뛰고 곧바로 성인의 세계에 뛰어드는 젊은이들이 많아지고 있다.

『존재와 인간On Being and Becoming Human』이라는 책을 쓴 윌라드 게이린Willard Gaylin 박사는 이렇게 말했다.

"오늘날의 젊은이들에게는 다른 사람과의 신뢰를 바탕으로 한 친근한 관계를 형성하는 것보다 단순히 성관계를 맺는 편이 더 쉽다. 또한 자신의 감정을 드러내기보다는 자신의 은밀한 신체 부위를 드러내는 것이 더 쉬워 보이기도 한다."

현대인들은 다른 어떤 세대보다도 성에 관한 이야기, 또한 성관계를 어떻게 해야 하는가에 관해 솔직한 대화를 많이 나눈다. 그러나 우리는 그 어떤 세대보다도 성에 대해 무지함을 인지해야 한다.

많은 현대인들은 남녀 관계에서 감정, 상상, 생각보다는 성적 기술이 더 중요하다고 말한다. 또한 이들은 성관계를 '한다'고 말한다. 마치 성이 일상적인 행동이나 생활용품인 것처럼 말이다. 하지만 과거의 조상들은 이와 달리 성관계를 친밀함과 감정적 교류를 위한 긴 여정으로 생각하여 '사랑을 만든다'고 표현했다.

우리는 지금까지 갖고 있던 성에 대한 어리석은 관념으로부터 벗어나야 한다. 그렇다면 과연 우리는 『아가』의 시에 묘사된 연인들의 완전하고도 순수한 감정을 다시 느낄 수 있을까? 이 고대의 시들과 우리의 사랑은 어떠한 관계가 있을까?

이 시들은 남녀 간의 평등한 사랑, 서로 주고받는 감정과 기쁨을 보여준다. 이러한 사랑이야말로 성숙한 남녀가 느끼는 진지한 감정이며, 서로에 대한 진실한 열정이다. 진정한 에로티시즘은 남녀 관계를 물질화하거나 상업화하지 않는다. 현대의 포르노는 남녀의 역동적인 사랑 행위를 저속한 몸놀림쯤으로 격하한다. 이러한 행위는 결국 남자와 여자, 모두를 진정으로 만족시키지 못한다.

『아가』에 담겨 있는 에로티시즘은 인간의 상상력을 자극하고, 사랑하는 연인들 사이에서 느낄 수 있는 친밀감, 안정을 염원한다. 이러한 감정은 여성을 만족시키고, 결국 연인과의 성관계에서도 극도의 쾌락을 느끼게 한다.

성경의 가장 첫 장을 장식하는 에덴동산에서 아담과 이브가 나눈 사랑은 모든 연인들의 전형적이고 보편적인 관계를 설정한다. 『아가』에 등장하는 두 연인은 다시 한번 그들만의 에덴동산을 만들어 그 안에서 자유롭고 순수한 사랑을 만들어 가고 있다. 그러나 에덴동산에서 쫓겨난 인간은 신이 인간에게 준 선물인 욕망과 성을 '사용' 함을 넘어서 '악용' 하기도 한다.

『햄릿 Hamlet』을 히브리어로 아무리 완벽히 번역한다 해도 영어로 쓰인 원본의 감동이 온전히 전해질 수 없듯, 번역된 『아가』 또한 원본의 열정과 충만한 기쁨을 독자들에게 온전히 전달할 수는 없다. 그러나 이 시를 연인과 같이 읽으며 그 안에 담겨진 이미지와 언어의 아름다움을 서로 음미한다면, 그 이면에 은밀하게 감추어진 열정적인 에로티시즘과 벅찬 사랑의 감동이 전해질 것이다. 연인들이 『아가』를 읽고 그 의미를 서로 나누는 한, 솔로몬의 가장 아름다운 노래인 『아가』는 영원히 우리와 함께 살아 숨쉴 것이다.

결 론

    이 글은 지난 2천 년 동안 이스라엘 역사 속에서 중요한 역할을 한 열일곱 명의 여인들의 삶을 연대기 순으로 기록한 책이다. 성경 속 여인들의 이야기는 수백 년 동안 이스라엘 민족에게 전해 내려온 가르침과 이에 대한 연구, 그리고 아내로서, 어머니로서, 심리치료사로서 그리고 교사로서의 나의 개인적인 경험을 바탕으로 재해석했다.

    이 여인들의 이야기에서 개인적으로 가장 깊이 주목한 점은 모든 여성들이 남성 중심의 가부장적인 권력 구조 안에서 고통받았다는 사실이다. 그러나 이들은 남성의 권력을 이용하여 자신들의 고통을 극복하는 대담함을 보여주었다. 그리고 무엇보다 흥미로운 사실은 전통에 대항하는 여성들의 행동이 단 한 번도 법을 거스르지 않았다는 점이다. 오히려 성경은 이 여성들을 동정심과 넓은 이해심으로써 관대하게 다루고 있다. 무자비하고 탐욕스러운 이세벨을 제외한 모든 여성들은 용감한 행동에 대한 보상과 축복을 받았다.

남성들이 부당하게 그들의 권력을 휘두를 때, 그리고 가족과 민족, 여성들의 요구를 깊이 배려하지 않을 때 성서 속의 여성들은 이에 대항했다. 그녀들은 가부장적 사회 속에 갇혀 있었기에 선택의 여지나 기회가 주어지지 않았다. 하지만 이러한 상황에 굴복하지 않고 남성에 도전하였고, 이들을 유혹하고 계략을 세워 결국 자신이 원하는 것을 쟁취했다. 에스더 여왕과 다말처럼, 목숨이 위태로울 수 있는 상황에서도 남성 권력의 부당함에 용감하게 항의했던 것이다.

과부였던 다말과 룻은 평생을 가난에 시달리며 이름 없는 여인으로 살아가야 할 운명에 처해 있었지만, 철저한 계획 하에 자신들의 성적 매력을 이용하여 운명을 바꾸었다. 남성들은 이들의 계획과 매력에 반응했고, 유혹의 결과로 태어난 자손은 이스라엘 민족의 왕, 다윗 가계의 선조가 되었다. 가족의 생존을 위해 감행한 이들의 도전은 결국 모두 충분한 보상을 받았던 것이다.

이 책 속에 기록된 여성들은 모두 강인했으나 처음부터 그랬던 것은 아니다. 그들은 열악하고 어려운 상황을 헤쳐 나가면서 위험한 세상의 미로를 통과할 수 있게 되었고, 결국 자신의 길을 용감하게 개척하여 새로운 운명을 열었다.

불완전하지만 현실적인 세상으로 나아가기 위해 아담과 함께 에덴동산을 떠났던 이브를 통하여 우리는 인생을 능동적으로 바라보는 여성을 발견한다. 또한 자신은 불임의 몸이었기에 남편의 침대에 다른 여성을 들여보내 자식을 낳아 민족의 번영을 이루고자 했던 사라의 신념을 보았다. 그녀는 그렇게 과감한 결단을 내린 한편으로 그에 따른 극심한 정신적 고통을 견뎌내야 했다.

이스라엘 모든 민족의 발전과 지속적인 안녕을 위해 용감한 결정을 한 리브가. 그녀의 결단력은 참으로 갸륵하나, 그 후 겪게 된 비극에는 안타까운 동정을 보낼 수밖에 없다. 그녀는 신과의 계약을 이행하기 위해, 그리고 민족의 생존을 위해 장자의 상속권을 저버린 겁 없는 여인이었다.

교묘한 말솜씨와 세심한 계획으로 이스라엘의 젊은 왕 다윗의 분노를 잠재우고 오히려 기쁨을 가져다준 아비가일의 설득력은 그녀 자신뿐만 아니라 가족들 또한 무자비한 폭력으로부터 구해 냈다. 사업가다운 당당한 면모를 과시하며 육감적인 매력까지 겸비한 세바의 여왕도 현대 여성들의 상상력을 한껏 자극한다. 이와 더불어 다윗과 밧세바의 부적절하지만 열정적인 로맨스. 이들의 관계가 형성되기까지의 과정에 대해서는 아직도 많은 논쟁을 불러일으키고 있다.

이 외에도 성경에는 현대 여성들의 마음속에서 살아 숨쉬며 교훈을 일깨우는 여인들이 많이 등장한다.

현재 많은 여성들이 성경을 연구하고 있고, 많은 여성학자들과 전문가, 그리고 독자들이 성경 속에 등장하는 여성들에 관한 글을 쓰고 있다. 전사 드보라Deborah와 이스라엘 민족을 전투에서 승리로 이끈 잔 다르크Joan of Arc, 그리고 이집트 파라오의 명령에 따라 나일강에 던져질 뻔했던 이스라엘 민족의 아기들을 구출한 산파 부아Puah와 시푸라Shifrah 등과 같은 여성 전사들을 연구하는 여성들도 있다. 또한 여호수아Joshua가 보낸 첩자를 도와 예리코로 그들을 피신시킨 매춘부 라합Rahab도 흥미로운 연구 대상이다. 이처럼 성경에는 역사 속에 길이 남을 만한 훌륭한 여성들의 행동들이 기록되어 있지만, 그들의 내면세계와 감정, 그리고 그들이 어떻게 그런 대담한 결정을 하게 되었는지에 관한 설명은 찾아볼 수 없다.

들릴라와 이세벨을 제외하고, 나는 이 책에 기록된 모든 여성들과 깊은 교감을 하며 그들의 감정을 이해할 수 있었다. 지적이고 용감한 여성들은 남성들과 교류하며 대담한 계획을 먼저 실행에 옮겼다. 이 여성들은 모두 자기주장이 강했고, 어려운 환경 속에서 수동적인 희생자로 남아 있기를 거부했다. 그들은 행동하기에 앞서 자존심이나 자신의 안위를 내세우지 않았다. 그들에게서는 소외 의식, 냉소주의, 권태로움 따위는 찾아볼 수 없었다. 그녀들은 문제가 생기면 '할 수 있다'는 적극적인 자세로 극복하려 했을 뿐, 결코 무릎을 꿇는 법이 없었다. 어떤 일을 결정하든 늘 가족과 민족의 먼 미래를 내다보았으며, 자신이 갖고 있는 능력을 최대한 발휘하여 불확실한 결정을 최상의 선택으로 이끌었다. 물론 그 결정이 초래하는 결과에 대한 책임도 기꺼이 감수하겠다는 자세를 지녔다. 신이 인간에게 준 '자유의지'는 책임감과 의무를 동반한 선물임을 그들은 알고 있었다.

불평등한 남성 중심의 사회 구조 속에서 여성은 이류 시민에 불과했으며 남편, 아버지, 가장 밑에서 복종을 요구받았다. 그러나 성서 속에 등장하는 여인들은 무자비하고 엄격한 가부장제도 아래에서 결코 좌절하거나 무력하게 짓밟히지 않았다. 가족이나 부족이 위험에 처하거나 남성들이 위험을 지혜롭게 다스리지 못할 때, 그들의 무능력함을 메운 것이 바로 여성들이었다. 그녀들은 민족의 운명에 책임을 느끼며 모든 위험을 감수했다. 성경은 제한적인 위치에 처해 있음에도 불구하고 용감무쌍하게 행동한 여인들을 그리며 억압받는 소수민족들의 투쟁에 갈채를 보낸다. 그리고 이들의 목소리를 전 세계인들이 듣도록 기회를 제공한다. 성경에서 묘사하고 있는 억압받는 여성의 위치는 강력한 이도교 민족들에 둘러싸여 있던 작은 나라, 이스라엘 민족의 모습을 상징한다.

성경이 쓰인 시기에는 일부다처제가 일반적인 결혼 풍습이었다. 성경은 일부다처제 가족에서 잉태되는 불행을 자세히 기술하고 있다. 야곱과 결혼한 자매 라헬과 레아, 엘카나와 결혼한 한나와 브닌나, 부인들과 자식들의 요구에 골머리를 앓은 다윗 등, 이 모든 가족들의 불행의 씨앗은 바로 일부다처제였던 것이다. 이와는 반대로 일부다처제의 사회에서 일부일처제를 고집했던 사라와 아브라함, 그리고 리브가와 이삭은 어려움 속에서도 평생 서로에 대한 믿음과 사랑을 지키며 살았다.

성경은 일부다처제를 통해서는 남편과 아내 사이에 신뢰와 친근함이 쌓일 수 없음을 보여준다. 서로 시기하고 경쟁하는 부인들 사이에서 가족들의 사랑은 희석되고, 그 관계는 서서히 붕괴되고 만다. 그러므로 일부다처제를 통해서는 결코 튼튼한 가족 관계를 형성할 수 없으며, 일부일처제만이 견고한 부부 관계와 가족 관계를 형성할 수 있음을 성경은 강조한다. 사랑과 믿음, 헌신을 바탕으로 한 남자와 한 여자 사이의 관계는 한 인간과 유일신, 즉 주님과의 관계를 상징한다.

구약 성경에서 성은 비밀스러운 감정도, 죄악도, 금지된 주제도 아니다. 성경은 인간의 성과 욕망을 있는 그대로 솔직하게 논한다. 술람미와 그녀의 연인이 나누었던 솔직하고 대담한 사랑의 노래를 기록하고 있으며, 이러한 사랑과 성적 쾌락을 기뻐하고 찬미한다. 성이란 인간의 삶을 완성시키는 창조주의 선물이다. 또한 인간 사회에서 필요한 친근한 유대관계, 신뢰, 동반자 관계, 책임감, 그리고 상대에 대한 헌신을 더욱 견고하게 만드는 요소로 작용한다.

그러나 인간의 행동과 이기심을 있는 그대로 기록하고 있는 성경은 성을 악용하는 인간의 모습 또한 자세히 그렸다. 이스라엘인의 영웅인 삼손은 들릴라의 성적 매력에 중독된다. 들릴라는 이스라엘 민족의 원수에게 삼손을 넘겨버리고, 삼손은 원수들에 의해 결박당한 채 고문을 당하며 감옥에 갇혀 지낸다.

성을 파괴적인 힘으로 악용한 가장 최악의 예는 암논의 이야기이다. 암논은 자신의 이복누이이며 다윗 왕의 아름다운 딸인 다말을 강간하였고, 이로 인해 한 여인으로서의 다말의 삶은 완전히 파괴된다.

성경은 우리에게 이처럼 흥미로운 이야기들과 함께 교훈을 들려준다. 인간의 심리와 행동의 어두운 단면들을 아름답게 포장하지 않고, 그 단점과 결점을 있는 그대로 보여주는 것이다. 우리 중 그 누구도 자신의 실수에 대한 비난을 피해 갈 수 없고, 신이 정한 법 위에 설 수 없다. 남성들과 마찬가지로 성경에 등장하는 모든 여성들 역시 자신의 행동과 결과에 대한 책임을 져야 했다. 남성과 여성은 성인도 죄인도 아니다. 성경은 남녀 모두를 평등하게 다루고, 그들의 약점과 실패에 공정한 평가를 내린다.

구약에 나오는 여성들의 이야기를 통해 현대를 살고 있는 우리의 삶을 투영해 볼 수 있다. 결국 인간 역사의 처음을 장식한 이브 이후, 인간의 본성은 변한 것이 하나도 없다. 우리는 여전히 신이 부여한 욕망에 따라 지식을 갈구하고, 새로운 생명을 잉태하려 한다. 이브는 자신의 본능에 따라 에덴동산의 법률에 의구심을 가졌고, 이에 도전했다. 그러나 '자유의지'를 행사한 이브는 그에 대한 책임을 져야 했고, 결국 죽음이라는 형벌을 인류에게 가져왔다.

인류의 역사를 연대기 순으로 기록한 성경 작가들은 인간 개인의 삶과 그 안에 복잡하게 얽힌 갈등을 확인하며 인간의 본성을 조심스럽게 탐구해 나간다. 삶이 쉽다고 말하는 사람은 아무도 없다. 인간이란 너무도 복잡한 존재로서, 서로 상반된 것을 동시에 원하는 경향이 있다. 사람들은 이성이 작용하지 않을 정도의 로맨스를 원하는 동시에 안정된 삶을 소망한다. 즉각적이고 찰나적인 욕구 충족을 원하면서도 장기적인 만족감을 갈구하는 것이다.

성경은 인간 역사에 대한 단순한 기록이 아니다. 그 안에는 인간 본성에 대한 심오한 가르침과 영원불멸의 진리가 담겨 있다. 따라서 성경을 읽는 사람은 시대를 막론하고 누구나 감동과 교훈을 얻는다.

아브라함 조슈아 헤셸Abraham Joshua Heschel은 그의 저서, 『인간을 찾는 신God in Search of Man(1955)』에서 '종교적 전통이 인간을 위해 남겨놓은 유산 가운데 하나는 경이로움이다.'라고 말한 바 있다. 헤셸의 말은 수천 년 전에 기록된 성경의 한 구절을 연상시킨다. 이것은 솔로몬에게 바쳐진 『잠언』에 수록되어 있다.

> 나에겐 너무나 경이롭게 여겨지는 것이 몇 가지 있다.
> 독수리는 어떻게 하늘을 나는지,
> 뱀은 어떻게 바위 밑을 파고드는지,
> 배는 어떻게 바다 한가운데를 항해할 수 있는지.
> 그리고
> 어떻게 한 남자가 한 여자와 함께할 수 있는지.

구약을 연구한 현대의 독자들은 이 시의 가장 마지막 구절에 이러한 말을 덧붙이고 싶을지도 모른다.

> 어떻게 한 여자가 한 남자와 함께할 수 있는지.

성서를 이끈
아름다운 여인들

1판 1쇄 발행 | 2007년 6월 20일
1판 2쇄 발행 | 2007년 6월 25일

지은이 | 나오미 해리스 로젠블라트
옮긴이 | 최진성
펴낸이 | 김경희
펴낸곳 | 눈과마음
주소 | (143-867) 서울시 광진구 자양2동 681-15
전화 | (02)446-0393 (대표)
팩스 | (02)446-0392
등록번호 | 제 5-169호
홈페이지 | www.eyenheart.com

편집 | 조윤지, 곽지희
디자인 | 정윤진
일러스트 | 권죽희

ISBN 978-89-5751-600-3